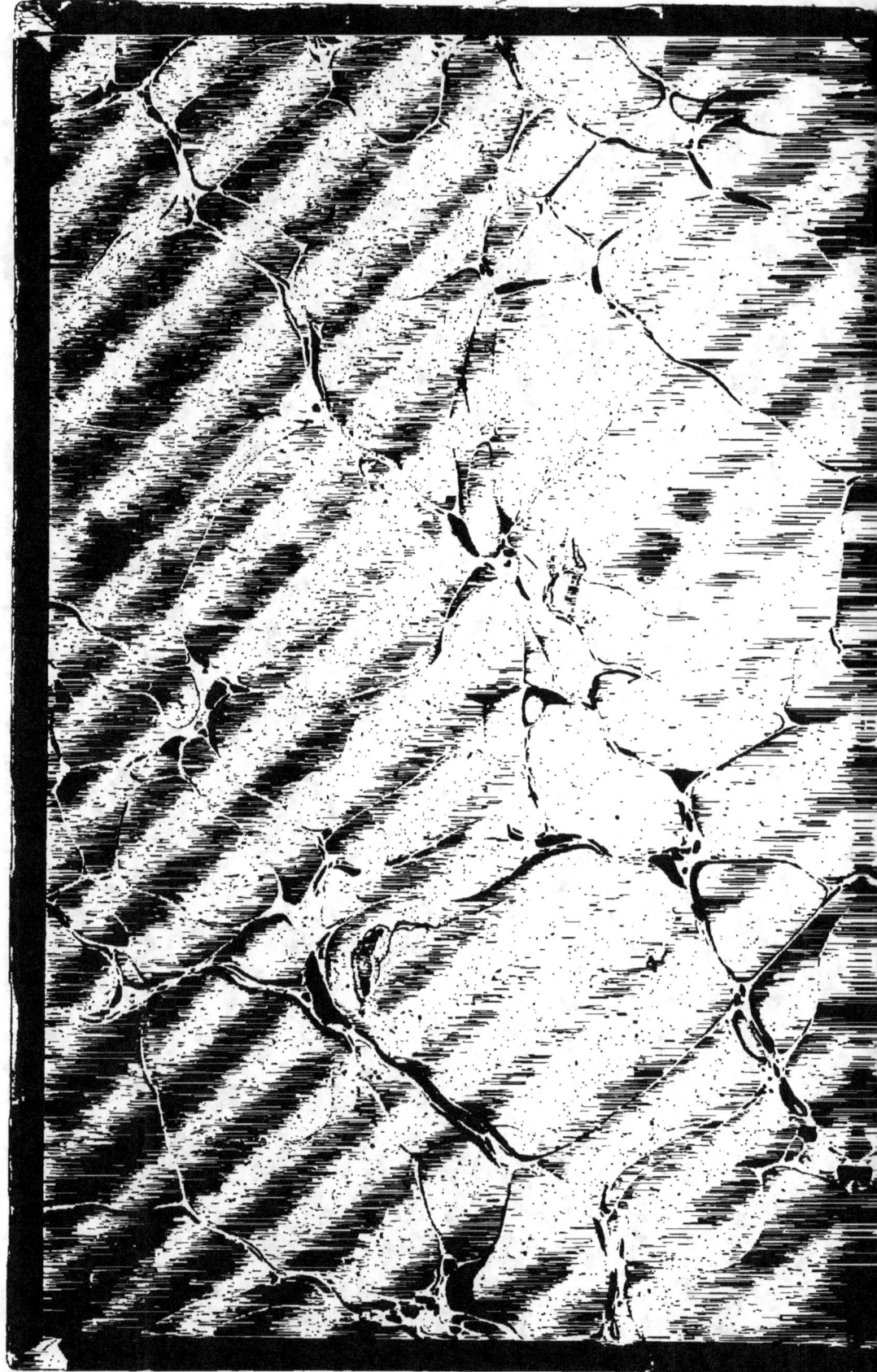

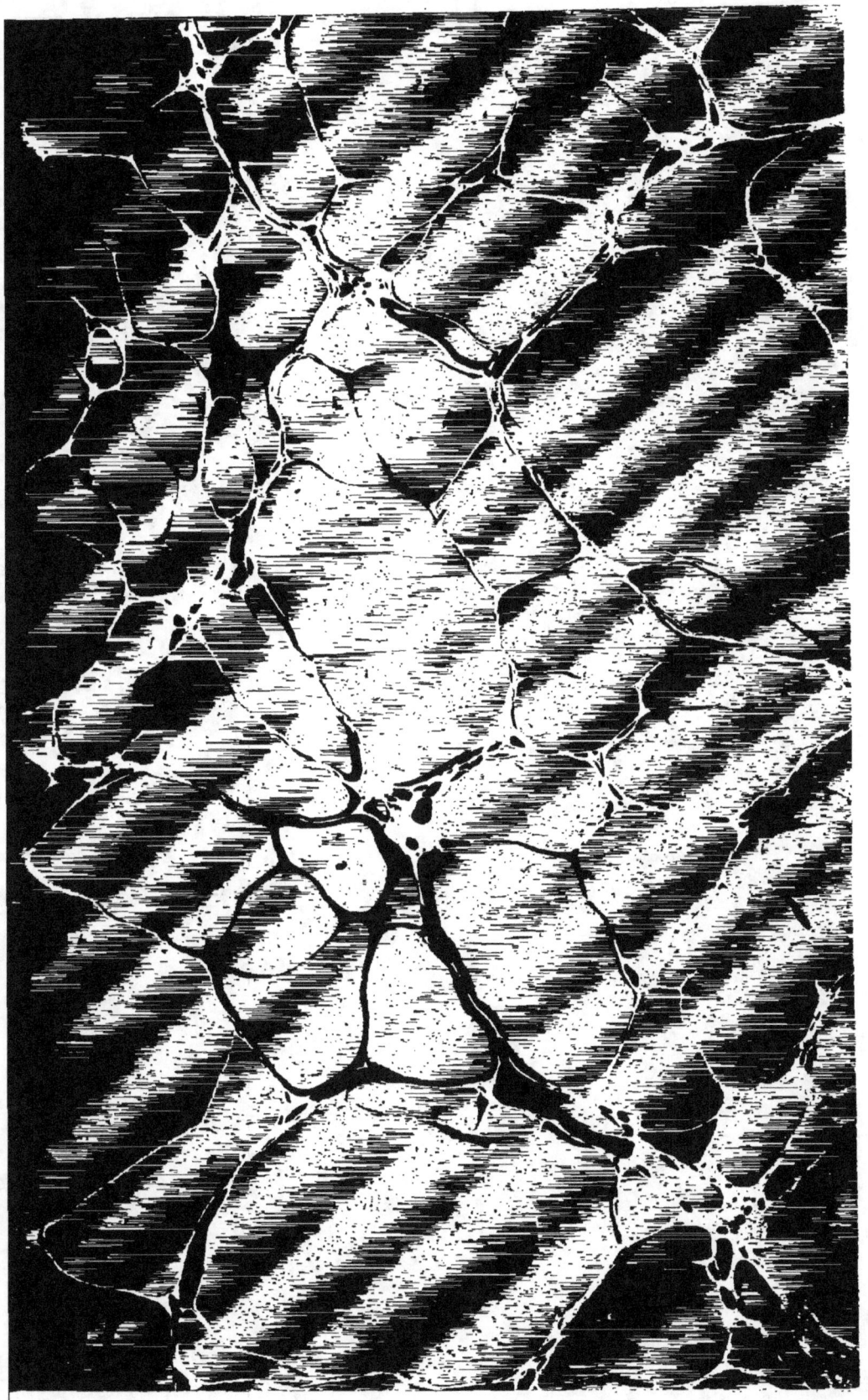

LA PRISON
DU LUXEMBOURG

SOUS LE RÈGNE DE LOUIS-PHILIPPE

Tous les exemplaires non revêtus de ma griffe seront réputés contrefaits.

Aug. Haton.

LA PRISON
DU
LUXEMBOURG
SOUS
LE RÈGNE DE LOUIS-PHILIPPE

— IMPRESSIONS ET SOUVENIRS —

PAR

L'ABBÉ GRIVEL

ANCIEN AUMÔNIER DE LA CHAMBRE DES PAIRS

Chanoine, Vicaire général de Bordeaux
Gardien des Tombeaux du Chapitre impérial de Saint-Denis

> Il suffit d'une fausse idée pour produire tous les genres de fanatisme, et faire d'un homme un monstre.

PARIS
A LA LIBRAIRIE D'AUGUSTE VATON
50, RUE DU BAC, 50
—
1862

INTRODUCTION

> Nous avons toujours pensé qu'une des premières qualités d'un ouvrage sérieux était son utilité.
> C'est parce que nous avons la persuasion que de cet écrit pourront sortir des leçons et des enseignements d'une application plus générale qu'on ne le supposerait tout d'abord, que nous avons cru devoir faire cette publication.

I

Des personnes éminentes nous avaient souvent engagé à publier les impressions et les souvenirs que nous avions recueillis dans la prison du Luxembourg, sur le compte des condamnés pour attentat à la vie du roi Louis-Philippe et des princes ses fils.

Plusieurs de ces condamnés eux-mêmes nous en avaient également prié, afin que la manifestation de leur repentir fût bien constatée, et qu'il devînt notoire pour tous qu'ils avaient voulu mourir en chrétiens.

Cette publication, dans notre pensée, ne soulevait donc qu'une question de temps et d'opportunité.

Aujourd'hui, nous cédons à de nouvelles et plus pressantes instances.

INTRODUCTION.

Les doctrines régicides, en effet, n'ont-elles pas été de nouveau professées? De nouvelles et horribles tentatives (attentats de Pianori et d'Orsini) ne sont-elles pas venues révéler cette conspiration détestable et permanente d'hommes qui, s'arrogeant le droit de vie et de mort sur les têtes couronnées, s'érigent, à leur égard, en juges et en bourreaux? Les meurtriers eux-mêmes, pour lesquels il n'y a pas assez de regrets, d'éloges et de récompenses, ne sont-ils pas transformés en héros et en martyrs!

Dans un journal officiel, naguère encore, n'a-t-on pas lu avec effroi un décret solennel [1] qui, tout près de nous, décernait l'apothéose au régicide, récompensait publiquement l'assassinat et provoquait ainsi au meurtre des souverains? La glorification d'un pareil forfait n'est point demeurée stérile. Sous tant d'influences pernicieuses, la contagion étend tous les jours ses ravages : le fléau a éclaté successivement à Berlin (attentat de Becker) et à Athènes (attentat de Dossios). La civilisation tout entière n'est-elle pas menacée?

II

Chaque fois qu'un de ces actes parricides est venu épouvanter notre pays, ce n'est pas sans un profond sentiment d'étonnement et d'indignation qu'on s'est demandé com-

[1] Décret du 25 septembre 1860 rendu à Naples, qui accorde une pension à la famille du régicide Milano, dont la *mémoire est sacrée*

ment un forfait aussi exécrable pouvait si souvent se reproduire au milieu de nous : *Cur tantum nefas in nobis repertum est* [1]? C'est que le régicide, outre ce qu'il renferme en lui-même d'énormité, est, de tous les crimes, celui qui semble répugner le plus aux nobles sentiments et aux habitudes chevaleresques d'un peuple qui tient le sceptre de la civilisation; et que la douceur, la politesse de ses mœurs, la loyauté de son caractère et la délicatesse de ses sentiments rendent justement célèbre. Sans doute, notre nation, brave, généreuse, ne saurait être tout entière responsable et solidaire de la lâche fureur d'un déplorable fanatisme. Il faut cependant l'avouer, le renouvellement de ces forfaits, autrefois presque inouïs, qui jette de si effrayantes clartés sur l'état moral de la société, est devenu malheureusement trop fréquent pour que l'honneur national n'en ait pas reçu quelque atteinte.

Il serait à souhaiter que le nom et le souvenir de pareils crimes fussent à jamais effacés; mais, hélas! malgré nous, ils doivent faire partie de notre histoire. Ne devons-nous pas craindre que le récit en soit présenté d'une manière fausse, dangereuse, et à l'appui de ces théories funestes que des esprits frénétiques ne cessent de répandre dans certaines classes de la société, afin que sur ce sol brûlant de haine et de colère, et tout soulevé de perverses excitations, il germe et sorte de nouveaux crimes?

pour le pays, car il s'immola avec un héroïsme sans pareil sur l'autel de la patrie pour la délivrance du tyran qui l'opprimait.

On sait qu'à une autre époque, par les mêmes motifs, une pension devait être votée en faveur de la femme et des enfants de Pépin.

[1] *Lib. Judicum*, cap. xx.

III

On ne détruit pas le mal en le cachant.

Ce n'est donc point à nier et à dissimuler ces crimes qu'on doit aujourd'hui s'attacher; il faut les prévenir. Aussi pensons-nous que, pour guérir cette plaie sociale, il faut en sonder toute la profondeur; il faut, de plus, en connaître la nature et les causes; et voilà, si nous pouvons nous exprimer ainsi, ce que l'autopsie morale des malheureux qui ont succombé aux atteintes d'un mal que tous déplorent pourra seule nous révéler.

Mais comment se fera cette autopsie morale?

« Parle, pour que je te voie, » disait un ancien philosophe. Nous reproduirons donc scrupuleusement les paroles, les aveux, les déclarations, les discours *notoires* de ces hommes dévoyés et pervertis, que nous voulons étudier. Nous les écouterons parler avant que la religion eut dessillé leurs yeux, comme après qu'elle eut modifié, ou, mieux encore, changé leur cœur; et ce langage, conservé avec son expression et son inflexion particulières, produira une démonstration autrement vraie, autrement saisissante que celle des raisonnements; il mettra en évidence les vraies causes et la nature de ce désordre moral, et, par suite, servira à indiquer les moyens de l'arrêter et de le prévenir. Ces observations psychologiques, prises sur le vif, et les réflexions qu'elles ne manqueront pas de suggérer, aideront peut-être aussi à la solution des grands problèmes de notre législation répressive et criminelle.

IV

Il n'est pas besoin de le dire, le prêtre a oublié ce qui peut lui avoir été confié, sous le sceau du sacrement, au tribunal mystérieux et inviolable des âmes; sa mémoire est éteinte à cet égard. Il ne s'agit ici que d'un compte rendu de faits, d'entretiens et de rapports *purement extérieurs* et qui ne touchent en rien à la confession [1], qui demeure toujours un secret divin [2].

De hautes convenances nous font aussi un devoir d'user de la plus grande circonspection en ce qui touche à d'autres matières délicates; mais c'est un bonheur pour nous de publier tout ce qui peut éclairer, corriger ou édifier nos frères. L'ange disait à Tobie qu'il fallait garder les secrets

---

[1] On le sait, les principes qui établissent l'inviolabilité de la confession sont absolus. La règle qui en dérive n'admet aucune exception.

Le père Cotton, interrogé par Henri IV pour savoir ce qu'il ferait si quelqu'un lui avouait en confession le dessin de l'assassiner, lui répondit d'une manière positive : « Je ne le révélerais pas; mais je me jetterais entre Votre Majesté et le poignard de l'assassin. »

[2] C'est à Dieu et non à l'homme que le secret est confié, dit saint Thomas. Le confesseur ne sait donc rien, puisqu'on ne lui a rien dit, mais à Dieu; en finissant ses fonctions, tout s'anéantit pour lui, comme si tout à coup il perdait la mémoire ou la vie.

du roi, mais que pour les secrets des œuvres de Dieu il était bon et utile de les révéler.

Ainsi, sous le rapport religieux et social, notre tâche prend un véritable caractère de convenance et d'intérêt. Nous devons ajouter que, pour la remplir, nous nous tiendrons toujours au-dessus des calculs d'opinion et des préventions de parti.

V

Ce récit, nous le sentons, va réveiller les émotions les plus pénibles, mais, en même temps, les plus douces de notre vie.

Lorsque nous nous rappelons les tragiques et douloureuses scènes auxquelles nous avons assisté; lorsque nous apparaît cette longue succession de malheureux expiant par la déportation, le bagne ou l'échafaud, les sophismes et les passions qui les avaient jetés dans de si fausses et si coupables voies; lorsque nous songeons que plusieurs d'entre eux avaient reçu du ciel de belles et de nobles facultés; qu'entourés de l'estime de leurs semblables, ils auraient pu accomplir une utile destinée, et que cette destinée a avorté dans le sang; qu'ils sont devenus de vils assassins; bien amères sont nos pensées, bien affligeantes sont nos réflexions! Mais à des jours et à des nuits de triste mémoire pour nous viennent se rattacher d'autres parties de ces drames lugubres toutes vivantes

INTRODUCTION.

aussi dans nos souvenirs, et qui y apportent l'allégement et l'espérance.

En effet, toutes les fois que, chez ces individus en proie à une folie ne manquant pas de sophismes pour s'absoudre, commençait à se calmer le bouillonnement des mauvaises passions, mises en fermentation par des habitudes vicieuses, par des lectures excitantes, par des insinuations perfides, peut-être même par l'initiation à des sociétés où l'assassinat glorifié était accepté et juré sous la foi de serments terribles ; alors, dans le triste et accablant loisir de la prison, au milieu de cruelles insomnies, seuls avec leur conscience et l'unique ami qui leur restait, un prêtre ! nous avons eu le bonheur de les voir prêter l'oreille à de pieuses exhortations, changer peu à peu de sentiments, à mesure que la vérité morale et religieuse reprenait sur eux son salutaire ascendant.

Quand surtout, au milieu de cet appareil de terreur dont la justice humaine environne l'exécution de ses arrêts sur l'échafaud, presque tous ces hommes, naguère si vaniteusement criminels, manifestaient leur repentir par des paroles ou par des signes non équivoques, faisaient publiquement profession de la foi catholique, foulant ainsi aux pieds tout respect humain de secte et de parti; quelle émotion consolante pour notre ministère ! et depuis, quelle réminiscence précieuse pour nous !

Enfin, après que grâce fut faite de la vie à quelques-uns de ces grands criminels ; que la peine capitale prononcée contre eux fut commuée, soit en celle des travaux forcés, soit en un exil perpétuel dans de lointains pays, notre séparation n'eut-elle pas ses douceurs? Tous partirent dans des dispositions d'esprit et de cœur dont nous nous sommes plus d'une fois réjouis devant le Seigneur. Les lettres pleines d'effusion et de reconnaissance qu'ils nous adressèrent plus tard, les renseignements qui nous parvinrent sur la sincérité et la persévérance de leur repentir, renouvelèrent nos joies en réalisant nos vœux et nos espérances. Il se passait en nous quelque chose de semblable aux émotions d'une mère qui oublie le travail douloureux de l'enfantement et qui est toute au bonheur *quand on lui dit qu'il lui est né un fils.* N'est-ce pas à nous, qui avons *charge d'âmes,* que s'adressent ces belles paroles de Fénelon : *Soyez pères, soyez mères !*

VI

Oh! qu'il nous soit loisible de parler de tout cela, sans qu'on puisse croire qu'il entre dans notre œuvre le moindre calcul de revendication personnelle. Car, que sommes-nous, faibles instruments? et qu'avons-nous à prétendre ici? Un homme ne convertit point un homme[1]. Tout est l'ouvrage de Dieu et de la grâce, ce remède souverain *fait avec le*

---

[1] Le fruit d'une bonne semence qu'on jette dans la terre appartient à celui qui rend la terre féconde, qui fournit la semence, et qui la fait croître et mûrir. N'usurpons pas la gloire de Jésus-Christ. C'est à lui et non pas à nous qu'il appartient de changer les cœurs. La beauté des caractères n'est point l'ouvrage de la plume, mais de la main qui la conduit. (Saint Bernard, sur la Passion.)

sang de Jésus-Christ[1]. La grâce seule peut transformer et convertir les criminels les plus obstinés. Flamme régénératrice, elle change les inclinations au crime en principes de vertu. L'esprit et le cœur de ceux que nos raisonnements n'ont pu convaincre ni toucher s'amollissent et cèdent aux influences de sa douce chaleur. Comme dans les entrailles de la terre et dans la profondeur des plus hautes montagnes sont cachées des veines d'or, de même dans les cœurs en apparence endurcis et glacés peuvent se trouver de bons sentiments ; mais la grâce seule nous les découvre et nous fait suivre leurs précieux filons.

Que le nom de ces coupables forcenés soit noté d'infamie, qu'il soit justement flétri, qu'à leur crime s'attache toute l'indignation qu'il doit inspirer. Mais en nous, ministres de miséricorde et de réconciliation, l'homme doit se défendre de ses propres impressions, maîtriser les sentiments de répulsion naturelle qu'il peut éprouver. Ne sommes-nous pas les représentants et les envoyés de Jésus-Christ, qui a répandu son sang pour sauver les criminels et *qui veut que personne ne périsse*. N'est-ce pas pour sauver les âmes souillées que coulent toujours encore avec tant d'abondance *les fontaines du Sauveur ?* Pourrions-nous ne pas faire d'incessants efforts pour recueillir toutes les gouttes du sang rédempteur, et n'en laisser perdre aucune ? Seuls dépositaires de l'espérance et de la consolation, nous devons toujours faire naître l'espérance et apporter la consolation. Notre pa-

---

[1] Comme le médecin du corps, le médecin des âmes, en parlant de son malade, peut dire, lui aussi, avec Ambroise Paré : *Je le pansai, et Dieu le guérit.*

tience ne doit pas plus se lasser que la miséricorde de Dieu ; notre code *pénitentiel est tout médicinal. Il ne veut point détruire l'homme, mais le péché,* dit saint Augustin, *afin de préserver le pécheur des peines éternelles, qui sont sans remède.*

VII

Hâtons-nous de le publier : le souffle d'en haut fait naître dans nos âmes d'hommes et de prêtres des sentiments de pitié et de compassion d'autant plus vifs pour les plus grands coupables qu'ils sont plus malheureux ; car, qui est plus malheureux qu'un grand coupable ? La religion, en nous fournissant les moyens de les connaître et de les juger, assis, pour ainsi dire, au foyer de leurs consciences ; en nous initiant à la perception des faits intérieurs, qui nous découvre ce que les faits externes et matériels ne cachent que trop souvent sous leur enveloppe changeante ; en nous engageant à lire dans le livre de toutes les infirmités humaines, c'est-à-dire dans notre propre cœur, la religion, dis-je, nous porte à aplanir, par une inépuisable condescendance, le chemin du retour à un frère malheureux et égaré. Elle nous attire à lui, et elle le fait venir à nous. Sa confiance nous attendrit et nous gagne de plus en plus. Tout couvert des anathèmes de la société et de sa juste réprobation, nos bras, notre cœur, lui sont ouverts. Il n'a plus rien à attendre de la pitié des hommes ; nous lui disons, en l'embrassant avec effusion : Espoir ! courage ! mon pauvre frère ; il est pour vous encore un recours, le meilleur et le plus assuré, c'est la bonté, c'est la miséricorde de Dieu.

Cependant, à la vue de l'instrument sanglant qui se dresse prêt à frapper celui dont la religion et notre attendrissement nous ont constitué l'ami et le consolateur, que deviendrions-nous nous-mêmes, laissés à notre faiblesse ; l'imagination saisie par tant et de si redoutables préoccupations, en face de l'inévitable perspective de la mort, du jugement et de l'éternité ? N'est-ce pas encore Dieu, et n'est-ce pas sa grâce, qui, nous élevant au-dessus des défaillances et du trouble de la nature, nous donnent le courage qui nous manque ? Encore une fois, où est, en tout cela, notre mérite propre ?

VIII

Souvent nous avons été appelé auprès d'un lit de mort, mais c'était alors Dieu lui-même qui reprenait le souffle divin qu'il avait prêté à sa créature ; presque toujours, en ce moment extrême, l'âge ou la maladie affaiblissent l'intelligence ou le sentiment du mourant, et rendent ainsi moins vives ses douleurs, moins poignant son regret de quitter la vie. C'est ainsi que, dans les cas les plus ordinaires, nous perdons imperceptiblement quelque portion de nous-mêmes, que nous nous éteignons insensiblement, et que la mort arrive par degrés, comme la nuit que précède le crépuscule; l'espérance, alors même, ne nous abandonne que quand notre cœur a cessé de battre.

Mais le condamné qu'attend le dernier supplice peut être dans toute la force et toute la vigueur de l'âge, il peut avoir la plénitude de sa connaissance et comme un surcroît de sensibilité; pour lui a disparu tout espoir terrestre longtemps avant l'arrivée du bourreau. Qui peut calculer la durée, et apprécier les angoisses de sa clairvoyante agonie? La lecture de son arrêt est le *commencement des douleurs;* puis une nuit de souffrances physiques et morales avec la camisole de force [1]. Un jour, peut-être une moitié de nuit encore de toutes ces tortures, et arrivent les exécuteurs des hautes-œuvres; et, au vestibule de l'échafaud, à la lueur de pâles flambeaux, commence et s'achève *la toilette de*

---

[1] La camisole de force est une grosse veste de forte toile, s'ouvrant au rebours des autres habits, c'est-à-dire ayant la fente à l'endroit du dos, et pourvue de longues manches étroites qui dépassent peu le bout des mains. L'ouverture de derrière se ferme avec des courroies à boucles, et les manches ont à leur extrémité quelques-uns de ces trous dits, en termes de couture, des œillets, dans lesquels joue une corde qu'il suffit de tirer pour clore le bout de la manche comme un sac. Cela fait, on vous lie les deux bras l'un sur l'autre, et on vous tourne et retourne les cordes autour du corps jusqu'à ce qu'on vienne, après les avoir fait passer sous les épaules, les nouer définitivement entre les omoplates. Ainsi accommodé, un homme peut tout juste mouvoir ses jambes. Mais ce qui est surtout désagréable, c'est qu'on ne peut pas trouver une position tolérable pour dormir. Si vous vous couchez sur le côté, le poids du corps sur les bras vous donne bientôt des crampes; et, si c'est sur le dos, le nœud de la corde au milieu des épaules et les boucles des courroies vous entrent dans la chair. (Barbès, *Deux Jours de condamnation à mort.*)

INTRODUCTION.

cette victime toute vivante de la mort. Le jour ne semble poindre que pour éclairer le terrifiant appareil. Sous l'œil, sous l'étreinte de celui dont le nom seul inspire la répulsion et l'effroi, le patient s'achemine lentement vers le théâtre ignominieux où il va être exposé à l'avidité de tous les regards.

La sentence est lue à haute voix; puis succède un moment de morne silence! Comment rendre les détails du drame, intime, déchirant, qui s'achève dans l'âme du supplicié, et que ne révèlent que trop la contraction de son visage, de sa bouche, et une espèce de tressaillement du cou qui semble pressentir la hache du bourreau? Un froid glacé parcourt tout son corps, refoule le sang comme pour centraliser la chaleur et la sensibilité au cœur, qui se trouve en quelque sorte inondé des dernières amertumes de la vie, après s'en être saturé goutte à goutte.

Ainsi va finir cette existence maudite, violemment mais peut-être trop lentement encore tranchée par le fer [1].

Nous le demandons maintenant, si la religion n'appar-

---

[1] Le dernier supplice peut être plus prolongé et plus douloureux qu'on ne le croit communément. Les condamnés peuvent souffrir des douleurs incalculables, puisqu'ils meurent, pour ainsi dire, tout en vie.

Des hommes de l'art disent qu'il n'est pas certain que la décollation soit un supplice de quelques instants et peu douloureux, et ils citent des exemples qui sembleraient démontrer que le sentiment et même la connaissance peuvent subsister quelques moments encore après que la tête a été tranchée.

Si nous insistons, malgré notre répugnance, sur ces détails, c'est non-seulement pour bien faire comprendre tout le prix des consolations religieuses à un pareil moment, mais encore pour désabuser raissait point là avec sa céleste influence¹, que ferait donc la loi? Ce qu'elle ferait? mais elle anticiperait sur l'enfer!... Le bourreau sur la terre remplirait l'office du démon!... Une fureur désespérée, *la crainte de se dédire*, si puissante dans ces êtres vaniteux et exaspérés, les empêcheraient de témoigner le moindre repentir. Impénitents affectés jusque sous le couteau vengeur, leur dernier soupir s'exhalerait en blasphème contre le ciel, et en insultante menace à la société; sous le masque de l'assurance, mais en réalité frémissant en eux-mêmes, ils descendraient, damnés d'avance, dans le lieu de l'éternelle horreur.

« Quel est, a dit un grave et éloquent écrivain², le vice radical des législations pénales modernes? Elles frappent, elles punissent, sans s'inquiéter de savoir si le coupable accepte ou non sa peine, s'il reconnaît son tort, si sa volonté se range ou non à la volonté de la loi; elles agissent uniquement par voie de contrainte. La justice ne prend nul souci d'apparaître, à celui qu'elle atteint, sous d'autres traits que ceux de la force. »

En effet, la loi criminelle ne sait que punir; son bras de

---

ceux qui chercheraient à s'encourager dans le crime, en se dissimulant ce que les préparatifs de l'exécution, et l'exécution elle-même, ont d'effrayant et de douloureux.

¹ On a publié de notre temps un *Dernier Jour d'un condamné*, qui fait trembler et frémir, qui, quel que soit le talent de l'auteur, dessèche l'âme et refoule les larmes, parce que ce condamné ne croit pas à un avenir, parce que son cœur n'est ouvert qu'à la douleur et qu'il est fermé à l'espérance, parce que le supplice et la mort sont pour lui des malheurs sans adoucissement et sans remède.

² Guizot, *Histoire de la civilisation en France*.

fer ne sait que frapper. Mais la religion cherche à amender le coupable, à lui inspirer le regret de son crime; elle veut lui en faire accepter la peine comme une expiation. La religion punit et console, punit et pardonne. Admirable contraste! ineffable compensation qui, par l'intermédiaire de son sacerdoce, concilie tout, *et ce que la justice humaine a de plus rigoureux, et ce que le cœur humain a de plus tendre et de plus touchant.*

Vous nous avez suivi sur le parcours de la voie douloureuse que nous n'avons que trop appris à connaître; vous nous avez vu près de ce coupable dévoué au glaive, sur le point de solder sa dette à la justice humaine et de subir la vindicte légale; il ne va bientôt plus relever que de la juridiction divine. D'indicibles souffrances vous ont été dévoilées! N'avez-vous pas pris quelque part à nos accablantes émotions? Pour nous, nous ne saurions trop le répéter, jamais, avant d'en avoir fait l'épreuve, nous n'aurions pu penser connaître des paroles pour une pareille situation, des paroles jaillissant du fond même de nos entrailles émues d'une dilection toute surnaturelle, et venant, sans effort, réveiller, raffermir, défendre de lui-même, arrêter sur les bords de la tentation, du découragement et du désespoir, le réprouvé social, couvert d'anathèmes et d'ignominies. Le Maître l'a dit, nous ne devons pas nous préoccuper de la forme ni de la matière de notre langage, car ici s'accomplissent toutes ses divines promesses. L'Esprit, qui souffle où il veut, place sur nos lèvres ces paroles d'à-propos si tendrement communicatives, d'une concision si pénétrante, et qui, *au lieu de fiel et de vinaigre,* apportent à celui qui est là, sous nos yeux, endurant tous les genres de tourments, une douceur dernière et comme une goutte de miel!

N'est-ce pas le même esprit qui nous inspire aussi ces prières qui montent vers Dieu en élans de l'âme, pour le conjurer d'avoir pitié de l'humiliation et du déchirement du pauvre délaissé; de daigner, dans sa miséricorde infinie, faire accepter et faire souffrir, comme pénitence et comme satisfaction, à cette créature haletante d'angoisses, tout ce qu'elle éprouve d'ulcérant en elle et autour d'elle, *afin que la peine du crime tourne à l'avantage du criminel... que son supplice soit une correction, une expiation, et non une damnation* [1]?

Alors, en nous livrant à notre foi et à notre cœur, et ne séparant pas la justice de Dieu de sa miséricorde, nous nous prenons à espérer. Ne doivent-elles pas en effet faire naître l'espérance, ces consolantes pensées : *Que Dieu ne veut pas la mort du pécheur, mais qu'il se convertisse et qu'il vive;* que l'œil de Dieu pénètre plus avant au fond des cœurs que nos faibles regards; qu'il distingue et soigne la plus faible étincelle de résurrection spirituelle; qu'il peut la rallumer de son souffle, et donner même à une larme cachée, mais repentante, le pouvoir de tout ranimer; qu'il peut enfin imprimer à la dernière volonté du mourant un mouvement salutaire et décisif, effet de l'infinie miséricorde à laquelle le temps et l'éternité appartiennent?

Tous ces prodiges d'inspiration, d'attendrissement, de confiance, qui s'opèrent en nous par le secours de la grâce

---

[1] Saint Augustin.

divine, sont comme les fruits de la sainte paternité du prêtre que la religion nous confère. En effet, l'exercice de cette paternité, qui exige plus de foi et d'âme que de science et de génie, établit entre nous et l'enfant de notre adoption spirituelle, pour un nouvel ordre d'existence, des rapports et des liens plus forts, plus parfaits que ceux que produisent la nature et la société, et nous inspire un dévouement qui, ici-bas, n'a pas plus sa source que sa récompense.

Nous comprenons maintenant les sentiments dont était animé un saint prêtre qui remplissait habituellement ces pénibles fonctions. Un jour que, voulant récompenser son héroïque dévouement, le cardinal de Richelieu exigeait que cet homme de Dieu *lui demandât quelque chose :* « De meilleures planches à la charrette quand nous allons à l'échafaud, » lui répondit-il.

IX

Rendons au ciel de sincères actions de grâces : les criminels que nous avons assistés à leur heure dernière n'ont point été du nombre de ces aveugles obstinés que ni les supplices des hommes ni la crainte des jugements de Dieu, plus redoutables encore, ne peuvent faire fléchir et qui meurent dans l'endurcissement et l'impénitence. Sans doute nous aurions voulu plus, nous aurions souhaité surtout ne pas voir reparaître chez quelques-uns d'entre eux ces faiblesses persistantes, ces misères obstinées, qui venaient trahir leurs meilleures dispositions. Sans doute que des médecins spirituels, praticiens des âmes, plus habiles, plus expérimentés, plus que nous agréables à Dieu, auraient obtenu davantage. Nous le regrettons vivement, et nous nous humilions dans le sentiment intime et douloureux de notre insuffisance, *ars artium regimen animarum*.

Cependant Dieu nous a fait une part de consolation bien précieuse. Comme on le verra, nos condamnés ont donné tous, plus ou moins, des témoignages extérieurs de leur retour à de meilleurs sentiments.

Fieschi, *brûlé de haine contre la société qui l'avait justement chassé de son sein*, ivre de vanité, devenu fanatique par son idolâtrie de lui-même et par l'importance qu'on lui avait donnée, ne se dissimulait pas néanmoins la scélératesse de son acte. Il s'avouait criminel. Son repentir avait bien quelque chose de théâtral; mais enfin c'était du repentir, et il ne s'est jamais démenti. On ne le vit point faire parade, lui, qu'on avait appelé le fanfaron du crime, de cette déplorable fermeté, de ce triste courage d'impiété cynique, d'un si fâcheux exemple en un pareil moment. Alibaud, après avoir avoué sans hésitation comme sans remords la pensée du meurtre qu'il avait nourrie pendant plusieurs années, et dont il se glorifiait, lui qui avait refusé d'abord le ministère d'un prêtre, voulant, disait-il, *aller seul à l'échafaud*, réclame bientôt le ministère de ce prêtre, qu'il appelle *son ami, son père;* il veut qu'il soit à ses côtés. Il prononce, il est vrai, d'affligeantes paroles qu'il n'aurait jamais proférées, nous en avons la conviction, s'il eût été possible d'épargner à cette imagination qui s'enflammait au contact de certains mots et de certaines idées, qui s'élevait et retombait comme le pouls d'un fiévreux, une dernière et trop dangereuse épreuve : la lecture de sa sentence faite à haute voix. Mais aussitôt il donne un démenti à ces paroles dont, nous l'espérons, il n'avait pas eu conscience, par ce cri sorti de son cœur : *Je me repens !* Puissent ce dernier regret qu'il exprime, son dernier regard qu'il attache sur le crucifix, et son dernier mouvement par lequel il y imprime ses lèvres, témoigner de la sincérité de sa résipiscence ! Puissent tous ceux que nous avons de même assistés avoir accepté et subi, dans un véritable esprit de pénitence, les dernières et cruelles épreuves de leur supplice, comme ils ont paru le manifester publiquement ! Dieu les a jugés !...

Pour nous, témoin du changement visiblement salutaire qui s'est opéré en eux, nous avons consacré ces pages à le constater.

Quoi de plus utile et de plus profitable pour la société qu'un pareil amendement reçoive une éclatante notoriété ? Il est dû à l'intervention de la religion, dont le triomphe, même humainement parlant, est ici un bienfait. Un forfait proclamé en face de l'instrument du supplice, avec le cynisme de l'orgueil, avec le scandale de la jactance, exerce toujours de pernicieuses influences. La morale publique a bien moins à souffrir des crimes suivis d'un repentir avoué, car elle voit ses droits, son autorité reconnus par une éclatante réparation. La religion elle-même ne paraît-elle pas plus auguste et plus vénérable quand il est impossible de ne pas reconnaître qu'elle seule prévient et empêche alors la glorification si contagieuse du crime, cette prédication dernière pleine d'impudence et de forfanterie, qui, du haut de l'échafaud, ne descend jamais sans danger sur la multitude?

Quand il en est ainsi, l'attentat est puni, mais il n'est pas désavoué, il n'est pas expié. Le supplice produit un effet tout contraire à celui qu'on en attend. Il excite et affermit d'effrayantes sympathies, entretient de sacriléges préjugés, qui font regarder comme des héros et des martyrs ceux qui ont rendu à leur opinion homicide le témoignage du sang.

X

A une époque où le calme, en certains esprits, pourrait n'être qu'apparent, et où notre pays aurait encore à redouter d'être livré à l'influence et à l'action des paradoxes et des sophismes les plus dangereux; à une époque où peu de principes sont reconnus et si peu de devoirs respectés; où il y a, pour beaucoup, une morale flexible et complaisante, prête à servir toutes les perverses inspirations, et à fournir un argument à toute violation des lois divines et humaines; à une époque surtout où la glorification publique du plus grand de tous les crimes et d'incessantes tentatives semblent comme vouloir maintenir le régicide à l'ordre du jour, il ne saurait y avoir, ce nous semble, d'inopportunité

INTRODUCTION.

à rappeler le passé pour mieux éclairer le présent et préserver l'avenir.

Dans ce rapprochement d'époques où l'on voit les mêmes causes ne cessant de produire les mêmes effets, il doit y avoir pour tous matière à de sérieuses réflexions.

Au reflet sinistre des dates du passé, qui, de nos jours, ont eu leurs analogues, nous comprendrons mieux la persistance des périls qui nous menacent.

Pour notre faible part, nous chercherons à les conjurer ces périls, en faisant connaître la source d'où ils dérivent. La punition exemplaire des coupables, reconnaissant, hélas! trop tard, qu'en cédant à de perfides suggestions *ils avaient été faits dupes et victimes*, le détail de leurs souffrances, de leurs luttes morales, de leurs remords hautement avoués, l'expression publique de leur repentir, pourront devenir des leçons et des préservatifs pour d'autres. « Oh! disait l'un d'eux, si, avant de commettre un crime, les assassins souffraient ce que je souffre depuis vingt-cinq jours, il y aurait de quoi les empêcher de le commettre. » (Meunier.)

Plusieurs de ces malheureux manifestèrent le vif et amer regret de n'avoir point rencontré, sur leur chemin, un véritable ami qui les eût éclairés et arrêtés au bord de l'abîme. Si, ce qu'à Dieu ne plaise! il se trouvait encore un homme assez pervers pour rêver de tels forfaits, puisse ce livre tomber entre ses mains! Fasse le ciel que ces pages, devenant comme un écho de cette voix amie inutilement invoquée par d'autres, lui porte de secourables avertissements, et qu'il recule, saisi d'un salutaire effroi!

XI

Quoi qu'il en soit, c'est dans un but d'utilité que nous retracerons l'histoire fidèle de ces grands coupables; nous en emprunterons les détails aux débats devant la Cour des pairs, aux précédents juridiques des condamnés, aux entretiens que nous avons eus avec eux, lesquels, je n'ai pas besoin de le répéter, n'avaient rien de confidentiel; nous ferons connaître les fausses idées sous l'influence desquelles ils ont agi; nous reproduirons les faux raisonnements par lesquels ils cherchaient à se justifier en se trompant eux-mêmes; et l'on se convaincra, avec effroi, qu'il suffit d'une fausse idée pour produire tous les genres de fanatismes, et pour faire souvent d'un homme un monstre.

On verra, dans la plupart de ces criminels, une instruction incomplète, incohérente, pire peut-être que l'ignorance. En effet, c'est une parcelle de vérité, jointe à l'erreur, qui fait la force de celle-ci et qui la rend si dangereuse. On remarquera surtout chez eux l'absence ou l'oubli des enseignements religieux, qui seuls nous donnent des notions exactes du bien et du mal. Aussi, dans leurs conversations, les mots comme les principes étaient dénaturés; toutes les expressions qui appartiennent à l'ordre moral étaient détournées de leur signification véritable : devoir, vertu, patrie, liberté..... Y a-t-il rien au monde de plus simple, de plus intelligible, et, en même temps, de plus beau, de plus auguste? Dans leur bouche, comme dans leur esprit, toutes ces dénominations et les idées qu'elles expriment, indignement profanées, perdaient leur sens primitif. A les entendre, l'attentat politique qu'on leur imputait ne pouvait être un crime! c'était, de leur part, un devoir, un acte patriotique et courageux, dont il leur était permis de se glorifier, comme si un tel attentat politique ne présentait pas une criminalité plus grande que tout autre, et dans son objet, et dans ses suites, pouvant amener les plus grands désastres, l'ébranlement et la ruine de l'État; comme s'il suffisait de faire d'avance le sacrifice de sa vie pour avoir le droit d'attenter à celle du souverain; comme si l'audace et l'atrocité du crime pouvaient jamais devenir de l'héroïsme; comme si l'arme infâme de l'assassinat n'était pas l'arme la plus antisociale, et dès lors la plus antifrançaise.

Notre récit, où l'on chercherait vainement la moindre intention politique, encore une fois, n'est que le résumé des notes que, jour par jour, nous avons soigneusement recueillies. Jamais nous ne nous sommes écarté de la plus scrupuleuse exactitude, même dans l'intention de procurer un plus grand bien, qu'on ne saurait jamais acheter aux dépens de la vérité. Nous nous sommes donc fait un devoir d'éviter avec soin les exagérations et les mensonges de convention au profit de je ne sais quelle moralité équivoque; la moralité profitable ne se trouve que dans la vérité des faits et la sincérité des appréciations.

Nous avons représenté ces hommes sous leurs traits véritables, tels, du moins, qu'ils nous ont apparu; si leur individualité ne semble pas de tous points odieuse, on n'en aura que plus d'horreur pour ces doctrines décevantes qui les ont perdus. Quel enseignement plus utile et plus grave! puisse-t-il faire comprendre à quels excès criminels peuvent entraîner l'oubli des vrais principes et des pratiques de la religion, l'aveuglement des passions, le fanatisme politique, la démence d'une *fausse idée*; puisse-t-il, surtout, prévenir à jamais le retour de ces excès et de ces crimes!

ATTENTAT

DU 28 JUILLET 1835

FIESCHI, MOREY, PEPIN, BOIREAU

« Je demande pardon aux hommes, et surtout à Dieu... Je regrette mes victimes plus que ma vie. »
Paroles de Fieschi sur l'échafaud.

« Adieu ! Je vous en conjure, pensez à votre éternité ; mettez à profit le peu de temps qui vous reste, réconciliez-vous avec Dieu.
— Je n'y vois pas de difficulté ; je le désire. »
Dernier entretien avec Morey.

« Calmez-vous ; soyez homme, soyez chrétien. Il vous reste un autre recours en grâce, c'est auprès de Dieu, un recours qui, si vous le voulez, est assuré. »
Il m'embrassa avec une effusion pleine de sanglots ; je pleurais avec lui. *Dernière entrevue avec Pépin.*

« Parlez de liberté, dit quelque part Voltaire ; criez contre les lois et l'autorité, vous aurez tous les badauds, et, quand vous aurez assez de ces badauds à vos ordres, il se trouvera des gens d'esprit qui leur mettront une selle et une bride et leur monteront dessus pour aller renverser les trônes et les empires.
— Ma foi, Voltaire pourrait bien avoir raison, » me dit Boireau en souriant.
Conversation avec Boireau.

Afin d'en faire sortir une moralité plus instructive, nous avons cru devoir faire précéder notre récit de quelques détails sur les déplorables antécédents du principal auteur de l'attentat, tristes et sinistres préludes de l'atrocité de son crime.

Giuseppe-Marie Fieschi, âgé de quarante ans, était né à Murato, près Bastia, dans l'île de Corse, où sa famille, d'origine génoise, s'était, dit-on, acquis une déplorable célébrité. Son père, *abitatici* (nomade), s'était expatrié pour se soustraire à une peine infamante.

Presque dès son enfance, Fieschi manifesta une humeur inquiète et vagabonde. A quinze ans, berger comme l'avait été son père, il quitta son troupeau pour s'enrôler dans un régiment napolitain en qualité de tambour.

Après la paix de 1814 il reparut en Corse, décoré de la croix des Deux-Siciles. On croit aussi qu'il avait obtenu celle de la Légion d'honneur pendant la campagne de Russie. Il ne reprit du service avec son grade de sergent que pendant les Cent-Jours.

Fieschi fut licencié avec l'armée à la seconde Restauration. Les documents officiels consignés dans les pièces du procès nous apprennent qu'au lieu de chercher des moyens honnêtes d'existence dans le travail il aima mieux suivre les criminelles traditions de sa famille. C'est ainsi qu'on le voit voler un bœuf, le vendre à l'aide d'un faux certificat et condamné pour ce double méfait à six ans de réclusion et à la surveillance perpétuelle de la police.

Après avoir subi sa peine, il vint en France et habita successivement Lodève, Montpellier, Lyon et Paris, où il arriva en septembre 1830.

D'après les mêmes documents, Fieschi vivait d'une vie de désordre, mélange de licence, de folies et de vices. Il n'était retenu par aucun lien de famille. Il fréquentait les maisons de jeu et avait noué des liaisons criminelles avec une femme Lassave Petit, et plus tard avec sa fille Nina.

Fieschi était habile mécanicien. Doué de beaucoup d'agilité naturelle, il excellait dans tous les exercices de la gymnastique ; il avait une adresse, une force physique et un sang-froid extraordinaires. Il fit partie pendant quelque temps d'une compagnie de sous-officiers sédentaires casernée dans la rue du Jardin-du-Roi. C'est à cette époque qu'il eut quelques rapports avec M. Caune inspecteur des travaux d'assainissement. A force de dissimulation et de ruse il parvint à capter la confiance de cet honorable fonctionnaire, qui l'attacha à un atelier des travaux de la Bièvre, où il gagnait deux francs par jour. Quelque temps après, son protecteur le fit nommer gardien du moulin de Croulebarbe. Fieschi donna alors sa démission de sous-officier sédentaire et vint avec la femme Petit habiter ce moulin, jusqu'au jour où M. Caune, s'apercevant de plusieurs infidélités commises par son protégé, le renvoya de ses travaux. (Pièces du procès.) Ceci avait lieu en septembre 1834.

Précédemment, et lors de son débarquement en France, Fieschi, comme ancien soldat de l'expédition de Murat, avait éveillé l'attention du gouvernement de la Restauration, et le ministre de l'intérieur l'avait signalé à la surveillance de la police comme condamné politique.

A l'aide de ces indications officielles qui l'avaient suivi à Lodève, Lyon, etc., Fieschi, à la fin de 1834, trompa le religion de la commission des condamnés politiques, et obtint pendant trois mois un secours de vingt-cinq francs. Mais, la vérité ayant été découverte, il fut, pour ce fait, rayé des contrôles des condamnés, dénoncé à l'autorité et traduit devant le tribunal de police correctionnelle. M. Caune, qui s'intéressait encore à son ancien employé, malgré sa conduite d'improbité notoire, lui conseilla de se constituer prisonnier, vu le peu de gravité de son affaire. « On ne me prendra jamais vivant! » répondit Fieschi; et il montra d'un air farouche le fouet armé de balles de plomb qu'il portait caché sous ses vêtements.

Le 28 juillet 1835, Louis-Philippe sortit des Tuileries pour passer en revue la garde nationale et la troupe de ligne rangées sur les deux côtés des boulevards.

A midi, le cortége se dirigeant vers la Bastille, était arrivé devant le jardin Turc. Les yeux du roi se portent par hasard sur la gauche ; il aperçoit de la fumée sortie d'une fenêtre, et, par une pensée rapide comme l'éclair : « Joinville, ceci me regarde, » dit-il. En même temps une forte détonation, semblable à un feu de peloton mal dirigé, se fait entendre : un vide se fait autour du roi ; mais la mort, heureusement, l'a enveloppé ainsi que ses enfants, sans les toucher. Leurs chevaux sont blessés, et une balle a passé si près du front du roi, qu'elle y a laissé une longue trace noire. Mais quel déplorable spectacle !.. Un illustre maréchal, plusieurs généraux, des officiers, étaient tombés ; des citoyens de toutes les classes, des femmes, des enfants, accourus à cette fête, avaient été frappés par la mitraille.

Cependant, aussitôt après l'explosion, au milieu de la confusion générale, tous les yeux se tournent vers le lieu d'où ces coups sont partis ; une épaisse fumée s'échappe du troisième étage d'une maison d'assez mauvaise apparence. En un instant on se précipite, on arrive à ce troisième étage; la porte de l'appartement est barricadée; on la brise, on cherche avec ardeur, mais l'auteur du crime a disparu.

Des traces de sang conduisent à la fenêtre d'une cuisine donnant sur la cour de la maison, qui communique par derrière à la rue des Fossés-du-Temple.

Une double corde solidement attachée à une échelle placée en travers de la fenêtre, pendait au dehors.

Un homme était descendu par cette corde jusqu'au niveau d'un petit toit qui longe le deuxième étage de la maison.

Arrivé à cette hauteur, il voit du monde dans la cour, et, par le balancement de la corde, il se jette aussitôt sur le toit de la maison voisine; mais la rapidité du mouvement fait tomber un pot de fleurs. A cette chute, un agent de police lève les yeux et aperçoit l'homme qui fuit; il crie : *Voilà l'assassin!* Celui-ci s'élance vivement du toit, se cramponne à une fenêtre ouverte et se jette dans une cuisine. Il avait été horriblement blessé par les éclats de son infernale machine; il était tout sanglant, il avait le front, le cou entr'ouverts, la lèvre coupée et pendante, une des mains mutilée, essuyant de l'autre le sang qui lui voilait les yeux. Il aperçoit une femme : *Laissez-moi passer !* lui crie-t-il d'un ton menaçant, et cette femme lui ouvre elle-même la porte. Il fuit à grands pas; mais, arrivé dans la cour et au moment où il gagne avec précipitation la rue des Fossés-du-Temple, il est arrêté par des gardes nationaux. Cet homme était en effet l'assassin.

A l'instant on le reconnaît pour le locataire de l'appartement d'où les coups de feu sont partis; on le désigne comme un ouvrier mécanicien connu sous le nom de Girard. (Longtemps, en effet, Fieschi se cacha sous ce nom.) Arrêté en flagrant délit, il ne songe qu'à tromper la justice : son nom, il le dissimule; ses complices, il n'en a pas [1].

Le 5 août furent célébrées aux Invalides avec une imposante solennité, les funérailles des victimes de l'horrible événement du 28 juillet. Le roi et sa famille y assistaient avec tous les grands dignitaires de l'État. Dix-sept cercueils suivaient celui d'un maréchal de France.

Le lendemain, Louis-Philippe, si miraculeusement épargné, assista à Notre-Dame à un *Te Deum* d'actions de grâces.

[1] Cet exposé est reproduit des pièces du procès.

Monseigneur de Quélen le reçut à la porte de l'antique basilique; comme toujours, il ne trouva dans son cœur pastoral, si souvent abreuvé d'amertume, que des sentiments d'une inépuisable mansuétude, exprimés dans le plus noble et le plus touchant langage; nous le reproduisons ici :

« Sire, la religion écarte en ce moment le voile de ses douleurs, elle découvre son noble front, elle lève vers le ciel ses yeux encore humides de larmes, elle unit sa voix à la vôtre pour rendre au Tout-Puissant de solennelles actions de grâces. En voyant aujourd'hui le chef et les corps de l'État doublement avertis par le malheur et par le bienfait venir apporter au pied des saints autels un juste tribut de remercîments et d'hommages, elle espère, elle espère pour la France; car, si l'ingratitude envers Dieu a le funeste privilége d'arrêter le cours de ses dons, la reconnaissance de la foi a le pouvoir, au contraire, de les multiplier et de les faire couler avec abondance sur les princes et les peuples. »

Le roi répondit d'une voix émue : « Mon premier soin, après l'attentat qui nous a plongés dans la douleur, a été de m'unir à vous pour rendre les derniers devoirs de la religion aux malheureuses victimes qui sont tombées autour de moi dans cet épouvantable désastre. Aujourd'hui je viens en remplir un qui n'est pas moins cher à mon cœur, en offrant à Dieu des actions de grâces dans l'église métropolitaine de Paris, pour la protection éclatante dont il a couvert les jours de mes fils et les miens. »

Cependant l'instruction marchait ; chaque jour elle faisait un pas vers la vérité.

Fieschi avait fait des aveux qui signalaient des complices, (Morey[1], Pépin[2] et Boireau[3]). Enfin,

[1] Morey (Pierre), né à Chassaignes (Côte-d'Or), sellier, ancien militaire, membre de la société secrète des *Droits de l'homme*, était signalé dans l'acte d'accusation comme co-auteur de l'attentat arrêté et concerté entre les accusés, comme ayant lui-même coulé et fondu les balles, chargé les fusils, acheté la malle qui devaient les contenir, et payé le loyer de l'appartement où devait être placée la machine.

[2] Pépin (Léon-Théodore-Florentin), épicier, ancien capitaine de la garde nationale, chef de section de la société dont Morey faisait partie, était accusé également d'avoir arrêté et conçu l'attentat, d'avoir donné à Fieschi cent trente francs pour payer les canons de fusil et acheter le bois de la machine, et d'avoir fait d'autres démarches.

[3] Boireau (Victor), ouvrier lampiste, né à la Flèche (Sarthe), demeurant à Paris, était accusé d'avoir pris une part active aux préparatifs de l'attentat, d'avoir prêté à Fieschi l'instrument pour percer la lumière des canons, d'avoir fabriqué la barre de fer qui devait les assujettir, et d'avoir passé à cheval sur le boulevard, le 27 au soir, pour mettre Fieschi à même de pointer avec plus de précision la machine.

après un séjour de plusieurs mois à la Conciergerie, Fieschi est transféré avec ses coprévenus dans la prison du Luxembourg.

A l'ouverture des débats, cent soixante-dix-sept pairs répondirent à l'appel.

M. le duc Pasquier, président de la cour, m'avait autorisé à communiquer avec les prisonniers et à leur offrir les consolations de la religion; et ces derniers s'étaient montrés disposés à recevoir ma visite.

BOIREAU. Je vis d'abord Boireau. C'était un jeune ouvrier de vingt-cinq ans, d'une bonne tenue, à la figure ouverte, aux allures vives, brusques et vaniteuses. Comme je lui témoignais tout d'abord une surprise mêlée de compassion de le voir sous le poids d'une accusation aussi grave : « Je vous remercie, me dit-il, mais je ne crains rien : je suis innocent. S'il y a d'autres complices, c'est à ces messieurs de la Cour des pairs de les chercher. »

Boireau avait été probe et honnête; mais il était facile de voir dans sa conversation que les mauvaises lectures, les sociétés secrètes dont il avait fait partie, avaient déversé sur lui leurs funestes influences ; il ne dissimulait pas ses opinions républicaines, et émettait avec aplomb et assurance ce qu'il appelait ses principes. Dès ce premier entretien il voulut sans doute m'en donner un spécimen. Après avoir fait une sortie violente contre le despotisme (on sait quel était le despotisme de cette époque), il me parla avec emphase de la liberté indéfinie qui devait être l'apanage de l'homme ; il termina son improvisation composée de banalités et de lieux communs, par cette phrase, selon lui d'un grand effet : « Si Dieu avait voulu que les hommes fussent esclaves il les aurait fait naître avec une selle ou un bât sur le dos. »

Pour couper court avec un logicien de cette force, je m'avisai de lui citer ce passage, d'un auteur qui ne pouvait lui être suspect : « Parlez de liberté, dit quelque part Voltaire, criez contre les lois et l'autorité, vous aurez tous les badauds ; et, quand vous aurez assez de ces badauds à vos ordres, il se trouvera des gens d'esprit qui leur mettront une selle et une bride, et leur monteront dessus pour aller renverser les trônes et les empires.

— Ma foi, Voltaire pourrait bien avoir raison, » me répondit Boireau en souriant.

Dans les rapports subséquents que j'eus avec ce jeune homme, dont l'esprit léger et sans consistance s'exaltait vite et se calmait de même, je n'eus qu'à me louer de lui. Il donna des preuves de sensibilité, de repentir, de bons sentiments. Si parfois il se livrait à quelques écarts de caractère, d'imagination ou de propos, dès qu'on lui démontrait son erreur et ses torts, il les reconnaissait et revenait aussitôt. Chez lui le cœur était meilleur que la tête.

MOREY. Je trouvai Morey calme d'esprit, mais dans une attitude qui annonçait la souffrance physique. Cet homme, quoiqu'à peine âgé de soixante et un ans, avait dans son extérieur tous les signes de la décrépitude. Sa tête enfoncée dans les épaules et sensiblement courbée était couverte d'une calotte noire qui lui descendait jusqu'aux oreilles. Après m'avoir rendu mon salut, il me parla d'une voix éteinte de sa surdité, de son oppression, de ses douleurs rhumatismales, de la difficulté qu'il éprouvait pour marcher, et finit par me dire : « J'ai toutes les infirmités à la fois; quand on est dans un pareil état, la mort n'est pas un malheur, c'est plutôt un bienfait. — Vous n'en êtes pas encore là, lui répondis-je ; mais vous avez raison, pour adoucir vos souffrances, de mettre en regard de toutes vos misères l'espérance d'un meilleur avenir : car, vous le savez, la mort n'est pas le dernier mot de la vie, tout ne finit pas avec elle, notre existence présente n'est qu'une épreuve et une préparation à une autre existence plus parfaite dont nous devons nous rendre dignes. »

Je lui demandai ensuite s'il était content de sa nourriture, si son lit était bon. Sa réponse fut affectueuse. Il ajouta qu'il était aussi bien qu'on pouvait l'être en prison ; *qu'il n'était point coupable et que sa conscience était tranquille*. Il prononça ces dernières paroles avec une accentuation toute particulière et dont il était facile de saisir l'intention. Sans paraître m'en apercevoir, je l'exhortai en peu de mots à la résignation et à la patience ; je lui offris quelques livres afin qu'il pût se distraire et se consoler par quelque bonne lecture, à quoi il me répondit qu'il était résigné à tout, qu'il ne manquerait pas de patience, que toute sa vie il en avait eu grand besoin, parce qu'il avait eu tant à souffrir et de toutes manières... Il accompagna ces mots de profonds soupirs... Que pour des lectures, il regrettait beaucoup de ne pouvoir profiter de mon offre, mais qu'il avait de trop mauvais yeux. « Je préférerais que vous vinssiez me voir quelquefois quand je serai mieux, j'aurai du plaisir à causer avec vous. »

Voilà, au moral, le portrait qu'on a fait de Morey et dont les débats et leurs suites n'ont fait que trop ressortir la parfaite ressemblance : « Il nourrissait contre les rois une haine contenue ; âme violente et profonde dans un corps usé par l'âge, il parlait peu et possédait cette sinistre puissance que lui donnait une passion unique et le mépris de la mort. » (Louis Blanc.[1])

Je continuai de voir cet obstiné et malheureux vieillard dont l'esprit et le cœur fanatisés étaient en proie à une fièvre latente et concentrée, tandis qu'il semblait uniquement préoccupé du mauvais état de sa santé, qui allait toujours en empirant, des chagrins qu'il avait éprouvés, des injustices dont il prétendait avoir été la victime ; c'était là le sujet le plus ordinaire de ses entretiens. Il sortait alors un peu de sa réserve habituelle : « J'ai servi et défendu

---

[1] Morey, d'après le ministère public, était d'une exaltation politique effrénée, il était tombé en faillite par inconduite, il avait été arrêté en 1816 comme prévenu du meurtre d'un soldat et de projets d'assassinat sur la famille royale. C'était une nature profondément pervertie.

mon pays pendant vingt ans, avec honneur, ajoutait-il ; seulement je n'ai pu voir de sang-froid les étrangers fouler le sol de la patrie, et j'ai été condamné par une cour d'assises (celle de la Côte-d'Or). Savez-vous quel était mon crime? j'avais sabré un Autrichien qui, accompagné d'un camarade, voulait violer une femme en pleine rue. Plus tard, j'ai éprouvé une douleur bien cuisante : j'ai été obligé de me séparer de ma femme, parce qu'elle était indigne de mon estime et qu'elle avait apporté le déshonneur dans ma maison.

— Il ne m'appartient point de vous juger, lui répondis-je ; je ne viens ici que pour vous plaindre, et pour ce que vous avez souffert et pour ce que vous souffrez encore. Il n'y a que vous qui, en faisant un sincère retour sur vous-même, pouvez voir ce que vous avez à vous reprocher devant Dieu ! Pour ce qui est des injustices dont vous vous plaignez, n'était-ce pas dans un dessein de miséricorde que Dieu avait voulu vous y soumettre ? S'il a semé le malheur sur vos pas, n'était-ce pas pour vous faire quitter la route dans laquelle vous marchiez et pour donner à votre vie une direction plus conforme à sa volonté et à votre salut ? Aujourd'hui, au milieu de vos nouvelles et cruelles épreuves, rien ne saurait vous empêcher de chercher en lui le seul refuge assuré qui vous reste. »

Morey ne fit aucune réponse. Il ne se montrait pas inaccessible aux sentiments religieux, pourvu toutefois qu'il ne s'agît point de ce qu'il appelait ses principes arrêtés sur d'autres matières. Si accidentellement il disait quelques mots de politique, c'était pour prouver que ses opinions à cet égard étaient immuables et pour ainsi dire cristallisées. « Je suis républicain, parce que je suis dévoué à mon pays, et voilà pourquoi j'ai fait partie des sociétés secrètes, et notamment de la société des Droits de l'homme et de l'Éducation du peuple. J'ai ma conscience pour moi; que m'importent quelques jours de plus ou de moins? » — Je lui fis observer qu'il était des opinions politiques dont l'application était absolument incompatible avec les principes de la religion; qu'il devait se tenir en garde contre l'obscurcissement du sens moral, qui, de la part de Dieu, était souvent une correction pénale.

PÉPIN. Pour Pépin, quoiqu'il s'attendît à ma visite, ma présence sembla lui causer un moment de trouble. Je cherchai d'une manière indirecte à le rassurer. Afin de donner un autre cours à ses pensées, je m'informai de sa santé; je le priai de me dire si je ne pouvais pas faire quelque chose pour adoucir sa captivité ; je lui parlai de sa femme, que j'avais vue, de la tendre et inquiète affection qu'elle lui portait. Pépin fondit en larmes : « Et mes quatre enfants et mon pauvre neveu ! s'écria-t-il. — Vous êtes d'autant plus à plaindre, que vous auriez pu vous épargner les regrets poignants que vous éprouvez, si vous vous fussiez renfermé dans vos devoirs de père de famille, dans le soin et les occupations de votre commerce. — Oh ! monsieur, que je suis malheureux ! Mais je n'ai rien à me reprocher, je suis innocent, bien innocent de tout ce qu'on m'impute. Mon bon monsieur, je vous en prie, ne m'abandonnez pas, venez me voir quelquefois. — Oui, je reviendrai avec empressement, et je voudrais surtout pouvoir vous apporter quelque consolation efficace. Le désir que vous m'exprimez me touche d'autant plus, que j'aime aussi à y voir, de votre part, l'intention de renoncer à votre affiliation à la prétendue Église française et de revenir à la religion catholique, dans laquelle vous avez été élevé. C'est surtout dans le malheur et dans une situation comme la vôtre qu'en se rappelant qu'on est chrétien on éprouve le besoin de se réfugier dans les enseignements et les espérances de la religion véritable, qui est toujours disposée à nous accueillir, quels que soient la cause et le genre de nos souffrances. Recourez à Dieu, qui peut seul lire au fond du cœur et vous donner la force et le courage dont vous avez besoin. » Je lui laissai l'*Évangile* et l'*Imitation de Jésus-Christ*, en ajoutant qu'il puiserait dans ces deux livres plus de consolation que dans les œuvres de Saint-Just, qu'on avait trouvées dans son domicile, et qu'il avait demandé à porter en prison.

FIESCHI. Vint le tour de Fieschi. Celui-ci ne ressemblait en rien aux trois autres; il était dans la prison absolument comme chez lui, il s'y mettait tout à fait à l'aise, et il en faisait les honneurs à sa manière. Il vint au-devant de moi, me prit par la main et m'offrit une chaise. Son regard, qui semblait m'épier, s'attacha sur moi, ses yeux étaient dans mes yeux; je restai dans le plus grand calme devant ce regard effrontément inquisiteur.

Plus tard, en me rappelant cette première entrevue, il me dit avec une majestueuse suffisance:

« Si vous aviez baissé les yeux devant moi, je vous aurais dominé. »

Fieschi avait une taille moyenne, il était maigre, brun ; ses cheveux étaient rares, son front découvert, son nez aquilin ; ses yeux noirs, petits, enfoncés dans leurs orbites, mais extrêmement perçants et d'une assurance peu commune. Je n'oublierai jamais de ma vie l'ensemble et le détail de la physionomie de cet homme : cette tête et cette figure sillonnées de larges cicatrices, l'une vers la région de la tempe gauche, l'autre placée du même côté sur le sourcil, qui produisait sur cet œil un rabaissement sensible de chair ; la troisième, au côté droit du menton, à l'angle de la bouche, y opérait une contraction qui lui donnait une expression des plus étranges.

Fieschi le premier prit la parole. Il me parla de son pays, de ses aventures, changeant à chaque instant de sujet et se livrant à tous les caprices de sa nature mobile et passionnée ; il s'exprimait avec une grande volubilité, faisait beaucoup de gestes, avait un accent et des locutions qui ne laissaient aucun doute sur son origine et sur l'éducation imparfaite qu'il avait reçue ; il était doué d'une mémoire prodigieuse, avait lu toute espèce de livres, mais sans ordre, ce qui faisait que beaucoup de choses se brouillaient dans sa tête.

Je l'écoutai cette première fois jusqu'au bout. Il fallut subir le récit de toutes ses excentricités ; il fallut encore entendre la lecture de ses productions philosophico-littéraires.

Il me montra une ou deux pages qu'il avait écrites, où les pensées les plus singulières et les plus incohérentes se trouvaient entassées ; il y établissait un long parallèle entre Pépin le Bref, roi de France, et son co-accusé Pépin l'épicier.

Il s'était occupé aussi d'annoter les satires de Salvator Rosa [1], auquel il se comparait : « Salvator Rosa, le peintre des scènes les plus sévères de la nature et de la guerre, sous le pinceau duquel les accidents pittoresques et les figures grossières sont empreintes d'une inexprimable énergie, ce poëte satirique dont la mordante ironie désespérait ses rivaux et ses ennemis ; Salvator

---

[1] L'épigraphe qu'il avait choisie, tirée d'une des stances de ces satires, peignait d'une manière saisissante son malheureux caractère :

« Quando eri penso il capo mi traballa,
La feccia che dovreble andare abasso,
In qu'est'acque per Dio va sempre a galla.

« Lorsque je pense, ma tête tourne ; la lie qui devrait aller au fond, dans ces eaux, vient toujours à la surface. »

Rosa, l'artiste au caractère bizarre, dont l'orgueil de géant s'était aussi mis en révolte contre la société et que de vieilles chroniques accusent d'avoir été affilié à des bandes de brigands; voilà quel était le héros de Fieschi[1]. » Il réservait pourtant une partie de son admiration exaltée pour Napoléon, avec lequel il prétendait avoir de la ressemblance. Telles étaient sa fatuité et son outrecuidance à cet égard, qu'ayant remarqué à la seconde audience l'absence du prince de Talleyrand, présent à l'ouverture des débats, il me dit : « J'étais bien sûr que le prince ne reviendrait plus : il a été trop vivement impressionné par le son de ma voix, qui rappelle à s'y méprendre celle de l'Empereur. »

Pendant près de deux mois qu'ils demeurèrent à la prison du Luxembourg, mes visites aux détenus étaient journalières, et je tâchais de leur donner les soins que réclamaient leur état et la différence de leur caractère respectif.

Le lendemain du jour où le procureur général[2] avait prononcé l'acte d'accusation, j'étais auprès de Fieschi dès le matin. « Depuis que je suis en prison, me dit celui-ci, c'est la nuit où j'ai le

[1] Procès de Fieschi.
[2] Martin du Nord.

mieux dormi, parce que le discours de M. le procureur général m'a peint tel que je suis : il a dit que j'étais dévoué à mes bienfaiteurs, fidèle à ma parole donnée, etc. ; il m'a accordé des qualités, au moins. »

En effet, malgré les charges accablantes qui viennent aux débats flétrir les antécédents de Fieschi, le ministère public reconnaît dans son réquisitoire « qu'il eût pu, placé dans d'autres conditions, être un homme remarquable ; précieux par ses qualités, si le bien eût guidé sa pensée ; mais il a respiré une atmosphère viciée, corrompue, et d'honnête homme qu'il eût pu être, il s'est fait assassin… Mais quelle passion put armer le bras de cet homme et le porter à commettre un crime épouvantable qui couvrit le sol de tant de victimes (18 morts, 22 blessés)? Fieschi avait-il une vengeance à exercer contre le roi ? Non, certes : chez lui, point de fanatisme religieux, ce puissant véhicule aussi de plusieurs régicides. Fieschi n'a qu'une passion : une vanité excessive, un orgueil insatiable. Eh bien, cet orgueil, cette soif de célébrité, on les a exploités, on a implanté dans cette tête bizarrement organisée le projet d'un horrible attentat. »

Ces paroles s'étaient gravées dans la mémoire de Fieschi, et il me les rapporta textuellement avec un mouvement de vaniteuse satisfaction.

« Le procureur général a bien prononcé d'autres paroles, lui répondis-je, qui jetteraient un lourd contre-poids dans la balance ; mais, ne vous y trompez pas, et souffrez que je vous le dise, dans les expressions mêmes du magistrat que vous citez, il y a un grand motif de vous humilier et de vous confondre, car elles vous rappellent le coupable et funeste abus que vous avez fait des bonnes qualités dont le ciel vous avait doué. »

Fieschi s'imaginait que l'Europe entière avait les yeux fixés sur lui ; il parlait toujours beaucoup et ramenait sans cesse la conversation sur sa personne. Peut-être avait-on trop flatté le penchant de cette nature vaniteuse, qui aimait par-dessus tout à se donner en spectacle, à attirer l'attention et que dévorait la soif de la célébrité. Fieschi bravait la mort, et il aurait peut-être tremblé devant le supplice de l'obscurité et de l'oubli !

Dès le principe et dans tous nos entretiens, qui étaient longs et fréquents, je m'attachais à lui inspirer des sentiments plus modestes et plus vrais, à combattre sinon directement, du moins d'une manière détournée, cette idolâtrie de lui-même ; il s'apercevait de ma réserve et m'en tenait compte. « Vous avez raison, mon pasteur de Dieu, de ne pas trop vous fâcher de mes divagations. On ne saurait arrêter tout court le cheval lancé ; il faut le suivre d'aussi près qu'on peut, et attendre comme vous faites qu'il s'arrête de lui-même. »

Mais la pensée qui me préoccupait surtout, c'était de lui rappeler les premiers éléments et les articles fondamentaux de la foi catholique, dont il avait été superficiellement instruit et qu'il avait presque complétement oubliés. Je mis entre ses mains un catéchisme raisonné, et je le priai de me rendre compte chaque jour de ce qu'il avait lu. Il le faisait toujours avec une sûreté et une fidélité de mémoire étonnantes, ne manquant presque jamais d'y ajouter ses propres réflexions, prolixes, il est vrai, mais parfois très-judicieuses. Je l'entretins d'abord de Dieu qui nous a créés, et de Jésus-Christ qui nous a rachetés, parce qu'il n'y a pas de connaissance plus nécessaire, puisque sans la connaissance de Dieu et de Jésus-Christ on est enseveli dans d'épaisses ténèbres, on est accablé de misères et hors d'état d'y apporter remède, parce que sans cette double connaissance il n'y a point de vraie justice et qu'on ne peut parvenir au salut.

Mais je lui faisais remarquer que, pour bien connaître Dieu et Jésus-Christ, il fallait écouter Jésus-Christ, qui est la vérité même et qui nous enseigne toute vérité par l'Église, qui le représente et qui est son organe. Je m'efforçais aussi de le bien pénétrer du libre arbitre de l'homme, de la moralité et de la responsabilité de ses actes aux yeux de Dieu, qui, ayant implanté en nous le précieux discernement du bien et du mal, et nous ayant donné la conscience de ce qui est juste ou injuste, ne saurait regarder du même œil la vertu et le vice. Je lui laissais tirer à lui-même les conséquences de ce principe, afin de l'amener à cette sainte tristesse, à cette douleur de l'âme qui sont les indices et les effets de la repentance chrétienne, et dont il paraissait encore si éloigné.

Je lui faisais aussi sentir la valeur de l'âme humaine, puisqu'il avait fallu l'intervention d'une personne divine pour la racheter et pour la régénérer. C'est ainsi qu'il s'initiait à la connaissance et à l'adoration du grand sacrifice de la croix, et qu'il parvenait insensiblement à apprécier combien redoutable devait être la dette de l'humanité, puisqu'il en avait tant coûté pour l'acquitter!

Sa bibliothèque ne se composait plus que de l'*Évangile* et de l'*Imitation de Jésus-Christ*. Il aimait à lire et à se rappeler la parabole de l'enfant prodigue, qui, disait-il, avait vécu comme lui dès sa jeunesse dans de continuels désordres, dans la plus entière dépravation, et qui cependant était accueilli avec joie et avec amour par son bon père; et celle aussi de la brebis égarée, par laquelle il apprenait que, du plus profond oubli de Dieu, il est possible que l'on soit rappelé à la vie et réconcilié par les mérites du Rédempteur ; que, s'il y a changement de cœur, Dieu traite le pécheur comme s'il avait toujours été fidèle, etc... Chaque fois qu'il tirait ces inductions, je ne cessais de lui répéter : « Fieschi, prenez garde de confondre l'humble confiance qui n'est jamais stérile avec la présomption dangereuse à laquelle vous n'êtes que trop habituellement enclin. Il faut, sans doute, ne pas vous désespérer ni même vous décourager; mais il vous reste encore beaucoup à faire avant d'avoir expié votre crime et corrigé vos défauts. Prenez garde que votre amour-propre, au lieu de les faire disparaître, ne les enracine et ne les augmente en vous les cachant. Je crains bien qu'il n'y ait pas en vous *changement de cœur*, et que vous n'ayez point dépouillé le *vieil homme*. Commencez avant tout à vaincre votre orgueil; la vertu même cesserait d'être vertu si nous voulions en faire parade. »

Dans le livre de l'*Imitation* que je lui avais donné, et parmi un grand nombre de passages qui l'avaient frappé, il me montrait un jour les suivants, qu'il avait notés d'un signe et qu'il voulut me lire.

« Qu'a mérité l'homme pour vous porter à lui donner votre grâce[1]? »

« De quoi pourrais-je me plaindre, Seigneur, si vous m'abandonniez[2]? »

« Quand je répandrais des larmes qui pussent égaler les eaux de la mer, je ne serais pas encore digne d'être visité de vous; je ne mérite rien que d'être châtié[3]. »

« Seigneur, quel est mon appui dans cette vie? Quelle est ma consolation dans tout ce qui paraît sous le ciel, sinon vous, Seigneur, mon Dieu, dont la miséricorde n'a point de bornes[4]? »

« — Si vous prononciez du fond du cœur et non pas seulement de bouche, lui dis-je, les belles pa-

---

[1] *Imit.*, liv. III, ch. XL, v. 2.
[2] *Ibid.*, v. 3.
[3] *Ibid.*, ch. LII, v. 3.
[4] *Ibid.*, ch. LIV, v. 1.

roles contenues dans ces passages, Dieu, qui est le tout-puissant médecin des âmes, vous guérirait; mais, croyez-moi, il y a grand danger à prendre l'admiration peut-être superficielle et toute d'imagination qu'elles vous font éprouver pour des moyens suffisants de salut. »

Depuis quelque temps on avait fait grand bruit d'une *conversion* opérée par des ministres protestants. Il s'agissait d'un nommé Fête, condamné à mort pour un meurtre commis sur une jeune personne, avec des circonstances qui révélaient en lui une extrême férocité.

Avant son crime, Fête se distinguait par son intelligence et par son adresse; sa conduite n'était pas trop déréglée, et il se montrait ouvrier actif et infatigable.

Plus tard, il ajouta l'audace au crime. On avait peine à concevoir l'effronterie et le calme avec lesquels il osa aller contempler sa victime le jour même qu'il l'avait immolée à sa fureur.

Longtemps les exhortations les plus pressantes et les plus pathétiques le trouvèrent insensible. Il se réfugiait tantôt dans le mensonge et l'hypocrisie, tantôt dans la plus révoltante obstination. Enfin, à force de persévérance, de soins, de prières, on parvint à vaincre sa résistance. Ce cœur corrompu, endurci, s'émut, s'ouvrit, et la période du repentir commença. Fête donna bientôt des preuves d'un amendement sincère qui remplit de joie et de satisfaction ceux qui y avaient travaillé avec tant de constance et ceux qui en furent les témoins.

Sur l'échafaud, ses bonnes dispositions ne se démentirent pas; ses paroles, qui n'étaient que l'expression des sentiments dont il était pénétré, portèrent l'émotion dans tous les cœurs et firent couler des larmes de tous les yeux.

Il existait une relation touchante de *cette conversion*, publiée sous ce titre, le *Tison arraché du feu*, par un des ministres dont les exhortations avaient le plus particulièrement touché le cœur de Fête. Cette relation me fut remise par madame la duchesse de Broglie et par M. le comte de Bastard, avec invitation de la communiquer à Fieschi si je le jugeais à propos. Je n'y vis pas d'inconvénient, seulement je voulus lui en donner moi-même lecture, parce qu'il y avait certains passages qui avaient besoin d'être expliqués. Je fis comprendre à Fieschi qu'il était bien plus heureux que Fête, puisqu'il avait le bonheur de vivre dans la véritable religion, où les moyens de salut sont *sûrs* et plus abondants. Fieschi entendit cette lecture et les réflexions dont elle fut accompagnée avec intérêt, peut-être même avec quelque profit.

« Malheur à celui qui se laisse entraîner par ses passions ! me dit-il; c'est ce qui a perdu Fête, voilà ce qui m'a perdu moi-même ; un faux point d'honneur, c'est ce qui m'a empêché de renoncer à mon projet et qui m'a poussé à le mettre à exécution. Dès l'instant que j'eus pris l'engagement de commettre mon crime à l'aide de la machine que j'avais inventée, ce fut une chose faite, fou que j'étais! il y avait honneur et conscience pour moi à ne pas reculer, quoi qu'il en coûte : la parole d'un Corse est sacrée. J'avais donné ma parole à Pépin et à Morey, je leur avais des obligations depuis que j'étais poursuivi, j'avais accepté leur argent, et cependant j'avais des remords, j'étais triste, abattu ; je n'avais aucune pensée agréable, je n'avais plus aucun charme dans la conversation ni aucune douceur dans la vie ; mes nuits étaient sans sommeil, j'étais tourmenté, bourrelé; je rôdais de côté et d'autre, cherchant une distraction ou une âme charitable qui eût de l'empire sur moi ; je ne l'ai pas rencontrée.

« Un homme dans la position où je me trouvais, excusez-moi, s'accroche à un chien. J'allai trouver un de mes compatriotes nommé Sorba. Si Sorba eût été un homme de nature à *m'en imposer*, un homme qui pût m'inspirer de la confiance, je lui aurais dit que j'étais dans une triste position; mais je ne voyais là qu'un jeune homme qui ne méritait pas ma confiance; je le regardai en face, disant en moi-même : «Tu es trop jeune homme, toi ! » Ah! si j'avais eu ce qui m'était dû, je me serais libéré envers Pépin et Morey, et j'aurais renoncé à mon projet. Dans d'autres moments, le démon me disait : « Mais que dira-t-on de Fieschi? on le prendra pour « un lâche; on me traitera d'escroc, malgré que je « n'aie reçu que quarante francs environ, en dehors « des frais de tous les achats qu'il m'a fallu faire. » Cette pensée me ramenait à mes mauvaises dispositions.

« Cependant une circonstance imprévue faillit me sauver. J'avais aperçu M. Panis qui parlait à M. Ladvocat mon ancien bienfaiteur; il y avait onze mois que je ne l'avais visité. A son aspect, une émotion si vive s'empara de moi, au point que ma vue se troubla, et dans mon trouble j'abaissai ma machine de quatre à cinq pouces, ce qui heureusement a sauvé le roi. Si M. Ladvocat était resté là, je n'aurais rien fait. Je voulais descendre, le faire monter chez moi, lui tout montrer, me jeter à ses pieds, lui dire que j'étais un malheureux et qu'il me fît expatrier.

« En donnant audience à mes réflexions, je me disais bientôt : « Quand tu auras avoué ton projet, « que feras-tu? Te fera-t-on partir à l'étranger? « Depuis onze mois que tu n'as pas vu M. Ladvocat, « l'absence est la mère de l'oubli. » Je me suis cependant décidé à descendre, j'ai traversé deux chambres, j'ai été arrêté par la dernière porte, que j'avais barricadée. En ce moment le roulement du tambour s'est fait entendre, je revins à mon poste ; la ligne de M. Ladvocat avait changé de place; mon mauvais destin l'emporte : je mets le feu, l'explosion a lieu et je me sauve couvert de sang comme un désespéré. »

Cependant de bonnes dispositions, de bonnes tendances, des germes de grâce, se manifestaient, à ne pas s'y méprendre, en Fieschi. Il m'écrivit une longue lettre dans laquelle il cherchait à résumer nos entretiens [1]. Mais bientôt son naturel et ses

---

[1] Je n'en citerai ici qu'un passage, qui me parut assez remarquable, sur les attributions de la foi et de la raison. « Qui nous a créés?

mauvaises habitudes semblaient tout faire disparaître, *la lie remontait toujours à la surface.* Hélas! l'homme ne se dépouille que bien difficilement de son être corrompu! Que d'obstacles à vaincre pour modérer cette nature à la végétation exubérante, mais inculte, pour émonder les rejetons sauvages qu'elle ne cessait de produire! Il pouvait y avoir peut-être quelque chose de vrai dans la prétention en elle-même si ridiculement ambitieuse de Fieschi, quand il disait, dans son langage à lui : « Je ressemble à la création du poëte (Milton): moitié lion, moitié fange. » Ce qui était complétement vrai, c'est qu'il avait beaucoup de peine à se dégager de sa boue. Je l'aidais de mon mieux, sans rien préci-

qui nous a rachetés et pourquoi? Nous n'en savons rien, non plus que pour obtenir la vie éternelle, qui s'obtient seulement en connaissant et en aimant Dieu par Jésus-Christ et en pratiquant tout ce qu'il commande. C'est la révélation qui seule peut nous apprendre tout cela, et même aux plus fameux, qui ont été ignorants sur ces choses, et même Cicéron. Nous pouvons nous servir de nos *résonnements* naturels pour examiner les motifs qui doivent nous porter à croire; mais, quand cela est fait, nous devons faire taire notre *réson* pour n'écouter que ce que la religion nous enseigne. Le *résonnement* est comme un serviteur *qu'il* nous amène vers le *metre* de la maison, nous devons le suivre jusqu'à ce que nous soyons arrivés. Mais après nous devons écouter le *metre* seul, qui nous enseigne par la révélation qu'il a mise dans son Église catholique, apostolique et romaine. »

piter, attendant tout du secours d'en haut, poursuivant le bien jusque dans le mal, et priant Dieu de séparer le *bon grain d'avec tant d'ivraie.*

Un des gardiens de Fieschi lui avait fait une mauvaise réponse; il en fut vivement blessé, quoiqu'il cherchât à cacher sous un dédain affecté l'irritation qu'il en éprouvait : « Je pourrais me plaindre au directeur de ce drôle; mais non, on ne traduit pas en justice un cheval qui vous donne un coup de pied, me dit-il.

— Fieschi, toujours de l'orgueil !... comme vous devriez vous défier de cette mauvaise passion ! c'est elle qui vous a perdu, qui vous a fait commettre un crime énorme, qui vous a rendu coupable d'un si grand nombre de meurtres à la fois. Je crains bien qu'elle ne ferme votre cœur aux sentiments et aux dispositions d'un véritable repentir. »

Dans une autre occasion, c'était vers la fin du procès, se laissant emporter encore une fois à sa torrentielle faconde, il me répétait ce qu'il m'avait dit bien souvent de ses hauts faits, de son courage. Afin d'en finir pour une bonne fois avec toutes ces forfanteries inconvenantes, je crus devoir enfin lui dire : « Mais il ne s'agit point pour vous de monter au Capitole: on ne cherche point à vous décerner le triomphe. Avez-vous oublié pourquoi vous êtes détenu ici? Avez-vous oublié cette longue suite de cercueils remplis de vos victimes? Vous qui auriez toute espèce de motifs pour être humble et modeste, vous vous montrez plus fier que si vous n'aviez rien à vous reprocher... Vous devriez trembler et vous humilier devant votre propre histoire, au lieu de la reproduire continuellement. Quant au courage, les vrais braves se contentent d'en avoir, mais ils s'en vantent rarement; il n'y a que les fanfarons qui en fassent parade. Et puis le courage n'efface pas les crimes qu'on a commis, il faut s'en repentir et les expier. »

Fieschi garda le silence...

Un autre jour je le trouvai occupé à lire une lettre de la trop fameuse Nina; il était profondément ému, il voulut absolument me faire entendre la lecture d'un passage conçu en ces termes, et qui lui arrachait des larmes d'attendrissement : « Je donnerais le seul œil qui me reste pour pouvoir être avec vous et pour vous consoler.» (Nina était borgne.)

« Comme cela est touchant! » me dit-il.

Je laissai tomber la lettre, et d'un air sérieux et affligé je le saluai et voulus me retirer.

« Ah! je vous ai fâché, mon ministre; je vous en demande pardon; mais c'est que, voyez-vous, cette pauvre Nina... et quand j'aime, moi!...

— Arrêtez! m'écriai-je, je ne veux être ni le confident ni encore moins le complice de vos dégoûtantes faiblesses, vous m'outragez... Au lieu de déplorer ce sentiment honteux, ce penchant criminel et incestueux, vous voudriez me forcer d'en entendre l'apologie! N'ai-je pas assez souffert et gémi, depuis longtemps, du scandale que vous donnez publiquement à cet égard? Et, puisque vous m'obligez à vous le dire, cette malheureuse est bien peu digne de votre affection. Sachez que lorsqu'elle est venue ici, quand elle a visité, m'a-t-on dit, votre malle, sous prétexte d'examiner l'état de vos hardes et de votre linge afin de les raccommoder, c'était uniquement par convoitise; son impatiente cupidité faisait l'inventaire de ce qu'il lui resterait après vous; elle n'a pas craint de l'avouer[1]. »

---

[1] On sait que cette malheureuse femme, descendue jusqu'aux derniers degrés de l'abjection et du vice, peu de jours après l'exécution de Fieschi, consentit, à titre de spéculation, de venir trôner dans un comptoir de café pour y trafiquer honteusement de son déshonneur et de son infâme célébrité. Que dire d'une époque où se produisent et sont encouragés de si scandaleux outrages à la morale publique?....

Fieschi pâlit, se tut; puis, portant la main à son cœur : « Vous m'avez fait mal là, me dit-il, bien mal.

— Mon ministère, l'intérêt que je vous porte, me font un devoir de vous parler avec une entière franchise, c'est la preuve de ma sincère affection... Avez-vous oublié ce que vous m'écriviez vous-même il y a peu de jours encore, en faisant allusion à tout cela? « Compter sur une femme, c'est labourer et « semer sur un fleuve. » Vous auriez dû ajouter que le contact de certaines femmes est souvent bien funeste. Écoutez le langage de nos livres saints à ce sujet : « *Leurs pieds descendent dans la mort, leurs pas aboutissent au tombeau.* » Ces paroles ne sont-elles pas tristement prophétiques pour vous? Réfléchissez, Fieschi, ces deux femmes, la mère et la fille, sont peut-être les principales causes de votre perte !

— Vous avez raison, restez, et parlons d'autres choses.

— Eh bien, je resterai, mais c'est pour vous dire que si, jusqu'à présent, j'ai eu une extrême condescendance pour les inconvenantes excentricités de votre caractère, ce n'était pas pour les encourager, mais uniquement par pitié pour votre position et pour tâcher de vous inspirer insensiblement un autre langage et une autre conduite. Vous semblez ne pas comprendre ce que mes fonctions ont de sérieux et de sacré... Je n'ai point le droit de vous imposer mon ministère, vous êtes libre. Mais il faut vous décider. Si vous voulez que je revienne, vous devez me promettre d'agir en conséquence. Plus d'ajournement cette fois. C'est bien convenu.

— Je vous comprends ; mais patience : tout viendra en son temps.

— Il est grand temps de vous occuper de vos intérêts spirituels : hâtez-vous, Dieu veuille que l'heure n'ait pas sonné après laquelle le retour pourrait être vain et le remède stérile !

— Voyez-vous bien, il y a trois personnages en moi : l'homme du crime, l'homme de la vérité, l'homme du repentir. S'il y a quelque peu de bien dans ma vie, il y a encore plus de mal ; je me suis trompé à l'embranchement du chemin et j'ai fait fausse route. J'ai dit la vérité dans l'intérêt de la vérité et pour être utile à mon pays. C'est parce que j'ai dit la vérité que je ne me suis jamais contredit. Je me suis souvenu de tous les détails parce que je n'ai jamais menti.

J'ai engagé Boireau à être franc. Il était fort

triste hier, maintenant qu'il a parlé[1], si vous voyiez comme il est content ! C'est par droit de vérité. A présent ou bientôt, la confession ne sera pas pour moi un fardeau, elle sera une décharge. »

Fieschi entrait dans la voie, *quoique borgne et boiteux*, comme se serait exprimé saint François de Sales ; il valait mieux qu'il y fût ainsi, que de ne pas y être du tout. Dieu, qui lui avait fait tant de miséricorde, ne le laisserait pas en chemin, j'aimais à l'espérer !

Le lendemain de cette conversation, ou le jour même, le soi-disant patriarche de l'Église française s'était présenté à la prison du Luxembourg, arguant d'une lettre que, disait-il, Fieschi lui avait écrite (cette lettre n'était que supposée) ; il demandait aussi à voir Pépin et Morey.

---

[1] Dans la précédente audience, Boireau avait fait des aveux. « Si j'ai gardé le silence, avait-il dit à M. le président d'un ton pénétré et les larmes aux yeux, ç'a été par pitié pour la position d'un malheureux père de famille ; j'ai lutté pendant six mois, je cède enfin aux instances de ma malheureuse mère et de toute ma famille. — Reprenez vos esprits, lui avait dit le président, la Cour prend intérêt à votre position. Soyez persuadé que la vérité ne peut vous nuire, écoutez votre cœur, et dites toute la vérité. »

Boireau, de plus en plus attendri, avait fait de nouvelles révélations.

Le directeur lui avait répondu qu'il ne pouvait être introduit sans autorisation et l'avait poliment éconduit.

J'appris à Pépin ce qui venait d'avoir lieu. — « Est-ce que vous auriez désiré voir l'abbé Chatel ? — Que Dieu m'en préserve ! Que vient-il faire ici ? Qui lui a dit de venir ? ne suis-je pas assez malheureux ? » Et en me regardant : « Oh ! ce n'est pas lui que j'appellerais ! » Je louai et encourageai ses bonnes dispositions. Pour gagner Pépin, il ne fallait pas raisonner longuement avec lui, mais lui témoigner plutôt de la sympathie et lui donner des consolations. Les souffrances morales qu'il éprouvait rongeaient son cœur ; l'avenir le glaçait d'effroi.

Je me rendis auprès de Morey. « Vous et Pépin, lui dis-je après un court préambule, vous avez fait partie de la prétendue Église française fondée par l'abbé Chatel, et celui-ci est venu demander à vous assister comme étant ses paroissiens. — Il est bien vrai que j'allais quelquefois à son église, mais c'était plutôt par curiosité que par tout autre motif. — J'aurais été aussi affligé qu'étonné, si vous

vous fussiez laissé surprendre par ses odieuses jongleries. — L'abbé Chatel passait pour un homme de lettres recommandable. — Eh ! quel rapport y avait-il entre un homme de lettres plus ou moins recommandable et le titre de patriarche qu'il usurpe ? L'abbé Chatel est un prêtre renégat. Il est sans autorité, puisqu'il est sans mission ; si vous lui aviez demandé qui l'avait établi chef de sa prétendue Église, il aurait bien été obligé de vous répondre : C'est moi. Il n'a d'autre mandat que celui qu'il s'est donné pour exploiter les mauvais instincts et les passions anarchiques du peuple. Son culte n'est que la parodie et la profanation de nos saints mystères; chaque jour il les tourne en dérision de la manière la plus révoltante, ses enseignements sont un outrage à la morale qui indigne non-seulement les chrétiens véritables, mais tous les hommes honnêtes. »

Il n'y eut de la part de Morey, ni dénégation ni réclamation, il m'écouta jusqu'à la fin très-attentivement. Je le quittai.

Ce fut Fieschi qui, le premier, dès qu'il me vit rentrer dans sa chambre, me parla de la démarche de l'abbé Chatel, et il ajouta : « Si j'avais voulu mourir en réprouvé, j'aurais fait appeler cet homme ; mais il n'en est pas ainsi. J'ai réfléchi sur ce que vous m'aviez dit... Décidément je veux songer à mes intérêts éternels. Je suis au-dessus des préjugés, je veux être mon ami, j'ai été assez longtemps l'instrument des autres. *Lusignar mi nuovo piu non voglio. Je ne veux plus me tromper de nouveau*, comme dit Salvator Rosa. »

Fieschi semblait n'être plus tout à fait le même; son étourdissante loquacité, du moins pendant quelque temps, s'était changée en un sentiment plus grave et plus recueilli. Ses gardiens m'assuraient qu'ils avaient fait cette remarque, et que, de plus, ils s'étaient aperçus que le matin et le soir il priait.

Dès le commencement de mes communications avec les prisonniers, j'avais vu M. l'archevêque de Paris, Mgr de Quelen, pour prendre les conseils de sa haute prudence et de sa douce piété ; il m'avait accueilli avec cette gravité imposante, mais aimable, qui frappait et attirait tous ceux qui avaient des rapports avec lui. — « Je vous donne tous mes pouvoirs ; faites sentir à ces malheureux toute l'énormité de leur crime et de leur détestable action ; mais n'y mettez ni vivacité, ni acrimonie ;

ne faites rougir que leur conscience, et, s'ils se montrent repentants, ouvrez-leur les portes du ciel à deux battants. »

Si je n'avais pas été assez heureux pour trouver ces sentiments et ces dispositions au fond de mon cœur, ils m'auraient été inspirés par les paroles de l'illustre prélat, et surtout par une lettre que je reçus vers le même temps de Mgr de Cheverus, archevêque de Bordeaux. Entre autres choses touchantes, il me disait : « Quand les hommes marchent dans la vie, il est quelquefois nécessaire d'être sévère ; mais, sur le seuil de l'éternité, lorsque leurs sentiments deviennent, pour ainsi dire, leur dernière action, on doit tout mettre en œuvre pour les attirer et les fixer par la charité dans l'espérance..... Tout ce qui est de Dieu élargit et dilate l'âme. Il ne faut pas faire le Christ aux bras étroits, comme parlait Bossuet. »

Ces paroles étaient bien dignes de celui à qui on pouvait appliquer ce que l'antiquité chrétienne disait de saint Mélèce : « La douceur et la paix étaient dans ses yeux, un sourire aimant et plein de grâce était sur ses lèvres, ses bras ne s'ouvraient que pour embrasser et bénir ses frères. »

Les débats touchaient à leur terme. Mᵉ Paillet

avait présenté la défense de Boireau avec cette éloquence qui vient du cœur et qui était le caractère particulier de son beau talent; il s'était écrié en finissant : « Et, après tout, quel bénéfice pour la société dans la condamnation de Boireau? Sera-ce l'exemple? Eh! messieurs, cette déplorable affaire est destinée à laisser d'autres terribles exemples. Boireau n'est pas de ces hommes qui, nourris et vieillis dans le crime, sont devenus sicaires de profession, sont devenus vétérans de mauvaises habitudes dès lors impossibles à déraciner. C'est un ouvrier laborieux, c'est un fils que recommande sa mère. Ah! messieurs, épargnez à sa jeunesse l'atmosphère viciée, l'atmosphère empoisonnée des prisons. Souffrez qu'il retourne dans sa famille, et que là, sous la surveillance de l'autorité, il puisse devenir un honnête citoyen. Ah! il vous le jure par mon organe, il ne se souviendra de l'attentat de juillet que pour le détester avec vous, comme il ne se souviendra de ses juges que pour les bénir[1]. »

Les défenseurs de Morey et de Pépin avaient pris

[1] Le procureur général lui-même eut des expressions d'indulgence pour Boireau : « Boireau est jeune, il a pu être égaré, entraîné par de mauvaises passions; mais il a fait des aveux, ces aveux, ils ont été obtenus par les larmes d'une mère, et les larmes d'une mère doivent trouver quelque merci devant la Cour. »

successivement la parole, M⁽ʳˢ⁾ Dupont, Marie et Dupin. Leurs plaidoiries chaleureuses en faveur de leurs clients étaient pleines de traits acérés contre Fieschi : « Eh quoi ! s'était écrié Mᵉ Dupin, en serons-nous réduits à voir les plus grands criminels poser le pied sur la sellette comme sur un piédestal? Fieschi a, dit-on, de l'énergie, du sang-froid, de la détermination ; ces qualités bien dirigées auraient pu en faire un bon citoyen. Mais ne pourrait-on pas en dire autant des plus grands scélérats? On pourrait en dire autant de Mandrin et de Cartouche, car eux aussi avaient de l'énergie, du sang-froid, de la résolution. » Et Mᵉ Marie avait fait entendre ces paroles écrasantes : « En vérité, ils croient, ces hommes, que parce qu'ils regardent la mort d'un œil ferme, ils croient que parce qu'un rayon d'intelligence s'est égaré dans leur organisation brutale, ils croient qu'ils ont droit à l'admiration et au respect! Non, non! Nous ne sommes pas si bas placés que nous allions chercher dans le sang et dans la boue l'objet de nos hommages. »

Fieschi était profondément ulcéré et il souffrait horriblement. Les paroles dévouées et adoucissantes de l'un de ses défenseurs (Mᵉ Parquin) avaient été impuissantes pour apaiser l'irritation de son indomptable orgueil. « J'ai plus souffert, me disait-il, que le jour où je monterai à l'échafaud. » Je lui rappelai ce passage des livres saints : « *Demeurez en paix dans votre douleur, et au temps de vos humiliations conservez la patience.* » (*Eccl.*, chap. xi, verset 4.)

J'y ajoutai toutes les réflexions qui me furent inspirées par ma propre émotion à la vue de l'état d'exaspération extrême dans lequel il s'exaltait de plus en plus.

Enfin, je parvins à le calmer et à l'engager à accepter ces cruelles mortifications en esprit de pénitence expiatoire.

Dieu m'avait fait la grâce de frapper au bon endroit de son cœur.

Je ne doute pas que l'admirable plaidoyer et surtout la pathétique et compatissante péroraison de M⁰ Chaix d'Est-Ange n'ait puissamment contribué à entretenir Fieschi dans ses bonnes et chrétiennes dispositions. La voici :

« Vous m'avez dit de veiller sur cet homme, je vous l'ai montré avec ses vices et ses qualités, avec le bien et le mal qu'il porte en lui-même. C'est avec regret, mais enfin vous m'avez dit de veiller sur lui, et je dois vous dire ce qu'il n'oserait pas vous dire, je le fais ; et ce devoir je l'accomplis, car je veux que personne n'ignore ici que c'est un devoir que j'accomplis ; des voix éloquentes que j'estime et que j'aime se sont élevées contre mon client ; l'une vous a dit : « Ne faudra-t-il pas lui tresser « des couronnes, lui faire une ovation?. . » — « Ap- « paremment, vous a dit l'autre, vous voulez que sa « route vers l'échafaud soit douce, et vous y jetez des « fleurs ! » Défenseurs de Pépin, défenseurs de Morey, défenseurs de la morale publique, rassurez-vous : autrefois les sacrificateurs pouvaient orner de fleurs les victimes humaines qu'ils envoyaient à la mort, car les victimes étaient innocentes ; ici personne ne songe à décerner des ovations et à semer de fleurs : la route plus ou moins longue qu'est destiné à parcourir Fieschi ; mais, si le mal fut proclamé, n'était-il pas juste que le bien le fût aussi ? J'ai dû jeter quelque baume sur ses blessures, afin qu'il ne soit pas couvert seulement d'imprécations et d'outrages et qu'il ne désespère pas de la bonté de Dieu, comme il a désespéré une fois de la pitié des hommes. »

L'audience fut suspendue pour dix minutes. Pendant ce temps, M⁰ Chaix d'Est-Ange reçut les félicitations de plusieurs de ses collègues ; pour moi, il ne me suffisait pas de l'admirer, j'aurais voulu être près de l'éminent avocat pour lui serrer la main d'une étreinte fraternelle et lui dire avec effusion et reconnaissance : « Je vous remercie ! Fieschi est aussi mon client, la religion me l'a confié, vous m'êtes venu puissamment en aide. »

A trois heures et demie, l'audience fut reprise. M. le Président : « Fieschi, vous avez la parole. » (Profond silence.)

Je n'étais pas sans inquiétude, je l'avoue; je fus bientôt rassuré : Fieschi tint sa promesse. Dans le discours qu'il prononça, il y eut des longueurs, des redites, mais nul sentiment, nulle expression d'irritation, d'aigreur ni de récrimination. On y remarqua plusieurs endroits saillants empreints d'une sorte d'éloquence abrupte, bizarre; pour moi, je retins avec consolation les phrases suivantes, qui appartenaient à un tout autre ordre d'idées et de sentiments et qu'il prononça d'un ton pénétré :

« Maintenant il m'a fallu être lapidé pendant trois jours par les avocats de mes coaccusés. Je leur pardonne. Ils voulaient me voir aller à l'échafaud; je le répète, je leur pardonne. Dans ma carrière orageuse, j'ai trouvé deux routes, deux embranchements. Malheureusement j'ai pris le mauvais, celui qui dans quarante-huit heures me conduira à l'échafaud. J'irai avec courage pour réparer mon crime, mais je demande grâce pour mes complices. J'ai trouvé un bon vieillard qui m'a nourri à sa table et m'a gardé chez lui. Le cœur me saigne d'avoir été obligé de parler contre lui. Je ne l'ai pas fait par vengeance, mais pour être utile à ma patrie. Si Morey a fait exprès de mal charger quelque canon pour me tuer, je lui pardonne. Si je me suis trompé en croyant cela, qu'il me pardonne. J'ai fait mon devoir, quant au reste. Je dois et je veux mourir... je ne peux plus rester dans le monde après mon crime; mais je demande la vie de ce vieillard qui est là. J'ai fait ma confession politique à la Cour, je ferai ma confession spirituelle au prêtre avant de monter sur l'échafaud. »

Les débats, ouverts le 30 janvier, furent clos le 15 février. L'arrêt fut rendu le lendemain.

On se ferait difficilement une idée de ce qu'avait d'imposant et de solennel cette dernière séance, qui eut lieu à une heure très-avancée de la nuit. Les tribunes avaient été ouvertes au public; bientôt un huissier annonce la Cour. MM. les pairs, leur président en tête, arrivent silencieusement et vont occuper leurs places accoutumées. L'appel terminé, le président se couvre et prononce, d'une voix grave et au milieu d'un profond silence, le quadruple arrêt qui condamne Fieschi à la peine des parricides, Morey et Pépin à celle de mort, et Boireau à vingt ans de détention.

Les premières paroles que Fieschi m'adressa lorsqu'il me vit entrer le lendemain de très-bonne heure dans sa chambre furent celles-ci : « Je vous attendais, mon pasteur ; Fieschi n'a qu'une parole ; j'en ai fini avec ma confession politique, arrivons à ma confession religieuse. Allons, monsieur, essayons de dérouiller cette vieille armure... » D'après le désir qu'avait manifesté précédemment Fieschi d'entendre la messe[1], le dimanche qui suivit sa condamnation et sur l'acceptation des deux autres condamnés, plusieurs personnes charitables et éminentes firent d'instantes démarches auprès de qui de droit pour que cette faveur spirituelle leur fût accordée.

[1] Me Parquin nous montra un billet qu'il venait de recevoir de Fieschi, ainsi conçu : « *A Me Parquin*. Ce matin, l'aumônier de la prison est venu me demander si je voulais aller à la messe dimanche, j'ai répondu que oui, n'étant ni païen ni un réprouvé ; j'ai fait mes deux confessions politique et religieuse. J'étais prêt ; j'ai toujours considéré la mort comme une créance que la nature a sur nous, et pour laquelle on n'a stipulé d'avance ni le terme ni le mode du remboursement. »

A cette occasion, je reçus une lettre de M. le comte de Tascher, que je citerai ici parce qu'elle est infiniment remarquable autant par les pensées et les sentiments que par les motifs qui la dictèrent :

« Monsieur l'abbé,

« J'ai écrit ce matin une lettre pressante à M. Cauchy et j'ai été vivement presser une personne qui, m'a-t-on dit, a beaucoup de crédit auprès de l'archevêque. Je lui ai fait observer que, la première messe ayant été servie par un meurtrier, on ne pouvait guère refuser à un autre de l'entendre. Elle m'a promis d'écrire. Ainsi ne vous découragez point, réchauffez le zèle du grand référendaire et par lui celui du président[1]. Réunissez vos pieux efforts pour procurer à des malheureux un bienfait sur lequel ils ont dû compter. La religion ca-

[1] C'est un devoir et en même temps un plaisir pour nous, de saisir l'occasion de rendre ici hommage aux dispositions toujours si parfaites de M. le président et de M. le duc de Cazes, qui surent, en toute occasion, tempérer avec humanité la prescription rigoureuse de la loi, et nous rendre facile et doux l'exercice de nos fonctions.

tholique, cette religion de miséricorde, doit-elle être avare de ses faveurs pour un asile dont nous voyons la porte assiégée par le schisme et par l'hérésie? Que Dieu bénisse vos soins, monsieur l'abbé, et vous en récompense!

« Comte de Tascher. »

Je ne laissai point ignorer aux trois condamnés l'intérêt tout charitable dont ils étaient l'objet, leur faisant comprendre que dans la grande communion catholique seule existait entre tous les hommes, quels que fussent leur rang et leur position, la véritable fraternité, celle qui vient du cœur et de la foi ; que, si un membre de cette innombrable famille souffrait, tous les autres souffraient avec lui, que chaque catholique avait une larme et une prière à offrir à Dieu pour le rachat et le salut d'un frère malheureux, quand l'Église offrait pour le même objet une victime d'un prix infini.

Fieschi voulut écrire à M. le comte de Tascher pour le remercier ; il en reçut la réponse suivante :

« Fieschi, hier j'ai reçu votre lettre. Comme

juge, j'ai hésité à vous répondre; mais je suis chrétien aussi, et, à ce titre, ma religion m'ordonne de soulager, si je le puis, mes frères malheureux. Ne puis-je donc vous dire que si, en disant la vérité, vous avez été utile à la société, vous avez sauvé la morale, qui en est la base, en rendant un hommage public à la religion, appui de tous les devoirs, source de toute consolation comme de toute espérance. Oh! vous avez raison, la justice des hommes est un asile moins sûr que la bonté de Dieu. Puisse celle-ci vous donner le courage dont vous avez besoin ou plutôt soutenir celui que vous avez, et puisse-t-elle aussi récompenser dans sa sagesse les qualités dont il n'est pas toujours permis aux hommes de tenir compte. »

« Comte de Tascher. »

Comme des considérations et des motifs qu'il ne m'appartient pas de juger s'opposèrent à ce que les condamnés pussent assister à la messe, je les engageai à s'unir d'intention à la célébration du saint sacrifice que j'allais offrir pour eux. Un grand nombre de personnes des classes les plus élevées, se souvenant uniquement qu'elles étaient chrétiennes, s'étaient empressées d'obéir aux inspirations et au pieux appel de la charité. Il y avait quelque chose de singulièrement touchant dans le spectacle qu'offrait une pareille réunion en un tel lieu et en de semblables circonstances. Aussi ce ne fut pas sans être profondément ému que nous adressant à cette noble et religieuse assistance, qui acceptait toutes les obligations d'une commune fraternité en J. C., nous pûmes lui dire : « Joignez vos prières aux nôtres en faveur de trois frères coupables et malheureux qui, à quelques pas de nous, sont déjà entrés dans leurs heures d'agonie. Prions pour que la grâce de la conversion et du salut leur soit accordée au nom et par les mérites de la grande Victime qui va s'offrir sur l'autel, afin *qu'en quittant cette vie par le supplice, ils ne tombent pas dans un autre supplice qu'il ne serait ni en notre pouvoir ni au leur de faire cesser*. (Saint August.)

Ce jour-là et le jour suivant, Fieschi écrivit beaucoup. Il fit une adresse assez longue à la jeunesse française, et m'adressa une nouvelle lettre. Il était tout content qu'on l'eût délivré de la camisole de force[1] dont on l'avait revêtu après

---

[1] MM. Ladvocat, Parquin et Chaix-d'Est-Ange avaient obtenu de

le prononcé de l'arrêt. « C'étaient là des précautions bien inutiles, me disait-il, car je ne veux pas attenter à ma vie, puisqu'il faut que j'expie mon crime sur l'échafaud. Mais, si je pensais autrement, ils n'y gagneraient rien : j'ai un moyen de dormir quand je veux, et le sommeil, c'est le noviciat de la mort; j'aurais aussi un moyen de mourir, j'arrêterais la vie à ma volonté. Et d'ailleurs, est-ce que je ne pourrais pas aller me briser la tête contre ces barreaux de fer, faire voler en éclats mon crâne et ma cervelle? Mais Fieschi ne doit pas mourir ainsi, au lieu de commettre un nouveau crime, il doit expier celui qu'il a commis. »

Le jour où devait avoir lieu l'exécution, dès les trois heures du matin, je me rendis près de Fieschi; j'étais accompagné du directeur de la prison, M. Valet, homme bon et humain, qui, comme moi, était vivement ému. Fieschi dormait, le bruit que nous fîmes en entrant le réveilla.

« C'est donc aujourd'hui? » nous dit-il en nous regardant fixement. Notre silence fut notre seule réponse, et il la comprit; aussitôt il se redressa brusquement et parut incontinent tout habillé.

M. Gisquet, préfet de police, cette faveur pour Fieschi, se portant eux-mêmes garants qu'il n'en abuserait pas.

On nous laissa quelques instants seuls... Bientôt après Fieschi s'approcha de sa malle, l'ouvrit, fit plusieurs lots de ses vêtements et de son linge, et me constitua son exécuteur testamentaire.

Dans cette même malle il prit une lithographie de son portrait, écrivit sur la marge d'en haut d'une main assurée ces lignes : « Souvenir à mon confesseur : Mon confesseur, lorsque je suis auprès de vous, vénérable pasteur, je *m'oublie* d'être condamné à mort. Fieschi. »

Il me remit cette lithographie, me priant de l'accepter comme un souvenir de lui et de sa grande reconnaissance. Ensuite il ajouta :

« Ma destinée est accomplie, l'éternité m'attend, la vie pèse sur mon dos plus que si j'étais chargé de porter le mont Etna... On ne pouvait et on ne devait me faire grâce. »

Alors je lui rapportai un propos que je savais avoir été tenu par un des deux princes qui accompagnaient le roi le 28 juillet :

« Si l'un de nous seulement avait été tué, la clémence royale n'aurait pas été implorée sans succès. »

Je lui mis aussi sous les yeux la copie de l'annotation que le roi avait écrite de sa main, en marge, sur l'expédition de l'arrêt de la Cour des pairs :

« Ce n'est que le sentiment d'un grand devoir qui me détermine à donner une approbation qui est un des actes les plus pénibles de ma vie; seulement j'entends qu'en considération de la franchise des aveux de Fieschi et de sa conduite pendant le procès il lui soit fait remise de la partie accessoire de la peine, et je regrette profondément que plus ne me soit pas permis par ma conscience [1]. » — « Il faut pourtant bien, dit Fieschi après un moment de silence, que je ne parte pas pour l'autre monde brouillé avec les autres. Quand on se boude, il n'est pas très-agréable de voyager ensemble. Faites-moi le plaisir d'aller leur dire que je leur pardonne. Tenez, ayez la bonté de leur porter ce cigare que j'ai à peine commencé, qu'ils fument avec, et tout sera dit. »

J'allai d'abord chez Morey, et lui fis part de la mission que m'avait donnée Fieschi, quoique j'eusse le pressentiment que j'allais me briser contre un

---

[1] Le roi portait en général une attention religieuse à la lecture des arrêts de mort. Il se faisait remettre les pièces du procès, demandait l'avis du président des assises, l'avis du procureur général et celui du ministre de la justice, puis ensuite les étudiait consciencieusement. Ce n'était qu'après avoir acquis une conviction raisonnée de la culpabilité de l'assassin qu'il les approuvait.

mur d'airain. « Je vous remercie, monsieur l'abbé, me dit-il avec une émotion maîtrisée ; mais je ne veux rien accepter de Fieschi et je ne veux pas entendre parler de lui ; c'est un grand misérable. — Puis-je lui dire au moins que vous lui pardonnez? — Oui, je lui pardonne. »

Et changeant de conversation : « Enfin, ça va finir ! depuis longtemps je ne vivais plus ; j'ai tant souffert ! c'est bien heureux que la mort arrive à la fin de la vie. »

Puis s'efforçant de sourire : « J'ai lu, je ne sais où, quelque chose de semblable : « On prétend « qu'il est si difficile de mourir, et pourtant tout « le monde s'en tire. » Il faudra bien m'en tirer de mon mieux, moi aussi.

— La mort est moins redoutable que ses suites, lui dis-je, permettez-moi de vous engager à y songer. Je veux vous citer aussi ce que j'ai lu quelque part : « Vous aurez été bien dupe, disait un incré- « dule à un de ses amis qui pratiquait le christia- « nisme, s'il n'y a pas de vie future. — Vous le « serez bien davantage si elle existe, » lui fut-il ré- « pondu. » — Adieu, ajoutai-je, je vous en conjure, pensez à votre éternité, mettez à profit le peu de temps qui vous reste, réconciliez-vous avec Dieu.

— Je n'y vois pas de difficulté ; je le désire.

— Vous allez bientôt recevoir la visite d'un vénérable ecclésiastique, M. l'abbé Montès, bon et saint prêtre, plein d'expérience, de cœur et de charité, qui vous portera avec ses conseils les consolations de la religion.

— Je vous suis obligé, monsieur l'abbé, je ne demande pas mieux ; mais je vous vois partir avec regret... Depuis tout ceci, votre présence et votre conversation m'ont fait du bien, je vous remercie. »

J'embrassai, tout ému, ce vieillard qui m'avait tendu celle de ses mains qui était restée libre, je rendis intérieurement de profondes actions de grâces à Dieu, qui, à travers cette enveloppe de marbre, avait fait pénétrer quelques bonnes pensées, quelques mouvements salutaires jusqu'au cœur du condamné, et le priai d'achever son œuvre.

Je trouvai Pépin fort agité ; il prit le cigare que Fieschi lui envoyait : « Je suis sa victime, et cependant dites-lui que je lui pardonne. Oh! que je suis malheureux de l'avoir connu! Mon cher monsieur, priez pour moi. C'est donc bien vrai, je vais mourir, mon Dieu ! Restez avec moi, monsieur l'abbé, vous avez toute ma confiance. » La voix lui manquait et ses paroles étaient étouffées par les sanglots.

« Calmez-vous, soyez homme, soyez chrétien ; il vous reste un autre recours en grâce, c'est auprès de Dieu, un recours qui, si vous le voulez, est assuré. Je ne puis rester auprès de vous ; je vais rendre compte de la mission qu'on m'a donnée ; mais M. Gallard, vicaire de la Madeleine, que vous connaissez sans doute de réputation, vous donnera ses soins pieux. » Il m'embrassa avec effusion et attendrissement ; je pleurais avec lui...

« Eh bien, qu'ont fait et qu'ont dit les autres ? » me cria Fieschi lorsque je rentrai auprès de lui. Je lui rapportai quelques détails de notre conversation.

« Ce vieux Morey est donc toujours le même ? je le plains, il avait des qualités, j'ai mangé son pain. Allez, il ne sourcillera pas, lui non plus, en allant à l'échafaud. Pour Pépin, il a toujours eu peur. La peur et lui ne se sont jamais quittés. C'est égal, ça me fait plaisir qu'ils m'aient pardonné. »

J'offris à Fieschi un verre d'eau-de-vie. « Pas d'eau-de-vie, répondit-il, je ne l'aime pas. » Et, apercevant le crucifix que j'avais à la main : « Tenez, je ne veux rien, *cela* me vaut mieux. » Et il approcha avec respect le crucifix de ses lèvres.

« Si le roi me comblait d'honneurs et de fortune, Fieschi serait libre extérieurement, mais son cœur ne le serait pas.

« J'ai une dette à payer ; je n'ai jamais eu peur : au milieu du ronflement des boulets, il m'est arrivé de faire des lectures ; c'est mon organisation comme cela. J'aurai encore moins peur aujourd'hui, puisque c'est un devoir pour moi de subir la mort sur l'échafaud, pour mon compte à solder. »

Jusqu'alors je n'avais pu me défendre, je l'avoue, de penser que Fieschi, malgré ses protestations de mépris pour la mort, nourrissait l'espoir secret d'échapper au dernier supplice par une commutation de peine. Quand tout espoir fut perdu de ce côté, je bénis Dieu en voyant le condamné dans des dispositions qui lui faisaient accepter la suprême épreuve comme une expiation.

Il continuait : « En donnant ma vie, je vais payer ma dette à la justice humaine, je ne peux pas donner plus que cela. Je serai donc quitte avec elle, selon mes moyens. Quant à Dieu, vous m'avez appris à croire qu'il est bon, et j'en ai grand besoin ;

qu'il compte pour quelque chose le repentir. Eh bien, s'il en est ainsi, il a trouvé son homme en moi. Marchons...

— Ce n'est point par un repentir de parade et d'ostentation et en parole seulement, que vous obtiendrez grâce devant Dieu, mais par une sincère contrition qui est une profonde et humble douleur de l'âme. Comptez sur Dieu et défiez-vous de vous! Eh quoi! ceux-là même qui ont consumé leur vie entière dans les efforts et les sacrifices de la vertu tremblent encore à la dernière heure à la pensée du tribunal redoutable devant lequel ils vont paraître, et vous, vous, Fieschi, vous pourriez vous glorifier d'un tel excès de présomption et d'assurance et oser dire que *Dieu a trouvé son homme en vous?* »

Nous en étions là quand, en effet, je vis entrer dans la chambre ceux qui devaient présider à la marche funèbre : c'étaient l'exécuteur et ses quatre aides. Deux de ces derniers prirent Fieschi chacun sous le bras ; un autre ouvrait la marche, le quatrième la fermait. Je venais immédiatement après.

Les gardiens nous suivaient à quelque distance.

Nous descendîmes au rez-de-chaussée dans une salle qui servait de communication du greffe à la prison, et où devaient avoir lieu les derniers préparatifs.

Je venais de me placer à côté de Fieschi, j'entends qu'on lui demande s'il n'a pas de redingote.

« Pourquoi faire? répondit-il. — C'est qu'il fait froid. — Ah! bah! je n'aurai pas à souffrir longtemps. Mais vous avez raison, qu'on aille me la chercher. Otez l'argent qui est dedans, ne laissez rien dans les poches. »

On lui enlève successivement sa cravate et son gilet. « Prenez cela, me dit-il, je vous en prie, et gardez-le comme un souvenir. Ce ne sont pas les reliques d'un saint, mais d'un grand criminel que vous avez converti. Quand vous prêcherez, parlez de mon repentir en chaire.

« C'est trop fort! c'est trop fort! Je veux avoir mes mouvements libres, vous me faites mal! dit-il à celui qui lui liait les mains. »

Et quand on voulut lui attacher les pieds avec la même corde : « Tiens, j'ai justement rêvé cette nuit qu'on m'attachait les pieds. »

Fieschi parlait avec une extrême volubilité et une espèce de surexcitation, et adressait la parole à toutes les personnes de sa connaissance. Ayant aperçu un de ses gardiens : « Ah! c'est toi! Tu viens là, toi! Ah! ce n'est pas bien! » Et à un autre : « Toi qui étais mon ami, tu viens me voir attacher! va-t'en, va-t'en! Tous ces messieurs qui sont là, c'est leur devoir; mais toi, ce n'est pas là ta place, va-t'en! »

Il me parla ensuite d'un ton attendri du malheur qu'il avait eu de quitter, pour ne plus le revoir, le seuil de la maison paternelle pour arriver à l'échafaud à travers la misère, le vice et le crime.

Après un moment de silence et de méditation... « Mon Dieu, pourquoi n'ai-je pas laissé mes os à la Moskowa, s'écria-t-il d'une voix forte, au lieu de venir me faire couper la tête dans mon pays! Mais, je le déclare à vous, messieurs, qui êtes ici, j'ai rendu service à la société. J'ai dit la vérité, je ne m'en repens pas... Je dois servir d'exemple sur l'échafaud. »

Puis, s'animant de plus en plus : « Où est-il, celui qui ramassera ma tête? Je lui déclare qu'elle n'est pas à lui, qu'elle est à M. Ladvocat, mon âme à Dieu, et mon corps à la terre... »

Tout était terminé. On avait coupé ses cheveux, on avait coupé le col de sa chemise, on le fit lever du banc sur lequel il était assis pour le conduire vers une chaise, en l'engageant à y prendre place.

« Maintenant, je suis apprêté (en souriant ironiquement), on peut faire venir les autres, je veux les voir ; c'est mon banquet, à moi ! »

A ces mots, je m'approchai de lui, afin de lui faire quelques réflexions. A peine m'a-t-il aperçu qu'il me présente vivement sa figure, en indiquant qu'il veut m'embrasser. Je l'embrassai à plusieurs reprises. J'étais profondément attendri. Il s'aperçut de mon émotion. « Eh quoi! s'écria-t-il ; vous pleurez !... Il faudra donc que ce soit moi qui vous encourage! Allez, je suis heureux, parce que je vais expier mon crime, et je mourrai sans peur.
— *Tremblez toujours dans la terrible attente des jugements de Dieu!* recueillez-vous dans cette pensée et priez Dieu de vous faire miséricorde. » Et, lui ayant présenté le crucifix, Fieschi le baisa avec un respectueux empressement.

La *Gazette des Tribunaux* complète les détails précédents par quelques autres qui m'ont échappé à cause de la grande préoccupation à laquelle j'étais en proie. Ils sont surtout relatifs aux deux autres condamnés.

Morey est amené à son tour, soutenu par deux gardiens. Il est vêtu, comme à l'audience, d'une

4.

redingote brune et porte un bonnet de soie noire. Son attitude est, comme aux débats, calme, résignée, silencieuse. Il s'assied, ou plutôt il se laisse tomber sur le banc et subit tous les préparatifs sans prononcer une seule parole. De temps en temps seulement il lève un regard d'insouciance sur ceux qui l'entourent.

Ce silence et cette immobilité contrastent d'une manière frappante avec la pétulance de Fieschi, qui ne cesse de parler. « Eh bien, eh bien, dit-il, ma redingote, où est-elle? Est-ce qu'on ne la retrouve pas? Je ne peux pas *y aller* comme ça. »

On répond qu'elle est dans sa malle et qu'on ne trouve pas la clef. « Tenez, tenez, fouillez dans la poche de mon pantalon, elle y est peut-être, ou plutôt elle est dans mon gilet que je viens de donner à M. l'abbé. » La clef était en effet dans le gilet que m'avait remis Fieschi, et c'est moi qui la donnai à un gardien.

Enfin on lui apporte sa redingote noire, et on la pose sur ses épaules. « Est-elle encore à moi, cette redingote? dit-il, puis-je en disposer? »

Après un instant de silence, Fieschi se lève et paraît vouloir haranguer les assistants. L'exécuteur l'invite à se rasseoir.

« Comment, dit-il avec humeur, est-ce que je ne peux pas rester debout? — Asseyez-vous si vous voulez. — Eh bien, je reste debout. »

Pour Morey, il ne semblait pas braver la mort, il semblait l'avoir oubliée. Sa figure portait l'empreinte de la souffrance et non celle de la crainte.

Pendant que s'achèvent les préparatifs que Morey subit silencieusement, on aperçoit près du pilier un homme recouvert d'un ample paletot gris, avec un bonnet de loutre sur la tête, et qui, fumant sa pipe, paraît regarder ce qui se passe en témoin indifférent et adresser froidement quelques mots à ses voisins sur certains détails de cette lugubre cérémonie... C'est Pépin. Sur un signe de l'exécuteur, il va se placer à côté de Morey, se débarrasse de son paletot et de sa cravate, qu'il remet à un gardien.

— « Donnez ces effets à monsieur le directeur, » dit-il, et, tandis qu'on lui attache les mains, il continue de fumer sa pipe. Sa figure n'exprime aucune émotion, sa voix n'est point altérée, mais il parle peu.

Cependant, au moment où l'un des aides coupe le col de sa chemise, il se retourne vers Morey et d'une voix calme : « Eh bien, mon vieux Morey, il paraît que nous allons passer ensemble dans l'autre monde...

— Un peu plus tôt, un peu plus tard, répond Morey, qu'importe!...

— Et M. Ladvocat! et M. Ladvocat! s'écriait de son côté Fieschi. Quoi! il ne répond pas à l'appel, il n'est pas là, dans ces circonstances! Ah! quand il s'est agi de le défendre, je n'ai jamais fait défaut. Où est-il donc?... Est-ce qu'on ne lui a pas dit que je voulais le voir? Je veux qu'il vienne!... »

Puis avec une expression et un accent qui me firent frémir : « Si M. Ladvocat ne vient pas, je meurs damné! »

A ces mots, je portai vivement la main à la bouche de Fieschi. « Oh! mon ami, quelle parole! Taisez-vous, je vous en prie, j'ai écrit à M. Ladvocat.... Mais, mettez-vous à sa place : si vous aviez un ami dans cette position, vous voudriez vous éviter à tous les deux une si cruelle entrevue.

— Je vous comprends, mon aumônier, dit Fieschi; votre réflexion est juste, je m'y soumets. »

Je me souviens aussi que Pépin, après avoir échangé quelques mots avec Morey, se tourna vers Fieschi : « Eh bien, Fieschi, lui dit-il en souriant amèrement, tu es content : te voilà en face de ton ami!... (se reprenant), de ta victime!...»

Je vis que la colère de Fieschi allait déborder; je l'arrêtai et l'engageai à se calmer.

Fieschi se contenta donc de répondre à Pépin en faisant un mouvement de la tête et des épaules :

« Bah! bah! » Et s'adressant à moi : « Il ne fait pas encore clair, je crois; 19 février! triste jour et longue nuit! »

A sept heures et quart, les préparatifs sont terminés, les condamnés se lèvent pour le départ.

« Messieurs, dit Pépin, qui a toujours la pipe à la bouche, le crime de Fieschi est dans Fieschi lui-même. Il n'y a donc ici d'autre coupable que lui.

— J'ai fait mon devoir, répondit Fieschi ; tout ce que je regrette, c'est de ne pas avoir vécu quarante jours de plus, pour écrire beaucoup de choses... — N'ayez qu'un regret, celui de ne pas éprouver un assez vif repentir de votre crime, me hâtai-je de lui dire, que du moins maintenant rien ne puisse vous en distraire. »

Le signal est donné, et, après avoir traversé le long corridor de la prison, nous arrivâmes avec

Fieschi, qui marchait le premier, dans le jardin du petit Luxembourg. Morey et Pépin, accompagnés de leurs confesseurs, nous suivaient.

Avant de monter dans la voiture qui devait faire le dernier trajet, nous passâmes devant le colonel Posac, commandant du palais. Fieschi le salua avec respect. Celui-ci lui rendit son salut avec une émotion visible et lui cria : « Fieschi, souviens-toi de Dieu et du soldat de Gaëte!... — Oui, oui, soyez tranquille, » répondit Fieschi.

« Vous ne savez pas ce que veut me dire le colonel, mon aumônier? le voilà en peu de mots :

« Au siége de Gaëte, il y avait deux régiments, l'un français et l'autre corse, qui rivalisaient de bravoure. Un soldat français, ayant un verre de vin à la main, va se placer de manière à être entendu du haut des remparts et porte à l'Empereur un toast qui est accueilli par de nombreux vivats.

« Rentré dans les rangs, on vante son courage.

« Maintenant que fait un soldat corse? Il prend une bouteille, va se placer presque vers le parapet des murailles, et, sous le feu roulant de l'ennemi, il boit à la santé de l'Empereur autant de verres de vin qu'en contenait la bouteille. — C'est moi qui ai conté cette histoire au colonel, il me la rappelle pour me donner du cœur ; mais j'en ai, moi, du cœur !...

— Oui sans doute, lui répondis-je ; mais le colonel vous a dit aussi de vous souvenir de Dieu. — Vous avez raison, je ne l'oublierai pas. » Et, tout en montant dans le *panier à salade*, avec deux aides du bourreau, qui prennent place derrière nous : « Laissez-moi, cependant, vous faire part d'un souvenir qui a dormi longtemps dans ma tête et qui se réveille maintenant. C'est, ma foi, bien extraordinaire ; je ne suis pas superstitieux, et pourtant cette coïncidence et ce rapprochement seraient de nature à rendre superstitieux ; vous allez en juger :

« Il y a plusieurs années de cela, j'étais en Calabre ; un de mes camarades et moi nous allâmes consulter, pour nous distraire et nous amuser, sans y mettre plus d'importance, au moins moi, une espèce de diseuse de bonne aventure qui avait beaucoup de réputation dans le pays. J'ai oublié ce qu'elle dit à mon camarade ; pour moi, voilà comment elle tira mon horoscope :

« Tu iras en France ;
« Tu seras guillotiné en France ;
« Et tu mourras avec plaisir. »

« La prophétie s'accomplit de point en point. Je

ne croyais pas alors venir en France, encore moins y être *guillotiné*; et ce qui est plus fort que tout le reste, c'est qu'en effet *je meurs avec plaisir.* »

Je cherchai à éloigner Fieschi de la croyance et de la préoccupation de ces vaines prédictions, et je l'engageai à ne pas se distraire de la terrible réalité : « Votre fin dernière n'est que trop prochaine, vous n'êtes éloigné de la mort que d'un pas, vous touchez à l'éternité.

« Bientôt nous allons apercevoir l'échafaud, vous n'avez plus rien à attendre des hommes, rien plus à leur demander. Ne pensez au passé que pour en gémir et le déplorer. Si vous ne craignez point la mort, redoutez ses suites; vous allez paraître devant Dieu ! — A présent, me voilà tout entier à vous et à Dieu, parlez et faites, mon ministre. »

Fieschi écouta attentivement et en silence mes dernières exhortations.

Nous arrivâmes et descendîmes les premiers au pied de l'échafaud; un instant après, Morey et Pépin passèrent devant nous, me faisant un signe d'adieu.

Le temps était brumeux et froid. J'eus un frisson glacé et une sueur d'angoisse me couvrit le front.

Au moment où la triple exécution allait commencer, Fieschi me dit : « Tournons-nous de l'autre côté, je ne veux pas avoir l'air d'insulter à leur mort. »

Je lui sus gré de ce bon mouvement. Presque aussitôt Pépin, après avoir embrassé l'abbé Gallard, baisé le crucifix, levant les yeux vers le ciel, disait d'une voix lamentable : « Je demande pardon à Dieu, mille fois pardon. Adieu, messieurs, je meurs victime... adieu ! »

Un bruit strident se fait entendre et une première tête tombe dans le *panier*.

Je me retourne et j'aperçois Morey qui, comme Pépin, *embrasse son confesseur*, baise le crucifix, et je l'entends s'écrier : « O mon Dieu ! ça va donc finir ? Ah ! ce n'est pas le courage qui me manque, c'est la maladie qui m'empêche de me soutenir. » Et il se livre aux quatre aides qui le portent sur l'échafaud. Une demi-seconde après, un bruit tout aussi sinistre que le premier me fit tressaillir ; c'était la tête de Morey qui roulait sur celle de Pépin.

Fieschi n'avait point sourcillé. — « Maintenant, à mon tour. Je veux parler : M. le commissaire Vassal me le permet, mais j'ai besoin de me moucher ; comment faire ? Je tirai mon mouchoir et lui rendis ce dernier service. En même temps je vois la main de l'exécuteur qui touche l'épaule de Fieschi : celui-ci se retourne, et, malgré les entraves qu'il a aux pieds, il s'élance en quelque sorte sur les marches de l'échafaud.

Je l'engageai à modérer ses mouvements pour monter convenablement au lieu de son expiation.

« Je vous obéis, me dit-il, mais accompagnez-moi le plus près possible de l'éternité ! » Et je suivis Fieschi sur les planches dégouttantes du sang des deux autres suppliciés.

Fieschi s'était tourné vers le peuple et d'une voix forte et retentissante il s'écria : « Je vais paraître devant Dieu !... J'ai dit la vérité ; je meurs content. J'ai rendu service à mon pays en signalant mes complices. J'ai dit la vérité, point de mensonge, j'en prends le ciel à témoin... Je suis heureux et satisfait ; je demande pardon à Dieu et aux hommes, mais surtout à Dieu. Je regrette mes victimes plus que ma vie... »

Il m'embrasse et me dit à la hâte : « Mais que vais-je devenir ? quel sera mon sort ? *Je voudrais bien, cinq minutes après ma mort, pouvoir vous donner de mes nouvelles. Priez Dieu pour moi.* »

« — Ne soyez ni présomptueux ni défiant. Sincère repentir, humble confiance ! *Dieu ne rejette point un cœur véritablement contrit et humilié.* »

Fieschi embrasse vivement le crucifix que je lui

présente et se livre à l'exécuteur, qui achève son œuvre, et le triangle sanglant retombe une fois encore.

Que vais-je devenir, quel sera mon sort?

Quis scit? mystère redoutable devant lequel la pensée s'arrête avec effroi ! Laissez-moi espérer, ô mon Dieu! que les derniers moments terrestres de ces trois âmes vous ont appartenu et que vous aurez pitié d'elles *selon l'étendue de vos grandes miséricordes!* Pendant longtemps ce fut pour nous une prière de tous les jours !

Ainsi s'accomplit le châtiment social de l'attentat du 28 juillet. L'autorité avait déployé une force imposante de troupes de cavalerie et d'infanterie. Il y avait sous les armes six mille deux cents hommes, non compris de nombreux agents de police. On apercevait, sur chaque arbre du boulevard, et des jardins voisins des individus perchés sur les branches. Les murs qui longeaient les boulevards étaient aussi garnis de spectateurs pressés les uns contre les autres. On évalue au moins à vingt-cinq mille le nombre des personnes accourues à cet horrible spectacle. De l'autre côté de la barrière[1] et *extra muros* ; chez un

[1] Barrière Saint-Jacques.

marchand de vin, se trouvait, dit-on, le duc de Brunswick qui, du premier étage donnant en face de la grille, tenait constamment braqué sur le lieu de l'exécution un binocle richement sculpté. A ses côtés on remarquait aussi un personnage anglais, qu'on disait être d'une haute extraction, et qu'accompagnait un interprète. Chacun d'eux avait donné une somme considérable pour avoir le plaisir de voir tomber trois têtes.

Il y a, selon nous, quelque chose qui tient du sacrilége dans ce misérable sentiment de curiosité barbare qui précipite cette foule autour de l'échafaud. Ce concours avide et indécent est une honte pour une nation civilisée et chrétienne. Chaque fois que nous avons assisté à ces scènes sanglantes, qui devraient avoir un caractère de deuil public, ce contraste scandaleux a froissé notre cœur déjà inondé de douleur, et nous a toujours inspiré de pénibles réflexions. Que sous certains rapports, il nous soit permis de faire parade de nos progrès, nous le reconnaissons ; mais il faut convenir que les contemporains des siècles que, dans notre suprême mépris, nous appelons siècles d'ignorance, nous étaient en pareille occurence, bien supérieurs et qu'ils avaient de la dignité humaine des idées plus justes et plus élevées que les nôtres. Ils assistaient à ces sacrifices humains émus de tout autres sentiments, avec une tenue et des dispositions bien différentes, et en rapportaient une impression profonde, grave et salutaire. C'est que la pensée chrétienne se faisait jour à travers les mœurs barbares de cette époque ; le respect pour une créature faite à l'image de Dieu se révélait dans la solennité même du supplice.

Aussi l'homme le moins suspect d'exaltation religieuse, Jérémie Bentam, le chef de la doctrine de l'*Utilité* en Angleterre, préconise à cet égard les pompes dont le catholicisme environnait en certains lieux la terrible et suprême sanction de la loi humaine. Ces longues et silencieuses processions qui conduisaient le patient à la dernière station de la voie douloureuse, tout l'ensemble de cet imposant appareil religieux, proclamait bien haut que ce n'était pas là un être vulgaire, de la destinée duquel on pouvait disposer avec légèreté et indifférence, mais que c'était un semblable, un frère, qui appartenait encore à la grande communauté chrétienne, et que tous les assistants devaient élever un concert de prières vers le Dieu devant lequel il allait paraître [1].

Si l'échafaud doit se dresser encore, si la peine de mort ne peut pas être abolie, ne serait-il pas convenable d'entourer son exécution d'une grave intervention religieuse, qui témoignerait du douloureux sacrifice que la société s'impose, de la grande et triste leçon qu'elle doit donner à ce prix à ses membres ? Mais peut-être ce retour aux anciens usages ne serait plus dans nos mœurs. Quoi qu'il en soit, c'est bien ici le lieu de dire qu'il y a quelque chose à faire [2].

[1] On sait que les exécutions capitales en Espagne sont entourées d'un imposant appareil. « En vérité, dit Mérimée, j'aime ces cérémonies catholiques ; dans cette occasion, elles ont l'avantage de frapper la foule infiniment plus que notre charrette, nos gendarmes, et ce cortége mesquin et ignoble qui accompagne, en France, les exécutions. Ensuite, et c'est pour cela que j'aime ces croix et ces processions, elles doivent aider puissamment à adoucir les derniers moments d'un condamné. »

[2] Et nous aussi, nous faisons des vœux sincères pour que l'état moral de la société, graduellement amélioré par la civilisation chrétienne, puisse permettre, dans un plus grand nombre de cas, l'abolition de la peine de mort, à laquelle serait substitué une autre peine afflictive, améliorante et régénératrice ; et c'est avec plaisir que nous citons ici les belles paroles d'un moraliste dont personne n'oserait contester la haute compétence : « Un pas de plus dans cette voie de mansuétude et d'humanité où nous a conduits la marche progressive des idées, et nous verrons se réaliser une amélioration profitable

En toute hypothèse, la société ne doit pas paraître agir dans un esprit de haine et d'hostilité, mais en

aux intérêts de l'ordre le plus élevé, par la suppression des formes dans lesquelles s'exerce ce terrible droit du glaive, dernière expression de la justice sociale. Puisse venir un jour, et ce jour n'être pas loin, où on pourra dire que la moralité publique, au lieu de germer et de croître dans le sang versé au nom des lois, s'en trouve entachée et flétrie; où nous ne verrons plus se repaître de dangereuses impressions cette curiosité sauvage qui inonde la place où se dresse l'instrument du supplice, associe à son impatience fébrile la plus tendre enfance, épie les angoisses du condamné, s'attache, pour ainsi parler, aux palpitations de son agonie, et, de retour sous le toit domestique, n'y apporte que l'endurcissement du cœur, produit par la satiété des émotions... Qu'on ne s'y trompe pas, la publicité donnée au châtiment qu'on inflige par l'effusion du sang produit un effet tout contraire à celui qu'on s'en promet sur l'âme et le cœur de ceux dont les sentiments moraux ne sont pas bien affermis; à l'égard de ceux-là, loin que cette publicité produise un effet préventif, elle éveille et développe en eux des instincts qui, sans elle, ne se seraient probablement pas manifestés. Pourquoi? il serait difficile de le dire, mais le fait n'est pas contesté. A ce moment, il se passe dans l'homme quelque chose d'indéfinissable, que la physiologie sans doute pourrait expliquer, mais qui étonne le philosophe. Soumis à une sorte de contagion morale dont on ne sait se rendre compte, il y succombe, et cet homme, en troublant la société, est perdu pour elle.

« La publicité du supplice est si peu un frein, que plusieurs ecclésiastiques attachés au service des prisons nous ont affirmé que la plupart des condamnés auxquels, à ce moment suprême, ils avaient offert les secours de la religion, leur avaient avoué que dans le cours de leur vie ils avaient assisté à des exécutions capitales. Qu'avaient-elles produit sur eux?... » (BÉRANGER.)

vue de l'accomplissement d'un devoir austère, impérieux, pour la protection du droit et le maintien de l'ordre social. Si elle frappe le corps du condamné, elle doit respecter son âme.

Alors la présence et l'intervention du prêtre apparaîtraient dans toute leur auguste signification, le coupable comprendrait plus sensiblement la réhabilitation morale par le repentir. Il cesserait de s'aigrir, de s'irriter, de s'endurcir dans les angoisses et les fureurs intimes de la honte et du mépris. Il ne dirait pas : « Pourquoi avoir des remords dont les vers vont bientôt faire raison ? » A ses yeux, la loi qui le condamne et qui le punit ne s'incorporerait pas tout entière dans le bourreau ; car il ne croirait plus qu'en jetant son tronçon sanglant dans l'ignoble panier, le bourreau puisse y jeter en même temps sa pensée et sa conscience. Alors la peine de mort, loin d'être une exécution hideuse et dégoûtante, deviendrait éminemment réformatrice, exemplaire, car elle aurait toute sa moralité[1].

---

[1] Ces réflexions ne nous sont pas seulement personnelles, elles avaient été publiées par d'autres avant nous.

Fausseté du système phrénologiste.

Autopsie de la tête de Fieschi par M. le docteur Lelut.

On sait que les phrénologistes prétendent que chacune des facultés de l'homme, ses instincts, ses sentiments, ses penchants, ont dans le cerveau un organe particulier d'où ils proviennent, et que la volonté de l'homme n'est que l'impulsion fatale et irrésistible qui lui est donnée par une puissance organique. « Les sources de la morale, dit admirablement le docteur Fournet[1], sont par là même livrés au matérialisme et au fatalisme, c'est-à-dire que toute morale s'évanouit, car ce n'est plus vous, c'est votre cerveau qui est responsable. Ce principe supprime les facultés de l'âme pour ne plus laisser subsister que la matière organique qui les exprime. Dès lors la phrénologie ne voit plus l'âme derrière

---

[1] Ce travail remarquable, sous ce titre : *La Phrénologie n'est point une doctrine philosophique*, révèle chez l'auteur la compréhension des vérités scientifiques élevées au point de vue même du christianisme ; et cette philosophie religieuse pénètre plus avant dans la réalité humaine que n'avait pu le faire jusqu'ici la science basée sur elle-même.

son rideau de matière, elle ne voit plus Dieu derrière l'univers, elle ne voit plus que le cerveau et le reflet de ses formes à l'extérieur du crâne, et en instituant la possibilité de préjuger les actions par les formes, elle méconnaît l'influence de la volonté sur l'action ; par cela même elle précipite les destinées humaines dans l'abîme du matérialisme et du fatalisme où toute moralité s'engloutit. »

Des paroles regrettables étaient échappées à l'un des défenseurs de Fieschi, M⁶ Parquin : « Que penser de celui qui a commis ce crime affreux ? C'est qu'il est malheureusement des êtres qui voudraient lutter en vain. Ils sont impuissants à enrayer dans cette route dont le terme est le crime!... » Fieschi se rendait bien mieux compte des phénomènes compliqués de notre nature morale lorsque, éclairé par la lumière de la religion à laquelle il ne fermait plus les yeux, il nous écrivait : « Quoique grand coupable et corrompu par la faute originelle et encore plus par la mienne ; car Dieu m'avait créé libre, et j'aurais pu éviter le mal par le secours de sa grâce, *si je ne m'en été* pas rendu indigne. C'est moi qui ai aliéné ma liberté, car le sage est libre, et moi je me suis rendu l'esclave de tous les vices et de toutes les fautes que *j'ai comi.* » .

TÊTE DE FIESCHI.

« La circonférence de son crâne (c'est M. Lelut qui parle) a vingt pouces dix lignes ; c'est une bonne grandeur, mais ordinaire. Le développement frontal n'a, non plus, rien de saillant. La forme du crâne est celle *des plus honnêtes gens*, allongée, aplatie sur les tempes. Le diamètre antéropostérieur a sept pouces trois lignes ; le transversal ou temporal a cinq pouces cinq à six lignes. Fieschi, qui avait tué à la guerre toute sa vie, qui ne se séparait jamais de son poignard, qui a fini par tuer ou blesser d'un seul coup trente à quarante personnes, n'avait en aucune façon l'organe de la *destruction*. Il n'avait point non plus ceux de la *ruse* et de la *prudence*, lui qui avait *prémédité* pendant plusieurs mois l'épouvantable assassinat qui l'a conduit à l'échafaud. Il avait ceux de la bonté, de la théosophie. L'orgueilleux Fieschi n'avait point les *organes* de *l'orgueil* et de la *vanité*, et il avait, suivant moi, à un degré médiocre, celui de la *fermeté*.

« Il en était de même de celui du courage, et pourtant il ne manquait pas de cette dernière qualité. Et à cet égard, pour ne parler que des altérations qu'offraient le crâne et le cerveau de Fieschi, il ne saurait y avoir le moindre doute sur leur gravité, sur leur valeur et sur la force morale et matérielle qui a été nécessaire à Fieschi pour tenter, malgré la violence des chocs qui les avaient produites, une fuite qui a presque été suivie de succès. Deux blessures existaient au côté gauche du crâne; la première correspondant à une perforation de la partie inférieure et externe de l'os du front, perforation ayant en hauteur un pouce, en largeur sept à huit lignes et bouchée par la peau et la membrane externe du cerveau. Vis-à-vis de cette ouverture, la substance de cet organe, qui avait éprouvé une légère altération dont la cicatrisation, était en bon train, et il y avait en cet endroit quelques adhérences des membranes internes du cerveau. La seconde ouverture du crâne était la plus considérable; elle était formée en haut, par un fragment d'os qui avait plusieurs pouces en tous sens, mais surtout dans le sens longitudinal, fragment désormais complétement soudé au reste du crâne, mais qui, lors du coup, avait dû être complétement détaché de bas en haut. Vis-à-vis de cette dernière lésion osseuse, le cerveau et ses enveloppes n'avaient subi aucune altération.

« Je ne parle pas de la blessure du menton, désormais tout à fait cicatrisée, et qui s'étendait jusque sur la section faite par le couteau de la guillotine. Mais les deux fractures du crâne n'ont pu être produites que par des chocs d'une violence extrême, et qui étaient de nature à renverser les hommes les plus vigoureux.

« Joignez à cela la perte de son sang, son écoulement sur la face et sur les yeux, et vous jugerez qu'il a fallu à l'assassin, pour fuir, une force de volonté favorisée, sans doute, par le sentiment de sa conservation, mais qui eût pu manquer à bien d'autres.

« Voilà les faits tels qu'ils m'ont paru dans leur vérité. »

Que le lecteur conclue !

Ainsi l'autopsie de la tête de Fieschi, faite par le savant médecin de Bicêtre, vient donner un éclatant démenti au système phrénologiste, si vanté de nos jours.

ANARCHIE INTELLECTUELLE ET MORALE DE CETTE ÉPOQUE.

Il y avait une telle anarchie intellectuelle et morale dans certaines classes de la société, que le régicide y trouvait des apologistes ardents. Des Tyrtées de carrefour, d'estaminet, de prison chantaient des dithyrambes en l'honneur *des martyrs Pépin et Morey*. Nous avons sous les yeux vingt poésies d'impiété sociale de ce genre.

Un détenu politique fit alors avec un succès qui alla jusqu'à la célébrité un acrostiche sur ces deux vers adressés à Fieschi :

> Fieschi, que leur mépris ne te soit pas amer ;
> L'œuvre peut quelquefois sanctifier le fer.

Cette longue et perverse amplification était empreinte de tous les genres de corruption à la fois. On s'y faisait un jeu, un devoir d'attaquer tous les sentiments et tous les intérêts dont l'ordre religieux social et politique se compose. L'assassinat politique, le régicide devaient être rayés de nos codes et proclamés parties intégrantes de la liberté, c'étaient des œuvres méritoires et dignes de l'apothéose.

> Car Fieschi, d'un seul coup, dans un sublime essor,
> Renversait pour jamais Nabuchodonosor.

ATTENTAT

DU 25 JUIN 1836

ALIBAUD

« Si vous avez occasion de voir ma famille, dites-lui que je suis mort en chrétien, dites-le à tous. »
Paroles d'Alibaud.

Nous sommes au 25 juin 1836, à six heures et demie du soir.

Un an ne s'est pas écoulé depuis l'horrible événement du 28 juillet 1835, qu'une autre tentative d'assassinat est encore dirigée contre la personne du roi.

Fieschi, Pépin et Morey ont été condamnés à la

peine capitale, et voici qu'on voit apparaître un nouveau candidat, prétendant à leur succession sanglante, sans que le dernier supplice qu'ils ont subi l'ait détourné de suivre leur exemple, sans que la main lui ait tremblé au souvenir de leur échafaud.

On sait comment Alibaud mit à exécution son exécrable projet, au tournant du guichet du pont Royal. Le roi sortait des Tuileries pour se rendre à Neuilly[1], avec la reine et Son Altesse Royale, madame Adélaïde, qui étaient au fond de la voiture. Le roi était sur le devant, vis-à-vis de la reine.

Le fusil-canne, de nouvelle invention, que le meurtrier déchargea sur Louis-Philippe, presque

---

[1] Louis-Philippe venait de sortir du conseil des ministres, auquel il ne manquait jamais d'assister. Il prenait, dit-on, place à la table commune, et, tout en écoutant attentivement les délibérations, il dessinait souvent à la plume, sur le premier bout de papier qui lui tombait sous la main, des figures tantôt grotesques, tantôt de fantaisie. Le jour de la tentative d'assassinat commise contre lui par Alibaud, et peu d'instants avant, on raconte que le roi avait dessiné une famille d'oiseaux aquatiques que n'aurait point désavouée Fiedling, sur laquelle venait fondre un oiseau de proie. Puis le roi avait résumé la longue délibération qui avait eu lieu, indiqué la marche à suivre, et était sorti pour monter dans la voiture qui l'attendait pour le reconduire à Neuilly.

à bout portant, en l'introduisant dans la voiture et l'appuyant sur la portière, n'atteignit point ce prince, parce que, à l'instant même où le coup partit, il inclinait la tête pour saluer la garde. Ce mouvement le sauva ; la bourre seule resta dans ses cheveux. (Déclaration d'Alibaud, qui avait conservé assez de sang-froid pour se rendre compte des moindres circonstances de sa criminelle action.)

Le roi rassura la reine, s'informa si personne n'avait été blessé, et continua sa route vers Neuilly.

Bientôt il se trouva au milieu de toute sa famille qui accourait : « Mes enfants, dit-il en arrivant, vous voyez que je me porte bien; on vient encore de tirer un coup de pistolet sur nous. C'est horrible ! »

Il y eut un moment de saisissement et d'effroi, suivi bientôt d'une scène pleine de sensibilité et d'effusion douloureuse. Ce n'était plus le roi, c'était le père auquel on prodiguait les plus tendres caresses, et qui les accueillait avec une émotion qui avait cessé d'être contenue.

Marie-Amélie, le cœur toujours plein de terreur et de sombres prévisions, se retira peu de temps après dans son oratoire pour remercier Dieu, et le prier de continuer sa protection sur des jours qui lui étaient si chers, et pour lesquels elle ne cessait de trembler. Louis-Philippe, de son côté, dont la vie, en moins d'une année, avait été à deux reprises miraculeusement préservée, reconnut *la main visible qui avait détourné le nouveau coup dirigé contre lui.* (Discours du trône.) Un *Te Deum* d'actions de grâces fut chanté à Notre-Dame [1].

Alibaud avait été arrêté immédiatement par un

---

[1] Voici la lettre que l'archevêque de Paris, Mgr de Quélen, adressa, à cette occasion, à son clergé. Elle contraste de la manière la plus admirablement évangélique avec les calomnies et les persécutions de tous genres dont l'illustre et saint prélat n'avait pas cessé d'être l'objet :

« Monsieur le curé,

« Un nouvel assassinat vient encore d'effrayer la religion et la société. Il n'est pas un chrétien, il n'est pas un Français, il n'est pas un homme d'honneur qui ne s'attriste profondément à la vue de ces efforts redoublés du crime, et qui ne repousse avec horreur les funestes doctrines dont elles sont le fruit. La divine Providence qui, selon l'expression de l'Écriture, conduit jusqu'à l'abîme et qui en retire, la divine Providence ne cesse de nous enseigner d'une manière aussi miséricordieuse que terrible : en nous montrant de nouveaux dangers, elle a détourné de nouveaux malheurs.

« Conformément à la lettre close en date du 27 juin, il sera chanté, tant dans notre église métropolitaine que dans les autres églises de notre diocèse, un *Te Deum* solennel d'actions de grâces, pour la protection dont la main du Tout-Puissant a couvert la France, en conservant au prince qui la gouverne à travers tant de adjudant de service qui le saisit aux cheveux, et qui, aidé de plusieurs personnes, parvint à lui arracher le poignard dont il voulait se frapper. L'assassin fut conduit au poste de la garde nationale. Par une coïncidence remarquable, l'armurier nommé Devisme, inventeur de l'arme dont le régicide s'était servi, faisait partie du bataillon en ce moment de service aux Tuileries. Il reconnut le meurtrier : « comme un jeune homme se disant commis marchand qui s'était présenté chez lui deux mois auparavant sous le nom d'Alibaud, qui lui avait demandé à visiter ses fusils-cannes, et lui avait dit qu'il se faisait fort d'en placer une grande quantité en province, s'il consentait à lui en confier quelques-uns comme échantillons. Il en emporta cinq, ajouta M. Devisme ; peu de temps après, quatre de ces fusils me furent renvoyés par Alibaud, accompagnés d'une lettre par laquelle il m'annonçait qu'on lui avait volé dans un café celui qui manquait, mais qu'il me le payerait aussitôt qu'il le pourrait. »

périls des jours qu'il veut employer à maintenir dans notre pays le respect pour la religion, source de tout ordre véritable, base de toute législation et fondement solide de toute félicité.

« Hyacinthe, archevêque de Paris. »

Alibaud n'opposa aucune dénégation et convint de tout[1]. Il fut conduit à la Conciergerie et bientôt à la prison du Luxembourg. Je l'y vis peu de temps après sa translation.

Il fut placé dans la chambre qu'avait occupée Fieschi. Dès la première vue, je pus facilement juger que ce n'était pas là un homme de la nature et du caractère de son prédécesseur.

Je ne puis mieux le dépeindre au physique qu'en reproduisant ici le portrait si plein de ressemblance qu'en a tracé Louis Blanc : « Par un contraste aussi poignant que bizarre, le jeune homme qui venait de descendre à cet odieux attentat avait quelque chose de prévenant et d'affectueux dans toute sa personne. Son visage, qu'encadraient de longs cheveux noirs flottants, était réellement beau ; ses yeux bleus étaient pleins de tendresse et sa physionomie présentait un singulier mélange de mélancolie, de grâces féminines et de fierté. » (*Histoire de Dix Ans.*)

Le prisonnier me reçut d'une manière polie,

---

[1] Le docteur Rouget, appelé au moment même, ayant fait remarquer que le cœur de l'assassin battait fortement, celui-ci lui dit : « Ce n'est pas de peur, c'est plutôt par regret de n'avoir pas réussi. » Quand on lui donna une plume pour signer le procès-

mais à travers laquelle perçait quelque embarras : « Je suis l'aumônier du Luxembourg, lui dis-je tout d'abord ; je remplis un devoir de mes fonctions en venant auprès des détenus ; votre situation est bien triste, elle m'intéresse d'autant plus, et si cela ne vous contrarie pas, je vous ferai quelques visites. »

Alibaud se taisait et avait les yeux fixés sur moi.

Après un moment de silence, voyant son hésitation, je lui tendis la main ; il me donna l'une des siennes, dégagée pour lors de la camisole de force : « Je reviendrai donc vous voir ? » Il inclina la tête en signe d'assentiment, et il ajouta d'un ton presque affectueux : « Je vous remercie. »

Je sortis, je l'avoue, de cette première entrevue, l'esprit en proie à mille affligeantes réflexions, le cœur navré, mais non sans pitié pour ce jeune homme dont le maintien décent et qui ne manquait pas d'une certaine distinction, dont les traits reposés et empreints de douceur paraissaient si peu en rapport avec le crime exécrable qu'il ve-

---

verbal, il fit précéder sa signature de cette phrase, qui reproduit la même pensée : « Je n'ai qu'un regret, celui de n'avoir pas réussi. »

nait de commettre. Et ce crime, m'avait-on assuré, non-seulement il l'avouait, sans éprouver le moindre remords et sans exprimer le moindre regret, mais avec un calme effrayant il ajoutait même : « Je me suis dévoué pour mon pays : il n'entrait dans ce que j'ai fait aucun intérêt personnel; je le ferais encore. »

Comment ne pas ressentir un douloureux et amer sentiment à la vue de cette victime d'un aveugle et maudit fanatisme, capable d'anéantir ainsi la conscience et de dénaturer à ce point la moralité humaine? Comment se défendre d'une impression d'horreur et d'exécration envers les doctrines qui, produisant cette criminelle démence, brisaient ignominieusement une carrière de vingt-six ans, laquelle, dans d'autres conditions et sous d'autres influences, aurait pu, pleine d'années, réaliser pour le bien tant de riches espérances?... Déjà je voyais ce malheureux sur la route du supplice!

J'entrai dans la chapelle du Luxembourg pour retrouver le calme dont j'avais besoin, pour soumettre tout à Dieu, et lui demander les lumières et la force qui ne pouvaient me venir que de lui. Là, au pied de l'autel, je le priai de m'inspirer les moyens les plus propres à arriver au cœur de cet infortuné en proie, sans nul doute, malgré son affectation d'assurance et de tranquillité, à de bien cruelles et de bien contradictoires préoccupations. Je demandais cette parole et plus que la parole, *cet amour, ces lumières, ces accents qui émeuvent et changent l'âme du prisonnier* [1].

Toutes les difficultés et tous les périls de ma position m'apparurent alors, et j'en fus effrayé !

De quelles précautions, en effet, de quels ménagements ne fallait-il pas user? Que de mystères à pénétrer! que d'écueils à éviter! Une parole, un mot prononcé avec telle ou telle autre intonation, un geste, un mouvement dans la physionomie, une nuance, un rien suffirait pour blesser, pour irriter cette nature que j'avais déjà jugée si susceptible, si impressionnable, et, par conséquent, pour tromper mon vœu le plus cher et faire évanouir tout l'espoir de mon ministère : « O mon Dieu, ouvrez ses yeux au doux et convertissant éclat de votre miséricorde; ouvrez son âme à l'onction de votre grâce; qu'il accepte mon message de consolation et de salut! Ne me refusez pas votre inspiration,

---

[1] Silvio Pellico, *Elegie*.

ou plutôt *créez en lui un cœur pur, rectifiez son esprit jusqu'au fond de ses entrailles.* »

Le soir, je me rendis de nouveau auprès du prisonnier; il s'entretenait avec son avocat, M. Charles Ledru. Il vint à moi, me pria de l'excuser, et ajouta : « Ne tardez pas de revenir, je vous prie. » Je revins en effet bientôt, il m'accueillit d'une manière encourageante. Dans ce premier entretien, il me parla avec un confiant abandon de ses premières années, de son pays, de sa famille. Je l'écoutais avec un sincère intérêt, et prolongeais, à dessein, la conversation sur cette matière, espérant, par le rappel des souvenirs du foyer domestique, par l'expansion de ses sentiments de piété filiale, pouvoir renouer la chaîne brisée des saintes traditions de son enfance. Ces entretiens intimes et avec ouverture de cœur se renouvelèrent le lendemain. Ce n'était déjà plus un étranger pour moi, au sort duquel il me fût possible de demeurer indifférent ; encore moins un odieux réprouvé qui allait subir la juste peine de son attentat. Le crime était révoltant; le criminel pouvait à peine être plus coupable, mais c'était un frère égaré, dont l'âme et la vie spirituelle m'étaient confiées. Ah ! si nous fermions notre cœur au coupable, comment entendre et gagner le sien !

Chose merveilleuse! l'affection que nous inspire à son égard la charité est produite et cimentée par les mêmes causes qui empêchent ou qui rompent parmi les hommes les liaisons ordinaires [1]. *La multitude des grandes eaux, loin de l'éteindre, ne fait que la ranimer.*

Mes rapports avec le prisonnier dataient de la veille, et il me semblait le connaître et l'affectionner depuis longtemps! C'est qu'en effet, dans une prison, en face de l'échafaud, en pareil lieu, en de telles circonstances où les moments sont comptés, l'affection surnaturelle qui naît au cœur du prêtre se développe et grandit instantanément ; il faut bien qu'elle se hâte, qu'elle passe sur beaucoup de choses, pour ne pas être devancée et arriver trop tard, car à jour et heure fixes, la mort est toujours là !

Une autre fois, dans l'entraînement de nos causeries expansives il m'arriva de l'appeler du nom qu'il avait reçu au baptême : Louis. « C'est un beau nom, lui dis-je, et qui vous avait mis sous la protection du plus vénéré et du plus saint de tous les rois! » Sans doute qu'Alibaud acheva dans sa pensée ce rapprochement et

---

[1] « Quæ sæculares amicitias tollunt, spiritalem amorem confirmant. »

ce contraste, car je m'aperçus qu'il rougissait. Tout aussitôt je m'empressai d'ajouter : « C'est aussi sous ce nom que vous avez fait votre première communion; vous n'avez pas oublié cette date bénie ! — Non, j'avais alors une bonne tante religieuse, une sainte femme, qui m'appelait son cher Louiset. Elle m'apprenait le catéchisme, et me fit entrer au petit séminaire de Narbonne. Elle espérait faire de moi un prêtre. Oh! quoique pauvres, il y avait du bonheur pour nous tous alors, ajouta-t-il; qu'ils sont à plaindre maintenant, mes parents ! J'ai fait leur malheur. Quel coup de foudre pour ma famille! et mon père! mon pauvre père! — Et votre mère, repris-je ; qui doit être la plus malheureuse de tous... Je comprends votre douleur, car moi aussi, j'ai une mère! » Alibaud fondait en larmes[1].
« Cette bonne mère, s'écria-t-il, qui, il n'y a pas longtemps encore, m'envoyait une petite somme d'argent prise sur les plus pressants besoins de la

---

[1] Alibaud avait déjà montré cette profonde sensibilité à l'endroit de ses parents. Ayant été amené à parler de sa famille, le malheureux se sentit tout à coup pris d'un grand trouble. Les paroles expirent sur ses lèvres, son visage s'altère d'une manière étrange, et il se met à pleurer.

M. Pasquier. — Ayant échoué dans votre tentative, qu'avez-vous fait ?

Alibaud. — Ma famille est partie pour Perpignan, où elle réside maison! » Tous ses souvenirs d'enfance, de famille, de religion, semblèrent refleurir un instant, mais cet instant fut comme un éclair. La nuit se fit de nouveau dans son âme.

Le 8 juillet, Alibaud comparut devant la cour des pairs; il convint de tous les faits qui lui étaient imputés; il reconnut le fusil dont il s'était servi pour accomplir son crime, le poignard qu'on avait arraché de ses mains, et, sur la demande qui lui fut faite par M. le président : « A qui cette arme était-elle destinée? » il répondit: « A moi. »

J'étais consterné. J'allai auprès d'Alibaud dès qu'il fut rentré dans la prison. Encore sous le coup de ce que je venais d'entendre, je ne pus dissimuler ma profonde tristesse; Alibaud, qui s'en aperçut, me demanda si je n'étais pas souffrant : « Oh! bien souffrant! lui répondis-je; comment pourrait-il en

actuellement. » Ici l'interrogatoire a été suspendu quelques instants par les larmes et les sanglots de l'accusé.

M. PASQUIER. — L'affliction que vous témoignez paraît venir d'un bon sentiment. Qu'est-ce qui vous cause une émotion si vive?

ALIBAUD. — La nature.

M. PASQUIER. — N'est-ce pas aussi la pensée du mal que vous faites à vos parents, et du chagrin que doit leur causer votre action?

ALIBAUD. — C'est vrai. »

(Interrogatoire d'Alibaud. — *Histoire de dix ans.*)

être autrement, avec l'intérêt et l'affection que je vous porte! Ai-je besoin de vous dire combien votre attitude et votre langage devant la cour m'ont causé de chagrin? Est-il possible que vous ayez pu parler avec cet effrayant sang-froid des deux crimes affreux que vous aviez intention de commettre? Un assassinat et un suicide! Un suicide que plus d'une fois vous avez voulu consommer, vous l'avez avoué vous-même. Ne savez-vous donc pas que la vie n'est pas une propriété dont nous puissions disposer? Elle n'appartient qu'à Dieu. C'est une épreuve à laquelle il nous a soumis, il ne nous est pas permis de nous y soustraire. C'est un poste qu'il nous a confié, nous ne pouvons le déserter sans crime. Avec infiniment moins de courage et de persévérance qu'il vous en a fallu pour marcher dans une voie de perdition, vous auriez traversé les plus mauvais jours, vous auriez tiré un louable profit de vos facultés, car ce ne sont pas les emplois qui vous ont manqué, mais bien vous qui toujours avez manqué aux emplois. Vous seriez, peut-être, maintenant dans une position heureuse, honorable et qui ne vous aurait coûté ni regrets ni remords. Voilà ce que vous auriez pu faire, et voyez ce que vous avez malheureusement fait!... Je n'en reviens pas! C'est de la démence!

pardonnez-moi cette expression qui m'est échappée. Mais enfin, si vous aviez pu exécuter vos desseins criminels, qu'allait devenir votre âme? Où seriez-vous maintenant? Dieu, sa justice, son éternité, vous aviez tout mis en oubli ou tout bravé. Et voilà que Dieu, dans son inépuisable bonté, après avoir permis que vous vous soyez trompé dans vos deux entreprises homicides, vient vous donner encore, comme malgré vous, le temps de vous repentir. N'y a-t-il pas, dans cette persistance de l'intervention divine, comme dans les moyens qu'elle emploie pour vous sauver, un caractère tout particulier et tout exceptionnel de miséricorde qui est bien propre à vous toucher?

— Je vous en prie, repartit Alibaud, parlez-mo d'autres choses.

— Tout le reste vous importe peu; il n'y a pour vous, en ce moment, qu'une seule chose nécessaire! Mon frère, mon ami, il est temps de vous réveiller. Il s'agit de votre salut, il s'agit de vos destinées éternelles. N'ajoutez pas aux crimes que vous avez déjà commis le plus désespéré de tous, le mépris de la grâce, qui mettrait le sceau à votre réprobation. Encore une fois, mon frère, mon ami, laissez-moi vous sauver.

— Adieu, à une autre fois, » me dit avec une angoisse contenue le malheureux jeune homme.

Avant la clôture des débats, qui eut lieu le 9 juillet, Alibaud, en proie à un accès de son exaltation intermittente, prit la parole devant la cour des pairs, après la plaidoirie de son défenseur. En ce moment solennel, l'obstiné fanatique, sans hésitation comme sans remords, proclama son dessein *prémédité de meurtre et d'assassinat*, qui se transformait à ses yeux en un acte légitime et nécessaire : « J'avais, s'écria-t-il, à l'égard de Philippe Ier, le droit dont usa Brutus contre César. Le régicide est le droit de l'homme qui ne peut obtenir justice que par ses mains. »

A la suite de cette dernière audience, j'entrai dans la chambre d'Alibaud. Il paraissait mécontent; son teint était animé et son visage présentait les traces visibles de la contrariété, presque de l'irritation. Comme je lui demandai ce qui avait pu le faire sortir de son état de calme habituel, il se plaignit en termes assez vifs de M. le président, qui lui avait retiré la parole et l'avait empêché de continuer son discours. « Je devais bien m'y attendre ; la vérité ne pouvait pas être agréable à certaines oreilles, finit-il par me dire.

— Je vais vous contrarier, vous irriter peut-être davantage, mais je vous dois avant tout la vérité. Les observations de M. le président étaient, ce me semble, bien justes, lorsqu'il vous a représenté que vous aggraviez votre position par vos révoltantes déclamations. Il voulait vous protéger contre vos propres excès. Quelles paroles détestables vous avez prononcées ! elles outrageaient à la fois les lois divines et humaines ; elles étaient la glorification de l'assassinat.

— Mais, monsieur l'abbé, me répondit-il avec une sorte d'animation, je n'ai pas voulu tuer pour tuer, moi ! La balle de mon fusil ne s'adressait pas à un homme, mais à un principe. La souveraineté du but rendait tous les moyens légitimes. C'était pour frapper le roi que je suis parti de Barcelone et que je suis revenu en France. Voyez, ce que j'éprouvais en moi était si fort que, quelques jours, avant de quitter Perpignan pour mettre à exécution le projet que j'avais conçu, je reçus une grave insulte que, dans tout autre temps, j'aurais lavée dans le sang; eh bien ! c'est moi qui fis des excuses à celui qui m'avait si outrageusement offensé. Il dut me prendre pour un lâche; n'importe, j'avais autre chose à faire. *Je ne m'appartenais plus.* Si, en partant de

Perpignan, je dis que j'allais à Bordeaux pour chercher un poste, ce n'était que pour donner le change aux personnes qui auraient pu soupçonner le motif de mon départ. Arrivé à Paris, mes occupations ordinaires étaient de suivre le roi comme son ombre; je n'ai pas fait autre chose pendant dix mois, et, si plus tard, j'ai cherché un emploi, c'était pour vivre, en attendant que je pusse frapper Louis-Philippe.

— Ajoutez que vous avez tenté de le frapper à côté de la plus sainte et de la plus tendre des épouses et de la sœur la plus dévouée! »

Je voulus donner aux esprits d'Alibaud, qui commençaient à entrer en ébullition, un peu le temps de se rasseoir, mais un instant après je continuai :

« Oh! je vous en conjure, tâchez de vous soustraire à l'influence d'une fausse et fatale idée qui vous fait obéir aveuglément à son impulsion tyrannique, et qui obscurcit en vous les notions les plus simples du juste et de l'injuste… Il n'y a pas de coupable qui ne cherche à justifier son crime en vertu d'une théorie ou d'un principe. Revenez à la sincérité de votre conscience native. Un crime est toujours un crime, et ne peut être justifié, ni excusé pas plus par son motif que par son but. J. J. Rousseau lui-même ne pensait pas que *la liberté d'une nation pût être acquise par la mort d'un seul homme.*

« Vous avez invoqué l'exemple de Brutus, qui tua César, pour vous arroger le droit de tuer Louis-Philippe.

« Mais d'abord, quelle différence dans les situations respectives! César étant citoyen et membre d'une république, ne pouvait sans crime constituer à son profit le pouvoir despotique dans sa patrie, tandis que le roi Louis-Philippe règne en France en vertu de la constitution réputée loi de l'État; c'est son droit, c'est son devoir. En d'autres termes, César voulait, par une usurpation condamnable, renverser l'ordre existant dans son pays, et Louis-Philippe doit vouloir le maintenir. Mais, quelque coupable que fût l'acte attentatoire de César, que dire du prétendu droit que vous attribuez à Brutus, pour vous en prévaloir vous-même? Brutus n'avait aucun droit; sa conduite était au contraire une violation des lois les plus sacrées de la nature et de la religion : « Tu ne tueras point. » C'était une atteinte mortelle à la morale humaine, à la civilisation; car du moment qu'assassiner devient l'un des moyens devant lesquels le fanatisme ne recule pas, il n'y a plus de sociabilité possible. Brutus ne tenait son mandat que de son orgueil farouche et sauvage. J'ai lu quelque part que son action antisociale a plus souillé le monde et l'a fait plus reculer vers la barbarie que les crimes de Néron et les turpitudes d'Héliogabale…. Eh! que produisit le meurtre de César, l'oppresseur de sa patrie? Une suite non interrompue de luttes sanglantes et de despotismes intolérables.

« Savez-vous maintenant ce qu'était Brutus lui-même? Il était usurier, et livré aux vices les plus infâmes. L'histoire nous montre cet austère républicain tenant sous sa domination plusieurs centaines d'esclaves, qu'il faisait cruellement fustiger le matin et le soir, et mettre à mort pour les fautes les plus légères. On lit tous ces détails dans les lettres de Cicéron à Atticus. »

Alibaud garda le silence. « Voulez-vous me permettre de vous laisser l'*Évangile* et l'*Imitation de Jésus-Christ;* deux livres, trésors de lumières et de consolations pour tous, et particulièrement pour ceux qui souffrent dans la solitude et l'isolement. »

En même temps je lui présentai l'*Évangile* et déposai sur la table l'*Imitation de Jésus-Christ.*

A la première page du livre divin se trouvait

transcrit[1] ce beau passage de Rousseau : *L'Évangile parle à mon cœur...* et qui finit par ces mots : *Si la vie et la mort de Socrate sont celles d'un sage, la vie et la mort de Jésus-Christ sont celles d'un Dieu.*

Alibaud lut ce passage attentivement. « Je ne connaissais pas ces lignes ; c'est bien beau ! Ainsi que Rousseau, ajouta-t-il, j'admire Jésus-Christ ; c'était un républicain comme moi. Sa vie, sa mort ont été consacrées au bien de l'humanité, et l'établissement de la liberté, à la destruction de la tyrannie. » — « Quelle erreur et quel blasphème ! Jésus-Christ a prêché la soumission et le respect aux puissances, lors même qu'elles abusent de leur pouvoir, lors même que leur domination est tyrannique. Il ordonne *de rendre à César ce qui ap-*

---

[1] Deux dames tenant un haut rang dans le monde, mues par le plus pieux et le plus édifiant motif, nous avaient remis, à l'intention d'Alibaud, ces deux livres, avec des indications et des annotations de certains passages les plus en rapport avec l'état moral présumé du détenu. C'étaient madame la duchesse de B....., cette femme éminente à tant de titres, surtout par l'ardeur de son zèle charitable qui éclatait par tous les genres de bienfaisance, mais hélas ! si prématurément enlevée à tant et de si légitimes affections ; et madame de L..., sa belle-sœur, d'une piété si vraie, si douce, si attirante, qui eut le rare privilége de réunir en elle toutes les qualités précieuses selon Dieu et selon les hommes.

partient à César, quoique César fût alors Tibère. Jésus-Christ donne sa vie pour tous, et son dernier soupir fut pour ses bourreaux. »

Je cherchai ensuite à faire comprendre à Alibaud, aussi brièvement que possible, que la mission de Jésus-Christ ne se bornait pas aux choses de la terre, que Jésus-Christ était surtout venu comme un médiateur entre son père et nous pour s'offrir en sacrifice à notre place, déclarant que *Dieu a tant aimé le monde qu'il a envoyé son propre fils, afin que tous ceux qui croient en lui ne périssent pas, mais qu'ils aient la vie éternelle....* que Jésus-Christ s'efforça de délivrer les hommes de leurs préjugés, de leurs erreurs, de leur corruption; que la liberté qu'il leur apporta fut l'affranchissement du péché, et qu'il ne détruisit d'autre tyrannie que celle des passions; que l'Homme-Dieu consola les pauvres, les petits, les opprimés, tous les malheureux, par les magnifiques compensations qu'il leur annonça; mais qu'il fut bien loin de chercher à les aigrir, à les soulever; qu'il n'exagéra ni les droits ni les devoirs d'aucune classe; qu'il assigna à chaque état, à chaque condition, les règles qu'ils doivent observer, les vertus qu'ils doivent pratiquer, les défauts et les excès qu'ils doivent éviter; qu'en même temps qu'il s'élevait contre l'égoïsme des riches, des puissants, contre l'orgueil et l'hypocrisie des Pharisiens, contre les principes dégradants des Sadducéens, il réprouvait les dogmes niveleurs et insociaux des Esséniens; que Jésus-Christ ne s'était jamais mêlé directement des formes politiques; qu'il n'était pas plus républicain qu'opposé à la république; que dans ses dogmes, dans sa morale, dans sa discipline, sa religion n'a rien d'inconciliable avec aucune espèce de gouvernement régulier et légitime qu'elles qu'en soient la nature et la forme; qu'elle se borne à prescrire ce qui est nécessaire à tous, et ce qui fait la félicité de tous.

« La religion, lui dis-je en terminant, est moins l'affaire de l'esprit que du cœur ; lisez l'Évangile, méditez ce livre divin, vous aussi vous éprouverez la touchante impression que fait la vie de Jésus-Christ, *à qui sait la lire comme il faut;* c'est-à-dire à qui sait la lire sans prévention, avec droiture, avec simplicité. Vous y trouverez des caractères de divinité si frappants, si incontestables, que votre franchise naturelle ne vous permettra point de les désavouer, ni de les méconnaître. Oui, j'en suis sûr, vous vous rendrez à la force convertissante d'un pareil langage.

— Monsieur l'abbé, puisque vous en appelez à ma franchise, je dois vous dire sans détour, *car je ne sais pas mentir*, que je ne crois pas à la divinité de Jésus-Christ. C'était un grand homme, le plus sage et le plus vertueux des mortels, mais voilà tout.

— Eh quoi! m'écriai-je, *le plus sage et le plus vertueux des mortels* nous aurait indignement trompés! Car c'est lui qui a prescrit à ses disciples de l'adorer, et de prêcher une religion nouvelle, en son nom et sous son autorité divine. Vous, *qui ne savez pas mentir*, le mensonge, en effet, est vil et indigne de tout homme qui se respecte, pourriez-vous en croire capable celui que vous placez à la tête de tous les sages? Jésus-Christ ne serait qu'un misérable imposteur qui aurait abusé de sa prétendue mission? Il aurait tendu à ses disciples et à l'univers entier le piége de la plus inévitable idolâtrie! Voyez, en effet, ce qu'il dit en plusieurs occasions; » et je lui montrai ces passages : *Je suis la voie, la vérité et la vie.... Je suis la lumière du monde; je suis le Fils de Dieu, égal à Dieu.... Mon père et moi ne sommes qu'un.... Toutes les choses que possède mon Père sont à moi;* et grand nombre d'autres textes tout aussi explicites.

« Ce n'est pas tout, insistai-je, Jésus-Christ opère une multitude de prodiges et de miracles qui deviennent comme les témoins multipliés et irrécusables de la divinité de sa mission. »

Alibaud fit un signe de dénégation et d'incrédulité, et incontinent ajouta à voix basse, comme s'il se parlait à lui-même : « Jésus-Christ était démocrate comme moi, et, s'il l'eût fallu, comme moi, il fût devenu régicide.

— Malheureux ! avez-vous bien pu parler ainsi ? »

Je n'eus pas la force d'en dire davantage et je me tus. Une poignante et amère tristesse me saisit.

Sous les traits de ce jeune homme, dont la figure et le ton calmes accusaient le plus grand sang-froid, le monstre du fanatisme m'apparut alors mille fois plus effrayant que s'il se fût produit au milieu des accès du plus furieux délire. J'éprouvai un mouvement de stupéfaction et de terreur, en pensant à cette désolante et sacrilége association d'idées, à cet affreux travers d'esprit, qui, après avoir faussé son intelligence, perverti son sens moral, avaient jeté cet insensé hors de toutes les voies de la raison, et qui le faisait vivre dans un funeste *aparté*, où le cri de la vérité et de la conscience ne pouvait plus pénétrer.... Je n'apercevais plus la route de son cœur ; toutes les communications me paraissaient fermées... Cette faute, ce malheur, doivent-ils être attribués à votre ministre ? ô mon adorable maître ! me dis-je avec amertume.

En ce moment, je fis un retour inquiet sur moi-même. Ne devais-je pas craindre que mes misères propres ne fissent obstacle à l'effusion des grâces divines? Je m'humiliai intérieurement devant Dieu.

La situation était extrême. Une âme était dans le plus effrayant péril, elle s'obstinait à périr et je ne pouvais rien, absolument rien pour la sauver! Étais-je donc condamné à voir se consommer sa perte sous mes yeux ?

J'allais succomber au découragement; heureusement que cette belle et touchante prière de Bossuet me revint à l'esprit ; je la répétai mentalement, et je sentis mon cœur soulagé.

« O Pasteur des pasteurs, qui courez après la brebis égarée, soit qu'elle vous cherche, soit qu'elle vous fuie ; voyez cette âme qui s'enfonce d'abîme en abîme, si loin de vous, ce me semble, et tellement séparée de vous par ce grand chaos, que votre voix ne peut plus parvenir à ses oreilles, comme si elle était dans l'enfer. O mon père ! Je remets entre vos mains, je vous recommande l'âme d'un aveugle mais bien-aimé frère, je vous remets sa vie, son salut, son libre arbitre avec tout son exercice, et j'attends dans l'humilité et la soumission *l'heure de la délivrance et des prodiges de votre miséricorde.* »

Je ne sais combien de temps je gardai le silence. La voix d'Alibaud me tira de ma méditation. « Vous ne me dites plus rien, monsieur l'abbé ; je vous écoute. — Mais non, vous ne m'écoutez pas ; je suis cependant votre meilleur ami, le seul qui s'occupe de vos intérêts véritables tandis que d'autres…. Oh ! s'il vous était possible de lire en ce moment dans leur pensée comme je vous fais lire dans la mienne, quel changement s'opèrerait en vous en voyant *pour qui* et *pour quoi* vous avez fait une si complète abnégation de vous-même. Mais, encore une fois, vous n'êtes pas dans un état normal et naturel. Une funeste exaltation, produite par de fausses idées, invinciblement préconçues, et dont vous n'avez pas même le sentiment, vous empêche de voir les choses sous leur véritable point de vue. Vous faut-il une démonstration qui mette en évidence le despotisme de la passion que vous subissez et qui étouffe votre raison et votre conscience? Qu'il vous souvienne de l'affirmation que vous avez articulée avec tant de sincérité et d'assurance dans le cours de notre conversation : « Je ne « sais pas mentir. » A l'encontre de ces paroles, permettez-moi de vous rappeler votre lettre[1] à M. Devisme, quand il s'agit de vous procurer le fusil-canne dont vous deviez faire un si coupable usage. N'avez-vous pas dans cette circonstance employé un moyen que la vérité et la probité ne sauraient avouer?

— Devais-je donc lui dire ce que je voulais en faire? me répondit-il d'un ton légèrement ironique.

— Il faut que vous vous mépreniez étrangement

---

[1] Voici cette lettre :

« Monsieur Devisme,

« Mon ami Fraisse, porteur de la présente, vous remettra la boîte renfermant les cannes que vous m'avez confiées, moins une qui aura été volée dans un café, laquelle je vous payerai (30 fr.) aussitôt que je le pourrai, ce qui ne sera pas long. C'est avec le plus vif regret que je renonce à la vente de ceux des articles que vous m'avez confiés. On ne peut prévoir l'adversité. La maison de commerce pour laquelle je voyageais ayant fait faillite, j'ignore ce que je serais devenu. Enfin, je suis placé dans une maison de gros, pour les écritures et faire la place. J'espère dans peu avoir le plaisir de vous voir, ainsi que de vous solder. Mon ami vous rendra compte de ma position antérieure, etc., etc.

« Alidaud. »

sur mes intentions pour me tenir un semblable langage qui m'afflige plus que vous ne pensez : mais je n'obéis qu'à mon cœur et à ma conscience et j'insiste : Vous le voyez, une faute appelle toujours une autre faute. Et, il faut bien le reconnaître, quoique d'une nature franche et loyale, à votre insu sans doute, vous n'avez pas reculé devant un mensonge, j'oserai vous le dire, devant un abus de confiance, et il ne vous reste, pour les excuser maintenant, que d'avoir recours à cette maxime flétrie par les honnêtes gens, *que la fin justifie l'emploi de toute espèce de moyens.* Ce qui n'est vrai et permis en aucun cas, pas même quand il s'agirait de faire le bien. Je vous le répète, vos yeux sont fermés à la lumière. Appuyez-vous sur un bras ami, pour ne pas tomber dans l'abîme qui est devant vous.

« Priez avec moi, je ne vous demande pas une longue prière, si vous ne le pouvez, mais une simple et fervente élévation de votre cœur vers Dieu. Il suffirait de vous écrier du fond de votre âme : *Seigneur! soyez propice à moi qui suis pécheur!... Aidez mon incrédulité!... Faites que je voie!.....* Dieu n'est-il pas le seul et tout-puissant médecin auquel vous puissiez dire en toute assurance : *Guérissez-moi, et je serai bien guéri?*

— Vous me demandiez à l'instant, fit tout à coup Alibaud, pour qui et pour quoi je m'étais dévoué? Je vous ai compris. Il est des gens que je connais bien[1]. Pour eux j'étais un instrument. Si j'avais réussi, ils se seraient empressés de recueillir l'héritage que j'aurais ouvert et m'auraient désavoué. Aussi, ce n'est pas pour eux, mais pour le peuple, que je me suis sacrifié. D'un autre côté, ne m'a-t-on pas traité avec la plus révoltante injustice? On a cherché à flétrir ma vie antérieure par les plus atroces calomnies. Que l'on condamne mon action, je l'admets. Vous m'avez fait des raisonnements dont j'ai entretenu mon défenseur, qui, lui aussi, m'a dit que ses principes condamnaient mon action. Mais que pour tout le reste on ait voulu me désho-

---

[1] Si l'on rapproche ces expressions de celles que le prisonnier avait employées dans une lettre adressée à C..., chef de la Société des Droits de l'homme, dans le Roussillon, et dans laquelle il se plaignit du peu de générosité de certains patriotes, qui ne viennent pas au secours de leurs amis dans le besoin, on trouvera un assez grand degré de vraisemblance dans cette assertion qui se produisit dans le temps, je ne sais sur quel fondement, et que je retrouve dans un ouvrage contemporain (*Histoire de mon temps*, par M. Beaumont-Vassy), à savoir : qu'Alibaud ayant hasardé quelques demi-confidences auprès de plusieurs chefs de l'opinion républicaine à Paris, il avait été pris pour un espion et prudemment éconduit. Cela expliquerait aussi bien des choses.

norer, je n'ai pas dû y consentir, et des témoins sont venus donner un démenti formel aux accusations infâmes de mes ennemis.

— Personne ne vous connaît mieux que moi, mais je vous l'avoue, ce que je ne saurai trop déplorer, c'est de voir que né avec les facultés les plus faciles à la vertu, avec des sentiments généreux dont vous avez donné plus d'une fois des preuves, vous ayez pu vous laisser entraîner aux égarements les plus criminels... Le forfait dont vous vous êtes rendu coupable ne semblait-il pas tout d'abord ne devoir impliquer que des inclinations perverses et l'horreur qu'il inspirait naturellement ne pouvait-elle pas dans ce sens tout faire supposer et tout rendre croyable? Mais enfin, plus vous croyez avoir à vous plaindre des hommes en général et en particulier, plus devez-vous être disposé à recourir à Dieu toujours infiniment juste, bon et miséricordieux. Son sein est ce qu'il y a de meilleur. »

Alibaud, inclinant la tête sur une des manches de la camisole de force pour essuyer les larmes qui inondaient ses yeux, me répondit, avec un accent de tristesse et de profond découragement: « Je suis dégoûté de tout. » Il s'empressa d'ajouter aussitôt : « Mais je rends justice à vos généreuses intentions et je vous remercie de vos pieux efforts. »

Ici se révèle le véritable état moral du condamné, assemblage douloureux de réflexions amères, de contradictions, de luttes, de défaillances. Ici le cœur humain est plus historien que l'histoire, plus vrai que l'esprit de parti, qui voudrait faire croire que tous ses héros quittent la vie comme on la fait quitter à Caton d'Utique.

La foi humaine et la foi politique d'Alibaud étaient profondément ébranlées. Le sol manquait sous ses pieds.

Je m'approchai de lui et l'embrassai. J'allais le quitter, lorsque je me rappelai une commission que j'avais fort à cœur de remplir. Alibaud avait contracté plusieurs dettes; l'échéance devait avoir lieu à la fin de juillet. Une personne de haute distinction, à l'âme élevée et miséricordieusement chrétienne, que nous serions heureux de nommer ici si nous y avions été autorisé, ne fût-ce que pour montrer combien surtout de sa part, cet acte était noble et généreux, nous avait prié de demander à Alibaud de lui léguer ses dettes, *si à ses derniers moments, elles devenaient une charge pour sa conscience.* A cette communication, Alibaud ne put cacher qu'à moitié ce qui se passait en lui : « Je n'accepte pas…. J'ai la conviction que je ne ferai tort à personne… Mes dettes seront payées; mais je n'en suis pas moins reconnaissant. » Je le quittai quelques instants après.

Les débats avaient été clos à midi. La Cour délibérait. A deux heures, M. le président prononça l'arrêt qui condamnait Alibaud à la peine des parricides.

J'en fus immédiatement informé, et je rentrai aussitôt à la prison ; là, j'appris qu'Alibaud avait écouté la lecture de sa condamnation avec un grand calme. Rien n'avait trahi chez lui la moindre agitation. « Jamais, avait-il dit, je n'avais eu l'idée de défendre ma tête. Un conspirateur vit ou meurt; moi, réussissant ou non, la mort devait être mon partage. »

En me voyant rentrer : « Eh bien ! me dit-il, tout va finir, ah ! ce n'est pas trop tôt! M. Cauchy vient de me notifier mon arrêt. Je l'ai fait remercier par mon avocat ; veuillez le remercier vous-même. Quelle voix bienveillante et douce ! Je souffrais pour cet excellent homme qui n'osait pas me dire de quoi il était question. »

Il me parla ensuite des instances que M. Charles

Ledru venait de faire auprès de lui, pour l'engager à se pourvoir en grâce, et du refus formel qu'il avait opposé à cette proposition, sans en méconnaître, toutefois, le généreux motif. De nouvelles et pressantes prières de ma part, n'eurent pas plus de succès, rien ne put vaincre son obstination.

Nonobstant le refus du condamné, M. Ledru se rendit à Neuilly, et présenta au roi une demande en grâce. Le roi communiqua cette requête au conseil des ministres ; le pourvoi fut rejeté[1].

Le lendemain, dimanche, après qu'il eut reçu une dernière visite de son avocat, suprême entrevue qui fut pleine d'émotion de part et d'autre ! je passai le reste de la journée et une grande partie de la soirée avec le condamné. Il était grave plutôt

---

[1] Le 8 juillet 1836, en sanctionnant la sentence de la Cour des pairs qui condamnait Alibaud à la peine capitale, Louis-Philippe écrivit de sa main : « Le droit de remettre ou de commuer les peines infligées par l'application des lois n'étant dans mes mains qu'un dépôt sacré dont je ne dois faire usage que pour le bien général et l'intérêt de l'État, ce serait méconnaître mon devoir et le cri de ma conscience que de l'exercer pour mon avantage personnel ou la satisfaction de mon cœur ; je reconnais donc le pénible devoir que m'impose l'arrêt de la Cour des pairs, et j'ai seulement voulu me donner la consolation de déclarer que je ne suis mû que par ce sentiment, et que j'aurais regardé comme un beau jour dans ma vie celui où j'aurais pu exercer le droit de faire grâce envers l'homme qui a tiré sur moi. »

que triste. Cependant, à certains mots et à certains souvenirs évoqués, ses yeux se mouillaient de larmes.

« Je partage toutes vos émotions, toutes vos peines, lui dis-je ; je souffre de tout ce que vous souffrez. Je ne sais si mes paroles vous agréent et vous consolent, elles sont bien faibles auprès de ce que je ressens. Mais ce n'est pas de la terre qu'il faut nous occuper. Ne repoussez pas cet épanchement fraternel d'une âme dévouée qui vient se placer près de la vôtre... Je veux vous conduire vers *Celui qui ôte les iniquités du monde*. Vous êtes sur la route qui mène au bon Pasteur ; ne vous arrêtez pas avant d'arriver à lui. Si vous êtes trop faible, il vous portera sur ses épaules. Après l'innocence, ce que Dieu aime le plus, c'est le repentir. Notre misère ne saurait être un obstacle à sa bonté, puisqu'elle en est la matière. La plus grande injure envers lui, ce serait d'en douter. Laissez-moi encore vous dire qu'il existe pour nous tous une grande loi, celle de l'expiation. Elle devient urgente surtout pour vous qui avez commis un grand crime, dont aucun sophisme ne saurait atténuer l'énormité. Acceptez la peine que la loi vient de porter contre vous, avec une résignation toute chrétienne. Cette nécessité en face de laquelle vous vous trouvez, peut devenir pour vous une vertu, un trésor de mérites. La satisfaction de Jésus-Christ innocent n'a pas déchargé les coupables de l'obligation de satisfaire, mais elle sanctifie leurs souffrances ; en sorte que ce qui ne serait pour vous, sans Jésus-Christ, qu'un supplice cruellement stérile, deviendra en lui et par lui un sacrifice salutaire. Je vous en conjure, prenez le parti le plus sûr, mon cher ami, sortez du désert aride du doute, cherchez le repos dans la croyance de vos premières années, dans la foi de votre mère; vous y trouverez un profond sentiment de consolation et d'espérance. Pitié pour votre âme !

— Merci, monsieur l'abbé, me dit Alibaud avec effusion, vos efforts ne sont pas sans succès. En vous écoutant, je désire être convaincu, même avant de l'être. Espérons. »

Il était déjà tard ; il fallut songer à me retirer. « Adieu, dis-je à Alibaud, l'âme remplie d'émotions diverses, à demain. Vous avez l'*Évangile* et l'*Imitation de Jésus-Christ*, vous ne serez pas seul. »

Le lendemain, avant deux heures du matin, j'étais dans cette chambre, qui me rappelait d'autres tristes souvenirs. Je trouvai le condamné dormant d'un sommeil calme et profond. Je le contemplai, le cœur navré, les yeux pleins de larmes, à la lumière de la lampe qui brûlait, attachée au mur, à quelque distance de son lit. Douloureux spectacle! Cruelle pensée! Je venais l'arracher à ce sommeil, et pour quel réveil!.... O mon Dieu! si vous n'aviez pas donné, en ce moment suprême, un peu de force à notre faible cœur, si nos fonctions ne nous étaient pas apparues avec les prérogatives sans prix que vous avez attachées à leur accomplissement, le salut éternel d'un frère : comment pouvoir remplir une pareille mission?

J'hésitais toujours, il fallut enfin le réveiller. Je touchai légèrement son épaule couverte de la camisole de force, il ne fit aucun mouvement; je posai la main sur son front, et prononçai son nom; il ouvrit aussitôt les yeux et me reconnut.

« Ah! c'est vous, me dit-il, je comprends; » et il s'élance du lit sur lequel il était tout habillé.

« Vous me parliez l'autre jour de ma mère; il me semblait la voir quand vous m'avez réveillé; elle se glissait comme une ombre près de mon lit; je croyais entendre sa voix; elle me regardait avec tristesse, et puis, elle levait les yeux au ciel.[1]

— Si ce songe, providentiel peut-être, était une réalité; si votre mère était là en ce moment, que vous dirait-elle? A ses larmes, elle mêlerait ses prières pour vous exciter au repentir, pour vous engager à vous occuper enfin de votre salut; pour vous rappeler ce qu'elle vous a appris sur ses genoux.... Ce fut le souvenir ineffable de sa mère qui sauva Silvio Pellico, le martyr chrétien de la liberté, du désespoir dans les cachots du Spielberg, et qui fit entrer dans son âme les consolations de la foi chrétienne, et opéra sa régénération. Pourquoi ne voudriez-vous pas l'imiter? Charles Nodier lui aussi,

---

[1] Singulier rapprochement! la veille de la funeste querelle, à propos même de l'exécution d'Alibaud, un songe, qui l'avait agité la nuit précédente, poursuivait Carrel, malgré tous ses efforts pour l'éloigner. Ce profond mystère, *qui est entre le ciel et la terre*, comme dit Hamlet, *accablait sa raison*.

Voici dans quels termes on prétend qu'il a raconté ce rêve prophétique : Je vis entrer chez moi ma mère, vêtue de deuil et les yeux pleins de larmes. Je courus à elle et lui dis plein d'effroi : « Ma mère, qui pleurez-vous?... Est-ce mon père? — Non, mon ami. — Mon frère? — Non. — De qui donc portez-vous le deuil? — De toi, mon cher Armand »

Cruel pressentiment, sitôt réalisé!...

(Extrait du journal *l'Artiste*.)

dans son extrême jeunesse, avait embrassé avec un ardent enthousiasme de déplorables principes ; en 1792 il fut élu membre d'une des plus fougueuses sociétés populaires; jeté dans une dure prison, il ne tarda pas à revenir de ses erreurs et à chercher des consolations ailleurs que dans ses opinions politiques. « Toutes les fois, dit-il, que le malheur s'est appesanti sur moi ou que la solitude m'a rendu à moi-même, je me suis trouvé aussi sincèrement chrétien que dans les bras de ma mère. »

J'avais à peine prononcé ces paroles qu'Alibaud demande de l'encre et du papier, se fait délier le poignet droit pour écrire ; puis d'une main ferme, il trace les lignes suivantes sur une feuille qu'il me remet immédiatement :

« Monsieur l'aumônier,

« Vous avez été pour moi un second père depuis mon arrivée à la prison du Luxembourg. Recevez, je vous prie, maintenant mes remercîments sincères et mes adieux....

« Votre respectueux serviteur et ami
« Alibaud. »

« Je désire faire seul le trajet à l'échafaud. »

Je lus ces lignes avec attendrissement, mais je ne pus retenir une exclamation de douloureux et affectueux reproche, quand j'arrivai à ces mots: *Je désire faire seul le trajet à l'échafaud.* — « Vous pensez donc, mon cher ami, que la religion énerve et dégrade les âmes, elle qui, seule, peut vous inspirer en cet instant le véritable courage dont vous avez besoin, le courage qui calme, épure, et fait trouver *la consolation dans la douleur la plus amère*, car il repose sur la foi et sur l'espérance ; ou bien, seriez-vous arrêté par un sentiment de respect humain, indigne de vous ? *Vous voulez faire seul le trajet à l'échafaud ?....* Vous ne voulez donc plus de moi ? Vous me blessez bien cruellement ; mais je le sens, en ce moment même, je ne puis que vous tenir le langage de la plus tendre charité, *dont je me sens pressé pour vous*, et que vous semblez en partie méconnaître.

« Laissez-moi vous le dire ici : en m'appelant votre père, votre ami (et vous n'en avez pas de plus sincère et de plus dévoué), vous m'avez conféré un droit dont je ne me départs pas, celui de rester avec vous jusqu'au dernier moment, pour vous aimer, pour vous consoler, pour vous sauver de vous-même, pour espérer contre toute espérance humaine, attendant tout de l'infinie miséricorde, *qui laisse aller jusqu'aux portes de l'enfer et qui en ramène....* Dieu est plus fort que nous ne sommes faibles, plus indulgent que nous ne sommes pécheurs... Vos épreuves, vos souffrances, je m'y associe, je les partage, elles sont les miennes! Je veux rester pour que vous vous déchargiez sur moi d'une partie de votre croix; acceptez-la, je vous en supplie, avec une résignation repentante, expiatoire, toute chrétienne; et, malgré le juste et profond sentiment de votre indignité, unissez cette croix à celle de Jésus-Christ, notre divin Sauveur, qui vous le permet, qui vous l'ordonne, et je serai là comme le Cyrénéen pour vous aider à la porter.

« Quand j'irai dans le Midi, que je puisse dire à votre famille que vous n'avez pas renié la foi de votre père et de votre mère, que vous êtes mort en chrétien ! »

Il garda le silence, mais ce silence me sembla doux et reconnaissant. Je n'insistai donc pas davantage, et changeant de conversation : « Voudriez-vous, mon ami, prendre quelque chose? Un peu de vin de votre pays? — Soit, je le veux bien. »

On apporta du vin de Lunel ; j'en versai moins d'un demi-verre à Alibaud. A peine y eut-il porté les lèvres, qu'il manifesta un mouvement de dégoût et de méfiance qui révélait en lui d'étranges soupçons. Il me regarda avec une expression que je compris[1].

Aussitôt je pris le verre qu'il avait posé sur la table, et j'en avalai le contenu jusqu'à la dernière goutte. Ce mouvement tout simple et tout naturel rassura pleinement le condamné et l'émut au dernier point.

Je pus croire que je n'avais pas en vain invoqué et espéré l'*heure de la grande miséricorde de Dieu*. Ne semblait-il pas qu'elle venait de sonner? Alibaud me regarda avec attendrissement et une expression de reconnaissance vivement sentie, et dit : « Nous ne nous séparerons pas maintenant, et vous me suivrez jusqu'au bout. » Puis je le vis s'agenouiller devant le ministre de la réconciliation...

La mort allait le toucher de sa main. L'exécuteur, accompagné de ses aides, venait d'entrer.

[1] Ce vin, qui n'avait pas tout à fait son goût naturel, pouvait avoir été mélangé avec de l'eau, mais non avec d'autres substances énervantes, narcotiques, que sais-je? comme semblait le supposer Alibaud.

Alibaud les regarda sans tressaillir, et sembla leur dire : « Je suis prêt. » On le fit descendre dans la petite pièce de l'avant-greffe pour faire la *toilette*, mot d'une cruelle ironie. J'étais derrière lui ; il s'avançait d'un pas ferme ; il était plutôt retenu que soutenu par les deux aides ; il était revêtu d'une redingote brune et d'un pantalon blanc ; il avait une pipe à la bouche ; son visage était pâle, mais calme ; il se dirigea, sans dire mot, vers le banc fatal qu'on lui indiqua, se débarrassa promptement de sa redingote, de son gilet, et noua fortement sa cravate autour de son corps. L'exécuteur après lui avoir coupé les cheveux à la partie postérieure de la tête, et avoir enlevé le col de sa chemise, lui porta la main sous le menton pour s'assurer que le collier de barbe qui entoure son col n'apportera aucun obstacle à l'exécution. Alibaud fit un mouvement de répulsion qu'il comprima aussitôt.

On retire les chaussettes qu'il portait, puis on coupe les sous-pieds attachés à son pantalon, afin qu'il ait les pieds nus, conformément à l'arrêt de la Cour. Mais au moment même où j'allais en faire la demande, on lui laissa reprendre ses souliers, et pendant qu'on lui attachait les mains, il promenait un regard tranquille sur les assistants.

S'apercevant qu'il lui restait peu de tabac, il pria l'un des gardiens de bourrer sa pipe et de la lui remettre *là-bas*, « à moins que, monsieur l'abbé, ajouta-t-il en se retournant vers moi, l'odeur de la pipe ne vous incommode. »

Sur un signe de ma part, le gardien sortit pour satisfaire au désir du condamné. Peu après, l'exécuteur le couvrit de la chemise des parricides, large peignoir blanc, qu'il noua sur sa poitrine, et il enveloppa sa tête d'un voile noir qui descendait jusque vers ses genoux.

Alibaud paraissait toujours impassible. Il ne laissa échapper que ces mots : « N'est-ce pas, monsieur l'abbé, voilà un bien long cérémonial pour un homme qui va mourir[1]. »

A quatre heures et quarante minutes du matin, le funèbre cortége, escorté d'un fort piquet de cavalerie, se mit en marche en traversant le jardin du Luxembourg, l'avenue de l'Observatoire et le boulevard extérieur[2].

[1] L'arrêt qui condamnait Alibaud portait qu'il serait conduit sur le lieu de l'exécution en chemise, nu-pieds, la tête couverte d'un voile noir, et qu'il resterait exposé sur l'échafaud pendant qu'un huissier ferait au peuple la lecture de sa condamnation.

[2] On a faussement attribué à Alibaud des propos plus ou moins

Dans un des compartiments de la voiture, j'étais assis au côté droit d'Alibaud, qui m'écoutait attentivement, lorsque, penché sur son oreille, je cherchais à exciter sa foi, son repentir, et à animer son espérance; de l'autre côté et en face étaient les aides du bourreau.

En moins d'un quart d'heure, la distance fut parcourue. Alibaud descendit d'un pas ferme et assuré; il échangea avec moi quelques dernières paroles, et ensuite, de manière à pouvoir être entendu de ceux qui étaient auprès de nous : « Si vous avez occasion de voir ma famille, dites-lui que je suis mort en chrétien ; dites-le à tous !... »

Ces mots ne renferment-ils pas la rétractation la plus complète des exécrables principes qui l'avaient poussé au crime. Il baisa respectueusement le crucifix et m'embrassa avec tendresse.

Je remercie Dieu pour vous et pour moi, lui dis-je, continuez de vous élever au-dessus du respect humain, cette poltronnerie de l'âme n'est pas faite pour vous.

inconvenants pendant qu'il traversait le parterre du Luxembourg et *la longue allée de l'Observatoire*. De sa part il n'y eut, dans le parterre du Luxembourg, de paroles échangées qu'entre lui et moi, et nous étions déjà dans la voiture des prisons quand nous parcourûmes la grande allée de l'Observatoire.

Il franchit ensuite rapidement les marches de l'échafaud. Là, il s'arrêta, tourna le dos à l'instrument du supplice, qui avait été dressé à deux heures du matin ; il écouta avec un calme apparent la lecture de son arrêt, qui fut faite à haute voix par un des huissiers de la Chambre. La foule était muette; tous les regards se portaient sur le patient. J'éprouvai comme un frisson au cœur.

Durant ces quelques instants, qui me parurent des siècles, je demeurai en proie à la plus cruelle inquiétude, dans la crainte que cette lecture, faite en cette forme solennelle, ne rouvrît des plaies qui pouvaient n'être pas bien fermées. J'aurais voulu épargner au condamné cette dernière épreuve, car je savais que certaines choses mettaient son imagination en feu et lui rendaient toute l'exaltation de son fanatisme. On devait lire l'arrêt à voix basse; les ordres avaient été donnés en ce sens; mais malheureusement ils furent mal compris et mal exécutés.

La lecture de l'arrêt terminé, l'exécuteur enleva la chemise et le voile noir qui enveloppaient Alibaud. Celui-ci fit un mouvement et s'écria : « Je meurs pour la liberté et pour l'humanité[1]!... »

[1] On a prétendu qu'Alibaud avait ajouté : « et pour l'extinction

Je m'élançai vers lui : « Mon cher ami, qu'avez-vous fait? Rétractez vos paroles; dites que vous mourez pour expier votre crime. »

Alibaud, réveillé comme en sursaut, s'incline, baise rapidement le crucifix que je lui présente, et, d'une voix étouffée, mais distincte, il profère ces mots nettement articulés : « Je me repens. » Puis il se place lui-même sur la fatale bascule, et je ne vis le reste qu'à travers un voile de larmes[1]! »

Le fossoyeur prit la tête d'Alibaud par les cheveux et la montra au peuple en disant : « Vous le voyez, c'est bien la tête d'Alibaud. »

Tout l'ensemble de cette scène a laissé dans mon souvenir des traces que le temps n'a point effacées; cette tête ruisselante de sang m'apparaît encore; et, pendant mon sommeil, j'assiste souvent à la répétition de cette scène déchirante.

de l'infâme monarchie; » pour nous, nous n'avons pas entendu ces dernières paroles.

[1] On m'a affirmé qu'aussitôt après l'exécution, mademoiselle G... s'était élancée sur l'échafaud et avait épongé le sang du supplicié avec un mouchoir qu'elle cacha dans son sein, et qu'elle se perdit ensuite dans la foule. C'est la même qui s'était fait remettre quelques lambeaux des vêtements encore imprégnés de sang de Pépin et de Morey, des mèches de leurs cheveux et les cordes qui leur avaient lié les mains. Elle conservait tous ces objets comme des reliques de martyrs. En 1837, mademoiselle G... fut condamnée à cinq ans de prison comme complice d'Hubert.

Que restait-il à faire au ministre éploré de la religion? Toujours ce même vœu à former, et il n'a cessé de s'exhaler avec nos soupirs et nos prières du plus profond de nos entrailles : puisse la miséricorde divine ne pas avoir voilé sa face, ne pas être demeurée muette quand la justice humaine a frappé! puisse-t-elle avoir touché le cœur du criminel d'une véritable contrition!

O Sauveur des hommes! mort sur la croix pour nous, le coupable a jeté un dernier regard sur le signe adorable dont vous vous êtes servi pour opérer notre rédemption; il a imprimé ses lèvres sur vos pieds sacrés, attachés par des clous; il a fait entendre une parole de repentance; puisse cette parole avoir été, à l'aide de votre grâce, le sincère désaveu des autres paroles qu'il avait prononcées dans un moment d'égarement et de délire! O notre Père! pardonnez-lui, *il ne savait ce qu'il faisait!* Pardonnez-lui. Vous n'aviez pas réveillé et touché sa conscience pour l'abandonner, un instant après, au crime irrémissible d'avoir abusé de vos saintes inspirations!...

« Qui nous expliquera ces anomalies et ces mystères du cœur humain, dit en parlant d'Alibaud, Louis Blanc. A une exaltation politique, poussée jusqu'à la fureur, Alibaud joignait une extrême aménité de mœurs et de caractère, une sensibilité profonde, une probité courageuse, et cette flamme intérieure qui porte l'homme à se prodiguer. Enfant, et ne sachant encore nager, il s'était précipité dans les flots pour en retirer un autre enfant, avec lequel il faillit périr. A dix-sept ans, se trouvant à Narbonne, il avait sauvé une jeune fille qui se noyait, et l'avait ramenée sur le rivage, aux acclamations d'une foule nombreuse. Sous-officier, à Strasbourg, il avait subi la sévérité d'un châtiment militaire pour s'être dévoué dans une rixe au salut de quelques-uns de ses camarades. Voilà ce que divers témoins viennent affirmer. »

« Si l'auteur que nous citons, fait observer, avec infiniment de raison, un savant et grave moraliste [1], eût voulu sérieusement chercher l'explication qu'il demandait, il l'eût trouvée dans le vice d'une éducation qui, incomplète et mal dirigée, avait jeté dans l'esprit d'Alibaud plus de ténèbres que de lumières ; dans le mécontement qu'avait suscité en lui la médiocrité de sa condition ; dans la fréquentation des révolutionnaires d'Espagne, au milieu desquels il s'était rendu, et dont l'efferves-

---

[1] M. Bérenger.

cence contagieuse avait, ainsi qu'il le disait lui-même, achevé d'exalter son âme, enfin, dans de pernicieuses lectures, et particulièrement dans celle des œuvres de Saint-Just, déjà fatale à d'autres qui l'avaient précédé dans la voie du régicide, et trouvées de même à son domicile. »

Nous ajouterons en finissant, que cette explication se trouve aussi dans ces mots si tristement significatifs, enregistrés dans les débats, par lesquels, dans sa démence raisonnée, Alibaud témoignait qu'obéissant à je ne sais quelle sinistre consigne, il se regardait comme enchaîné par d'irrévocables engagements [1], qu'il n'était qu'un instrument aveugle et fatal, et *qu'il ne s'appartenait plus !*

Hélas ! cela n'était que trop vrai à tous les points de vue, *il ne s'appartenait plus !* Mais quelle avait été la cause première de cette déchéance et de cette

---

[1] On est raisonnablement fondé à croire que c'est à Barcelone même que, vivant au milieu de ces nouveaux francs-juges, meurtriers cosmopolites et nomades, dans la tête desquels fermentaient les idées révolutionnaires et régicides, et dont l'horrible mission était de réaliser à tout prix leurs rêveries sanglantes, Alibaud avait juré d'accomplir son atroce promesse. Il y avait en France un roi qui faisait surtout obstacle, tout était permis pour le faire disparaître. (Aveux publics d'Alibaud).

abdication morales? l'action délétère des doctrines empoisonnées ; l'absence et l'oubli de la religion, qui est la maîtresse et la sauvegarde de la vie, et qui peut seule nous maintenir dans la possession de nous-mêmes, ou nous y faire rentrer.

On ne saurait trop exécrer et flétrir le crime d'Alibaud ; mais il faut confondre dans la même énergie de réprobation et de flétrissure les causes qui l'avaient produit, ce crime, et qui pourraient en produire de semblables.

Le souvenir retracé des bonnes qualités dont nous avons pu remarquer qu'Alibaud était naturellement doué, et que la vérité ne permettait pas de passer sous silence, ce souvenir, dis-je, n'est point une excuse, bien moins encore une glorification d'un assassin justement odieux, il ne doit servir qu'à augmenter, s'il est possible, l'horreur de cet infernal fanatisme qui corrompt et pervertit tous les penchants qui portent au bien, pour les détourner vers le mal, et donne à l'homme civilisé toute la férocité de l'homme sauvage.

Le corps d'Alibaud avait été jeté dans la fosse destinée aux suppliciés, dans le cimetière des hospices et recouvert seulement d'un peu de terre.

M° Charles Ledru auquel Alibaud avait confié

avant son jugement le soin de veiller à sa sépulture, obtint du ministre de l'intérieur l'exécution de la loi qui donne aux familles le droit de faire inhumer les restes des condamnés, sous la condition expresse que la famille et lui, Mᵉ Ledru, assisteraient seuls à l'exhumation et que cette cérémonie aurait lieu immédiatement à l'heure de l'ouverture du cimetière.

En conséquence, le 13 juillet, à cinq heures du matin, en présence de M. le commissaire de police Prunier-Quatremère, les fossoyeurs retirèrent le tronc d'Alibaud, et après l'avoir dépouillé des vêtements qui le couvraient, ils l'enveloppèrent dans un linceul. Ces vêtements se composaient d'une chemise et d'un pantalon de fil écru ; le pantalon était attaché avec une cravate noire.

La tête n'avait pas été placée dans la fosse où gisait le corps, le nommé Lelièvre, concierge, l'avait reçue en dépôt de M. Prunier-Quatremère.

Elle fut mise dans le cercueil et c'est alors que M. le commissaire fit approcher les sieur et dame Leger, cousins germains d'Alibaud ainsi que Mᵉ Ledru, pour reconnaître ces restes inanimés.

Après la fermeture du cercueil où furent aussi déposés les vêtements sanglants du supplicié, les porteurs se mirent en marche pour le cimetière du Montparnasse.

La bière fut déposée dans la fosse qui lui était destinée, sous les yeux des personnes intéressées, et recouverte de terre dans un morne silence. (Voir le journal le *Droit* et le procès-verbal de l'inhumation.)

Peu de temps après Laure Grouvelle fit orner à ses frais la tombe d'Alibaud comme elle l'avait déjà fait pour celle de Morey.

Ces honneurs, ce culte public, décerné par le fanatisme des sociétés secrètes à la sacrilége contrefaçon du martyre, n'étaient-ils pas tout à la fois une insulte et une menace à la société! un appel et une excitation de plus à la monomanie régicide?

Et l'autorité insoucieuse et inactive ne voyait pas ou semblait ne pas voir!

PLAIDOYER

OU TESTAMENT D'ALIBAUD

Les doctrines qui y sont contenues dans leur rapport avec le républicanisme et le socialisme. — Nouvelle appréciation d'Alibaud. — Détails curieux et peu connus.

Les doctrines d'Alibaud se trouvaient développées dans le plaidoyer écrit qu'il devait prononcer devant la Cour des pairs. Le président, comme on a pu le voir, après avoir fait plusieurs observations à l'accusé, pour l'engager, dans son propre intérêt, à apporter quelque modération dans son langage, ne pouvant rien obtenir, se vit forcé de l'interrompre. Il se fit remettre le manuscrit et ne permit pas que la lecture en fut continuée.

Nous reproduisons ici l'analyse et l'appréciation de cette pièce, accompagnée de détails curieux et peu connus.

« Il existait au moins une copie de ce manuscrit, dit M. Brucker. Un homme dont je veux taire le nom, fit à dessein le voyage de Londres. Il se proposait de trouver, au-delà du détroit, un éditeur pour la propagation de ces pages auxquelles il attribuait une portée immense. Deux réfugiés notables, appartenant aux deux nuances républicaines et socialistes de la révolution et domiciliés en ce temps-là à Londres, s'opposèrent à l'impression du manuscrit après en avoir pris connaissance. Tous deux traitèrent cavalièrement le manuscrit d'apocryphe et contribuèrent à désespérer le voyageur qui n'avait pas d'autres points d'appui.

« Certains oublis d'Alibaud et certaines expressions de son œuvre durent infailliblement blesser au vif les réfugiés [1].

[1] Voici, en effet, comment il s'expliquait à leur endroit : « On ignore le peuple, même chez les notabilités républicaines : je vous le ferai connaître, moi. Comment connaîtraient-ils le peuple? Un franc aveu de sa misère n'amènerait devant tels et tels qu'un surcroît de discrédit. L'homme dans le besoin, on le tient à distance comme un pestiféré. S'il a de l'énergie, il se drape et meurt. C'est pure affaire de bon ton et de rancune pour nos grands révolutionnaires, fruit de quelques campagnes dans les salons et dans les journaux. Par le fait, le peuple, lui, n'a pas de tribune. On n'admettrait pas ses réclamations chez nos écrivains à cautionnements. Cette portion de la nation est bien tombée. Qu'on leur laisse des journaux à semer sur la voie publique, et ils seront satisfaits. Demain, peut-être, ils diraient entre eux, à demi-voix, que j'avais du caractère, et même aussi quelque talent. Ils ne m'auraient pas accepté pour écrire des adresses sur les bandes de leurs journaux. Cela ne connaît pas les angoisses de la faim, cela n'a jamais porté les tristes insignes de la misère, cela ignore ce que c'est que de rester en tête-à-tête avec les exaspérations de l'avenir, sans oser trahir son secret. »

« Le destin d'Alibaud fut sinistre. On semble en ce moment vouloir oublier jusqu'à son nom. Que ce nom soit universellement à l'index, rien de moins étrange.

« Le régicide est une façon tout comme une autre d'ouvrir la succession des rois, et on ne s'en est pas fait faute en temps de monarchie, mais ceux qui visent à l'héritage ne l'acceptent volontiers que sous bénéfice d'inventaire : on a brisé le sceptre, on n'en dédaigne pas les morceaux. Aussi l'assassin est toujours répudié même par les révolutions qui en ont tiré parti, et personne en effet, depuis le 24 février, n'a demandé que le Panthéon s'ouvrît pour les restes d'Alibaud. A titre d'héritières des pouvoirs précipités, les révolutions réfléchiront deux fois plutôt qu'une avant de proclamer la souveraineté du poignard.

« Telle est probablement la raison du discrédit qui pèse sur le nom d'Alibaud.

« Cependant le manuscrit d'Alibaud, copié par des mains diverses avec un plus ou moins grand nombre de transpositions, d'erreurs et de lacunes, n'avait cessé d'être mis en circulation depuis 1836 jusqu'en 1848.

« Cette circulation mystérieuse à travers les rangs

républicains y détermina-t-elle des préoccupations socialistes?

« J'ose l'affirmer.

« Le manuscrit d'Alibaud marque par lui seul une période curieuse dans la transformation des idées révolutionnaires. Ses idées sont plus nettes quant au but qu'elles se proposent, et dont il ne reste plus qu'à trouver les moyens qu'elles n'ont pas. Il ne s'agissait, en 89, que d'un changement au profit de l'état-major, il s'agit désormais d'un équivalent au profit de l'armée.

« Dans le drame de la vie d'un homme, l'histoire de ses idées tient le rang principal. Au fond de ses idées vous pressentirez ses actes. Les idées sont l'expression même des dispositions où se trouve l'âme... Bonnes ou mauvaises, nos dispositions font seules notre destin, et tout ici-bas a sa raison d'être dans les relations plus ou moins pratiques de notre conscience avec la loi de Dieu.

« Il y aurait un livre curieux à faire sur la nosologie du régicide, en examinant la progression de sa marche depuis Henri IV jusqu'à Louis XVI. De la rue de la Ferronnerie à la place de la Révolution la distance est moins grande qu'on le croit. Le parti de Ravaillac a changé de style et de motifs, mais n'a guère diminué.

« Les régicides, ces enfants perdus des ressentiments publics vrais ou prétendus, imprégnés pour la plupart d'habitudes et d'idées solitaires, apôtres sanglants d'une fraternité qu'ils ne pratiquent pas le moins du monde, ont offert un caractère énergiquement prononcé d'individualisme.

« Le ton de martyr et de prédicateur que prend Alibaud, le fier meurtrier, fera sans doute songer à l'épigramme de Callisthène, ripostant à je ne sais quel moraliste de son époque : « Eh ! mon ami, qui « te corrigera de la fureur de vouloir corriger les « autres ! »

« L'hyperbole de la personnalité qui se drape d'une auréole éclatante, la parole stridente, fiévreuse et chargée de poudre, l'antithèse à feux croisés, dont le moindre mot s'en va faire balle contre quelque puissance, une vague splendeur qui fait naître comme un éclair d'attendrissement furtif, voilà ce que je trouve dans cette espèce de soliloque écrit en prison, comme un rêve, une improvisation dramatique en face de la mort. Ce testament, d'ailleurs, est assez différent du testament de Louis XVI »

Les réflexions qui précèdent sont, comme nous

l'avons dit, de M. Raymond Brucker qui, dès cette époque, avait *déserté les rangs des conspirateurs, républicain décoiffé de son bonnet rouge, socialiste qui s'était retourné.* « Double abjuration, dit-il, qui, « ne me mettra pas en odeur de sainteté, ni vis-à-« vis des uns, ni vis-à-vis des autres. Que faire ? Re-« devenir, rester chrétien et me soumettre, quoi-« que la résignation ne soit pas chose facile. »

Coupable et malheureux Alibaud! il avait déjà passé sous nos yeux attristés ce dernier manifeste, rêve de votre imagination égarée par un fanatisme à froid qui vous faisait abjurer la raison et la morale humaine.

Nous ne vous avions rien caché, rien dissimulé de ce que nous avait fait éprouver l'expression de ces abominables utopies.

Dans quel abime de sang, dans quelle carrière de révolutions sans terme ne nous plongeraient pas l'essai et l'application de ces doctrines sauvages?

Notre ordre social peut être imparfait sans nul doute, mais est-ce une raison pour le poursuivre de vos malédictions, pour vouloir bouleverser la société de fond en comble et procéder d'une manière féroce à son renouvellement radical. Où sont vos études, votre expérience, votre mission pour résoudre les problèmes les plus ardus et les plus difficiles ? Quelle présomptueuse ignorance des hommes et des choses ne révèle pas une semblable prétention ?

Mais en combattant le despotisme inhumain de vos idées, voudrions-nous donc nous opposer à ces améliorations progressives dont Dieu a fait le but des efforts et des travaux de la société ? Bien loin de là, nous voudrions au contraire les réaliser, les assurer par les seuls moyens qui peuvent les rendre possibles et durables, la patience et la justice.

Vous vous laissez aveugler par votre orgueil, qui est d'autant plus profond qu'il a été plus humilié.

La force brutale, voilà votre unique loi !

Je me suis levé et j'ai frappé (expressions d'Alibaud dans son testament). Eh ! quoi ! chaque citoyen, dans un moment d'hallucination, de colère, d'ivresse démagogique pourrait se croire appelé à la régénération de l'ordre politique et social, en frappant à son gré, le chef de l'État ? N'est-ce pas la méprise la plus déplorable d'une raison en délire que d'assigner à la politique d'autres lois, d'autres règles que celles de la morale ? Il y a plus. La souveraineté de l'arme meurtrière une fois proclamée, il deviendrait loisible à tout nouveau fanatique de s'armer d'un fusil ou d'un poignard et de s'en servir dans un intérêt contraire. Antagonisme incessant et irréconciliable qui serait un attentat permanent aux lois de la civilisation et un retour à la barbarie.

Je me suis levé et j'ai frappé, voilà donc le mot de l'*effrayante énigme;* l'explication de ces monstrueuses tentatives si souvent renouvelées, qui se rattachent au même fil, appartiennent au même drame et se succèdent avec une persistance infernale!

Je me suis levé et j'ai frappé. Vous prononcez ces mots avec une impassibilité à faire frémir et paraissant déceler un cœur qui, sans hésitation dans le mal, s'y porte avec une désolante assurance, preuve palpable d'endurcissement et de perversité consommés.

Mais non, vous les avez ressenties ces luttes effroyables produites par les réclamations de votre conscience bourrelée, protestant contre les prétentions et le cynisme de votre orgueil : « Quand, irrité de l'incurie politique, vous êtes-vous écrié, je me suis senti l'émissaire et le délégué de toutes les douleurs qui grondent sourdement dans la foule ;

quand la nécessité de cette mission fatale s'est écrite en traits de feu dans mon esprit, comme la révélation même de la destinée que le patriotisme me réservait, des sueurs de sang ont mouillé mon chevet, j'ai résisté longtemps ! » (testament d'Alibaud).

Malheureux Alibaud! vous qui m'avez appelé votre *ami*, votre *père*, je serais bien à plaindre si ce testament était l'expression de vos dispositions dernières!

Mais alors vos yeux et votre cœur étaient encore clos à la lumière. Vous ne vous étiez pas agenouillé devant le ministre de la réconciliation. Vous vouliez *aller seul à l'échafaud*. Vous n'aviez pas dit hautement que vous vouliez mourir *en chrétien*, et sur le seuil de l'éternité, vous n'avez pas fait entendre à intelligible voix cette parole consolante : « Je me repens. »

Si, comme j'ai besoin de le croire, cette expression suprême de votre repentir fut tout à la fois le cri de votre conscience, de votre cœur et de votre âme, je vous confie à la miséricorde de Dieu, qui est sans bornes, toujours clémente pour un repentir sincère, comme les hommes elle ne dit jamais : Il est trop tard !

Alibaud, pour vous je prie, pour vous je ne cesserai de prier !

ATTENTAT

DU 27 DÉCEMBRE 1836.

MEUNIER

> « Oh! si les assassins, avant de se porter au crime, souffraient ce que je souffre depuis vingt-cinq jours, il y aurait de quoi les empêcher de le commettre. »
>
> *Paroles de Meunier.*

Le 27 décembre 1836, un coup de pistolet fut de nouveau tiré sur Louis-Philippe, au moment où il sortait des Tuileries pour se rendre à la Chambre des députés.

Cet autre assassin, qui prétendait détruire la royauté *par le meurtre du roi*, s'était placé sur le quai du côté de la terrasse, à la hauteur du second reverbère près de la grille, du jardin.

Par un bienfait que la Providence semblait ne pas se lasser de renouveler la balle, qui était entrée par la portière sur laquelle le roi s'appuyait, effleura sa poitrine, passa entre la joue droite de Mgr le duc de Nemours et la tête de Mgr le prince de Joinville; sans toucher ni le roi, ni ses fils; ces derniers furent cependant atteints au visage par quelques éclats de la glace qui avait été brisée.

L'auteur du nouvel attentat fut arrêté immédiatement par un surveillant du château, et bientôt conduit dans une des salles; là, on s'efforça inutilement de savoir du prisonnier son nom. Aucun des objets trouvés sur lui ne pouvait le faire reconnaître; son linge était démarqué. Il n'hésita pas, du reste, à faire l'aveu de son crime, et alla même jusqu'à s'en glorifier. Il semblait surtout mettre de l'affectation à proclamer sa haine contre la maison d'Orléans, « *qu'il avait appris à détester depuis l'âge de dix ans.* »

Il convint d'avoir agi sous l'influence d'une passion politique, de faire partie d'une société secrète, composée de quarante personnes, disant qu'il avait, lui, le numéro 2, comme successeur d'Alibaud, qu'aucuns des membres de cette société ne se connaissaient; qu'ils ne communiquaient pas entre eux, mais que le numéro 3 savait maintenant que c'était son tour. « Si le numéro 3 ne marche pas, ajoutait-il, ce sera au tour du numéro 4, et quant au numéro 3, on lui fera son affaire. »

Mais en arrivant à la porte de la Conciergerie, sur le point de descendre de voiture, il se rétracta, et dit au garde auquel il avait fait toutes ces déclarations : « Ne croyez point ce que je viens de vous dire ; notre société n'existe pas ; j'ai voulu rire. »

On n'avait pu parvenir encore à découvrir le nom du prévenu, lorsque, le 28 décembre, dans la matinée, le sieur Barré, demeurant rue de Chaillot, se présente devant un des juges d'instruction, et déclare qu'il avait cru trouver dans le signalement de l'assassin, donné par un journal [1] des indications paraissant se rapporter à son neveu, qui, depuis quelques jours, avait disparu de l'atelier où il était employé.

Confronté immédiatement avec l'accusé, Barré le reconnaît et le nomme ; c'était en effet son neveu, Pierre-François Meunier, âgé de vingt-deux ans,

---

[1] Voici le signalement de Meunier : Taille d'un mètre 72 centimètres, cheveux châtains, sourcils *id*., front très-bas, yeux bruns, nez large, bouche grande, lèvres grosses, barbe naissante, visage ovale, teint brun.

commis-marchand, né à la Chapelle-Saint-Denis.

L'acte d'accusation nous apprend que les soins donnés à l'éducation de Meunier n'eurent pas le succès qu'on devait en attendre. Il était d'une humeur inconstante, et il avait abandonné successivement les diverses professions dont il avait commencé l'apprentissage.

On le voit plus d'une fois céder à une étrange disposition d'esprit, qui le portait à entreprendre avec empressement, et sur un simple défi, les actions les plus bizarres.

La déposition d'un témoin le signale, en outre, comme un homme sans croyance religieuse, niant même l'existence de Dieu : « On ne peut oublier à cette occasion, dit M. le procureur général près la Cour des pairs, un fait qui caractérise l'abrutissement profond de l'accusé, et qui révèle, en même temps, la cause des crimes sur lesquels la société a trop profondément à gémir. Meunier se trouvait à table, le 24 décembre, chez le sieur Boulanger; la conversation s'engagea sur la religion. Meunier, suivant la déclaration de la dame Cacheux, dit qu'il ne croyait pas en Dieu. Je lui demandai, continue le témoin, si ses parents l'avaient élevé dans ces principes. Il me répondit que non. Mais je repris et j'ajoutai « qu'il était heureux qu'il se fût conservé honnête homme jusqu'alors ; car il avait les principes d'un voleur et d'un assassin. »

Le 29 décembre, Meunier fut transféré de la Conciergerie au Luxembourg. Ce fut dans la même chambre où j'avais vu Fieschi et Alibaud que je trouvai Meunier.

Il reçut ma première visite d'un air contraint et gêné ; il me regardait à la dérobée et en rougissant. Pour ne pas prolonger son embarras, après lui avoir adressé quelques mots d'intérêt, auxquels il répondit en balbutiant, je me retirai.

Les jours suivants, mes visites furent tout aussi courtes. Cependant Meunier semblait se familiariser avec mon habit et ma personne; son air et son attitude étaient plus naturels, sa conversation plus expansive. Il cherchait à me retenir, quand je voulais le quitter, et m'engageait à revenir au plus tôt.

Il ne me parut pas aussi dénué d'intelligence qu'on le croyait généralement. Je trouvais en lui une certaine politesse de cœur et de manières, et il se montrait très-sensible à ce qu'il nommait avec reconnaissance *mes attentions et mes soins*.

Vers ce temps-là, le prisonnier eut en ma présence

un entretien avec son oncle, le sieur Blondel; ce vieux et brave soldat, qui avait laissé une jambe sur un de nos glorieux champs de bataille de l'Empire, reprocha à Meunier, avec une véhémence d'indignation militairement exprimée, son forfait, qu'il qualifia, à plusieurs reprises, de lâche et d'infâme. « Malheureux, continua-t-il, j'ai honte de t'avoir pour neveu ; ça me fait bouillonner le sang d'y penser. Est-ce que toutes les lois divines et humaines ne condamnent pas ton crime? Mais alors même qu'il n'eût pas eu pour objet la personne sacrée et inviolable du roi ; alors même que tu eusses eu à te plaindre d'un simple particulier, aurais-tu pu en agir ainsi sans te déshonorer? Est-ce que les règles de l'honneur permettent d'attaquer quelqu'un qui est sans armes, sans lui avoir dit de se mettre en garde ? et, par hasard, croirais-tu valoir davantage que le brigand qui va s'embusquer pour tuer traîtreusement un homme sans défense et lui enlever son argent? Tu vaux cent fois moins encore... Quelle tache ignominieuse pour nous tous d'avoir eu dans notre famille un monstre de ton espèce... Le pire des criminels, un régicide !... Oui, le régicide est le plus scélérat des assassins, celui qui fait le plus de mal, car le même coup qu'il porte au roi frappe au cœur le pays tout entier, qui peut périr dans un bouleversement. C'est comme si on abattait une colonne qui soutient tout l'édifice. Et pourquoi en vouloir au roi? La France a-t-elle jamais été plus tranquille, plus florissante que sous son règne? Y a-t-il un prince meilleur que lui? N'est-il pas le modèle des époux, des pères? et que t'a-t-il fait à toi, en particulier? C'est par suite, m'a-t-on dit, de tes opinions politiques que tu as agi; mais est-ce que tu comprends quelque chose à tout cela, ignorant, imbécile que tu es, toi qui n'a jamais voulu apprendre rien de bon? N'aurais-tu pas mieux fait de profiter des exemples et des leçons que tu as reçus chez tes parents? N'aurais-tu pas mieux fait de travailler, de rester dans ton atelier? Mais non; tu as préféré mener une vie de vagabond et de fainéant; fréquenter tout ce qu'il y avait de mauvais garnements. Appelles-tu cela aussi de la politique? Elle est belle ta politique! Je t'en fais mon compliment. Elle a fait de toi un malhonnête homme, un lâche, un assassin, entends-tu; elle va te conduire à la guillotine; elle fera mourir ta bonne mère de chagrin, toute la famille de déshonneur! Oh! pour mon compte, que n'ai-je été tué par une balle de l'ennemi! » Et en prononçant ces mots, des larmes coulaient des yeux du vieux et loyal militaire.

Reprenant ensuite: « Voyons, raisonnons un peu. Tu prétends que tu as conçu de la haine pour la famille d'Orléans, et pour le roi en particulier, à l'époque où il est monté sur le trône; mais je vais te citer des paroles et des faits qui vont prouver que tu mens.... Ne te rappelles-tu pas qu'à cette époque, et longtemps même après, un jour d'émeute, que tu m'accompagnais, tu me disais: « Je ne com- « prends pas pourquoi ces gredins en veulent au roi « qui n'a fait encore que de bonnes choses et qui a une « si belle famille. » Une autre fois, n'avais-tu pas fait le pari d'aller briser les vitres d'un magasin du passage Véro-Dodat, pour déchirer toutes les caricatures outrageantes pour le roi, qu'on y vendait [1]. Tu aurais certainement exécuté ton projet, si on ne t'en avait empêché en te retenant de force. Souvent

---

[1] Le roi lisait presque tous les journaux politiques; il s'amusait des plaisanteries irrévérencieuses qui ne lui étaient point épargnées.

A l'époque où le *Charivari* et la *Caricature* publiaient presque chaque jour une charge de sa personne, on le voyait souvent rire de ces débauches artistiques, en parler le soir sur le ton de la plaisanterie à sa famille, et même parfois en montrer les grotesques images. C'était de la philosophie, mais était-ce de la prudence?

je t'ai moi-même entendu te récrier contre la tolérance du gouvernement qui souffrait ces étalages inconvenants et séditieux, et lorsque je te disais à la même occasion : « Ils ne se seraient pas avisés de
« plaisanter ainsi avec l'autre gouvernement, qui en
« aurait eu bientôt fini avec eux. Mais comme ils sa-
« vent trop bien qu'ils n'ont rien à craindre avec ce-
« lui-ci, ils se donnent sans danger tous les honneurs
« du courage, ce qui, selon moi, n'est que de la lâ-
« cheté. » Tu étais de mon avis. Qu'as-tu à répondre à cela? Regarde-moi en face. »

Meunier rougissait, mais ne répliquait rien.

« On t'a affilié à quelque société secrète, et voilà ce qui t'a perdu. Je sais que dans le temps tu as fait des démarches pour entrer dans la société des *Droits de l'homme*, et plus tard, *des Familles*.

— Oh pour cela, mon oncle, je vous jure que je n'ai jamais fait partie d'aucune société secrète.

— Alors, tu t'es lié avec quelque mauvais garnement qui t'a donné de mauvais conseils; car tu n'es pas méchant, mon garçon, et tu es incapable par toi-même d'une semblable atrocité. Dis-moi donc la vérité. C'est quelqu'un qui t'a mis ça dans la tête; quelqu'un qui connaissait ton malheureux caractère t'a fait prendre cet affreux engagement, et, selon ta coutume, tu as voulu le tenir, coûte que coûte. »

Meunier ne répondait rien, mais on voyait qu'il souffrait cruellement et qu'il ne pouvait se dissimuler la vérité et la justesse des reproches et des observations que lui adressait son oncle.

Après le départ de ce brave homme, Meunier fut saisi d'une violente attaque de cette affreuse maladie (l'épilepsie) dont il avait éprouvé, à ce qu'on prétend, les premières atteintes quand il avait fait le serment d'assassiner le roi.

La profonde et durable émotion de l'accusé me fit comprendre que la corruption n'avait pas pénétré dans les dernières fibres de son cœur, qu'il y avait encore en lui quelques bons sentiments. L'idée de déshonorer sa famille, de plonger sa mère dans la honte et la douleur, le préoccupait par-dessus tout.

S'appuyant sur d'autres inductions, l'éloquent rapporteur de la commission de la cour des Pairs, M. Barthe, exprima la même opinion : « Cependant, nous devons l'avouer, dit-il, quelles que fussent les habitudes de Meunier, la voix de la morale et de l'humanité s'était fait entendre plusieurs fois. L'attentat qu'il voulait commettre lui apparaissait dans toute son horreur; il aurait voulu se sous-

traire à l'idée qui le poursuivait; il aurait voulu fuir, et il dit que le samedi qui précéda l'attentat, il songea à s'empoisonner; et après la perpétration de son forfait, son projet était encore de se tuer. « Mais quand un assassin, lui fit-on observer à cette
« occasion, commet un crime, surtout dans l'inté-
« rêt d'un parti, il doit désirer survivre à son crime.

« — Non, monsieur, quel que soit le parti auquel
« on appartienne, on doit toujours mourir, parce
« que la conscience vous reproche toujours votre
« action.

« — Mais puisque vous saviez qu'une mauvaise
« action produit toujours des remords, vous n'au-
« riez pas dû commettre ce crime.

« — C'est vrai. »

De mon côté, j'ajoutai à cet égard que puisque la voix de sa conscience s'était fait entendre pour lui reprocher son détestable projet d'assassiner le Roi, elle ne devait pas non plus être restée muette quand il avait voulu commettre un nouveau meurtre sur lui-même, par le suicide; que c'était un moyen désespéré et qui conduisait à l'impénitence finale que de vouloir étouffer la voix de la conscience en devenant plus criminel. « Que voulez-vous, me répondit-il, ce n'est que main tenant que je comprends combien j'ai été coupable, et combien plus je pouvais encore le devenir[1]. »

En somme, Meunier était du nombre de ces jeunes ouvriers si à plaindre, que l'on ne rencontre que trop fréquemment, qui ont secoué de bonne heure toute espèce de joug; que leurs habitudes d'oisiveté et d'intempérance, jointes à l'inconsistance et à la faiblesse de leur caractère, livrent sans défense, à tous les entraînements funestes du dehors. Une instrution imparfaite, de mauvaises lectures, achèvent la perversion de leur sens moral, en répandant dans leur esprit un jour faux sur tous les principes.

Meunier au caractère bizarre, capable de tout par bravade ou bien lorsqu'il y était provoqué, se défiait parfois de lui-même, et à cette occasion il me disait : « Quand je recevais de l'argent, je priais souvent une personne de me le garder et de ne pas me le donner si je le lui demandais. »

En lisant avec attention les pièces du procès, j'avais remarqué que, d'après la déposition d'un té-

---

[1] C'est sans doute pour s'étourdir sur l'horreur et sur l'énormité de l'acte qu'il méditait que Meunier, comme on le lit dans l'instruction, partage entre le sommeil et l'ivresse les derniers jours qui précédent l'attentat.

moin déjà cité, Meunier s'était fait gloire de n'avoir aucune espèce de croyance, en un mot, d'être athée. Je ramenai la conversation sur ce sujet; il me fut facile de le faire convenir de l'absurdité, de l'impossibilité même de l'athéisme ; car il n'y a pas, à proprement parler, de véritables athées. Ceux qui affectent de l'être le sont plutôt par le cœur que par l'esprit. Ils cherchent dans cette dégradante doctrine un asile contre le remords. Ils ne rejettent la croyance universelle que parce qu'elle condamne leurs passions et leurs vices. L'athéisme du cœur est le plus dangereux. Contre cet aveuglement intéressé, les raisonnements ne peuvent rien; il n'y a que la grâce de Dieu qui soit assez puissante pour en détruire le principe.

Meunier finit par m'avouer que les propos qu'il avait tenus étaient de sa part une pure fanfaronnade. C'est en m'adressant à son cœur et aux bons sentiments qui s'y étaient révélés, que je parvins à maintenir dans de bonnes dispositions sa volonté toujours ondoyante et cédant à tous les courants.

On ne saurait, du reste, se figurer la profonde ignorance de Meunier en matière de religion. Il n'avait jamais eu sur ce sujet que des notions vagues et superficielles, et qui étaient maintenant entièrement effacées. Il fallut lui en donner les connaissances les plus élémentaires, et détruire dans son esprit beaucoup de préventions.

Comme l'homme même le plus ignorant ne veut pas avoir l'air de parler contre la religion sans s'étayer de quelques arguments qui justifient ses préventions, Meunier hasardait quelques objections usées et mille fois réfutées. Quelques explications furent donc nécessaires pour détruire ces préjugés adoptés sur parole et lui faire reconnaître qu'on ne doit pas juger de la religion d'après les calomnies de ses adversaires; que ce serait agir comme un juge aveugle et injuste qui, s'inquiétant fort peu du bon droit, ne chercherait la vérité que dans les allégations passionnées d'une des parties.

L'intelligence et l'instruction du pauvre ouvrier n'étaient pas assez développées pour comporter un genre de démonstration où il aurait fallu suivre, anneau par anneau, la chaîne des vérités divines avec les preuves à l'appui. Il suffisait donc de lui donner une idée exacte des points fondamentaux et des dogmes essentiels de notre foi, qu'il avait un intérêt suprême à connaître. Pour l'attacher à la religion autant par le cœur que par l'esprit, afin qu'elle fût tout à la fois la règle de sa conduite et de sa croyance, il ne fut pas sans importance d'insister sur les devoirs et les besoins particuliers de sa position. J'obtins un résultat satisfaisant.

Meunier faisait sa prière, soir et matin, sans affectation, mais aussi sans que le respect humain, jusque-là si puissant sur lui, fût capable de l'arrêter. Sous tous les rapports, il y eut une notable amélioration ; elle fut évidente pour tous. Le directeur de la prison, les gardiens en étaient frappés. La foi avait réveillé sa conscience. Dans un nouvel interrogatoire que subit le détenu : « Oh! si les as-
« sassins, s'était-il écrié, avant de se porter au
« crime, souffraient ce que je souffre depuis vingt-
« cinq jours, il y aurait de quoi les empêcher de le
« commettre. »

Meunier voyait souvent ses deux oncles, Barré et Blondel, qui, l'un et l'autre, ne cessaient de l'encourager à persister dans les bonnes dispositions qu'il manifestait. Sa mère venait tous les jours de Chaillot pour me demander de ses nouvelles, elle m'entretenait aussi de sa propre douleur, de ses craintes, de ses alarmes, surtout de son amère tendresse pour ce fils qui avait si mal répondu à tous ses soins. Ah! c'est que le pardon d'un fils, quels que soient ses torts, ses fautes, quelque soit même son crime, se trouve toujours écrit dans le cœur d'une mère !...

Meunier refusait cependant, avec la même obstination, de faire des aveux.

« Dans l'affreuse situation où vous êtes, lui dit un jour le président, j'ai voulu vous procurer la plus grande consolation que vous puissiez recevoir. J'ai permis à votre malheureuse mère, j'ai permis à votre tante de pénétrer jusqu'à vous. Cédez à leurs larmes, à leurs prières ; faites connaître à la justice les hommes qui, par de coupables excitations, vous auraient porté au crime que vous avez commis.

— Je persiste à dire, répondit Meunier, que je n'ai pas de complices, que personne ne m'a donné de mauvais conseils. »

Quelques heures après, la vieille mère de Meunier était à la porte intérieure de la prison, attendant avec une impatiente anxiété que j'eusse préparé son fils à la voir : « Mon cher enfant, disais-je à Meunier, après m'être informé de sa santé, qui avait éprouvé un léger dérangement, ne seriez-vous pas bien aise de profiter de la faveur que vous a accordée M. le président de voir votre mère ? Elle est venue bien souvent, et avec le plus tendre intérêt, me demander de vos nouvelles. Chaque fois elle se retirait désespérée de ne pouvoir vous embrasser ! En ce moment elle est bien près de vous, vous allez la voir. »

A ces paroles il ne répondit que par des sanglots. Bientôt la porte s'ouvrit, et quand Meunier aperçut sa mère, il se jeta dans ses bras... Ils se regardèrent un instant sans rien dire, puis ils se mirent à pleurer tous les deux. Ce fut la mère qui rompit le silence : « Mon pauvre Meunier, mon pauvre Meunier, c'est donc ici que je te trouve ! Sais-tu bien ce que j'ai souffert, ce que je souffre encore ?... Mais ce n'est pas de ma douleur qu'il faut parler, c'est de toi ; toi seul m'occupe. J'ai été un peu consolée par ce bon monsieur qui est là, et à qui nous devons tant tous les deux ! Il m'a dit que tu te repentais de ta faute, de ton crime ! Oh ! dis-le moi aussi que tu te repens !...

— Oui, oui ; j'en suis bien repentant.

— Mon cher enfant, que je t'embrasse encore une fois. » Et de nouveau, elle l'enlace dans ses bras et le presse sur son cœur.

« Maintenant, puisque tu te repens, c'est un devoir pour toi de faire connaître ceux qui t'ont poussé à commettre ce crime ; car tu as été entraîné, dis-le-moi donc ; il faut que tu me le dises, » ajouta-t-elle en redoublant d'insistance ; et elle regardait avec une expression d'inquiétude inexprimable son fils qui continuait à garder le silence. Se tournant de mon côté : « Oh ! monsieur l'abbé, me dit-elle, croyez-le bien, ce ne sont pas les principes et l'éducation que je lui ai donnés dans son enfance ; j'ai toujours cherché à l'élever chrétiennement, autant qu'il a dépendu de moi ; il n'a reçu dans la maison que de bons exemples. Mon fils n'était pas méchant ; il était doux, complaisant, dévoué ; il allait jusqu'à prendre sur lui les torts et les fautes des autres. Mais, malheureusement, il suit toujours l'impression qu'on lui donne ; il est toujours disposé à céder à toutes les provocations. On l'aurait défié de traverser le feu, il l'aurait traversé. »

Et s'adressant de nouveau à lui :

« Tu vois bien, mon enfant, que personne ne te connaît mieux que ta mère ; fais-lui donc tes confidences, à ta mère, ta meilleure amie ! » Tout son cœur était dans ces paroles.

Son langage, s'animant de plus en plus, devenait toujours plus pressant. A force d'amour et de sensibilité, il s'élevait à la plus irrésistible éloquence. Néanmoins, quoique réellement en proie à un combat intérieur des plus violents, Meunier restait toujours silencieux.

« Comment ! tu ne me réponds pas ! tu ne me dis rien ! » Et après avoir prononcé ces mots, cette mère désolée tombe aux genoux de son fils, le supplie à mains jointes de faire des révélations qui soulageraient sa conscience, pourraient peut-être le sauver, ou du moins adoucir son sort. « Mais si ce n'est pas pour toi, fais-le du moins pour ta famille, sur laquelle tu as appelé le deuil et l'opprobre ; fais-le pour ta mère, qui ne pourra survivre à tant de honte et de malheur ! » Puis, voyant que son fils se taisait encore, elle se couvrit le visage de ses mains... « Mon fils ! s'écria-t-elle d'une voix déchirante, tu n'entends pas ma voix ! »

Meunier luttait toujours contre cet entrainement si puissant qu'exercent les larmes et les prières d'une mère !

Alors, elle se relève, et d'un ton que je n'oublierai jamais : « Ah ! tu dois en effet préférer à ta mère les malheureux qui t'ont porté à l'assassinat et qui t'envoient à l'échafaud !... Ils sont impatients de te voir guillotiner, pour que tu emportes avec toi leur affreux secret. Tout à l'heure, tu me faisais pitié ; maintenant, tu me fais horreur ! Eh bien, je te maud...

— Arrêtez ! m'écriai-je ; et, posant rapidement ma main sur sa bouche : N'achevez pas une semblable parole ! »

Elle me regarda d'un air abattu et découragé, et presque aussitôt tomba évanouie sur le plancher.

A cette vue, Meunier pousse un cri d'effroi. « Grâce, grâce ! » s'écria-t-il en s'agenouillant et se penchant sur le visage de sa mère.

Mais presque aussitôt je le vois se rouler à terre, saisi par une crise terrible, avec des convulsions qui agitent tous ses membres et bouleversent tous ses traits. Sa respiration était bruyante; sa bouche pleine d'écume, il se heurtait la tête contre le parquet... Je le pris entre mes bras, craignant que la violence de ses mouvements ne lui occasionnât quelque grave blessure. Je me soulevai avec effort pour atteindre le cordon d'une sonnette, afin d'appeler du secours ; mais, dans cet effort brusque et précipité, le cordon resta dans ma main. Après que les symptômes les plus alarmants furent passés, je parvins à placer Meunier sur un fauteuil. Je quittai le fils pour aller à la mère.

Elle parut se réveiller comme d'un sommeil léthargique; des larmes abondantes vinrent à son aide et la soulagèrent un peu.

Meunier fut longtemps encore à reprendre ses sens ; il poussait par intervalle de longs et profonds soupirs. Mais aussitôt qu'il put proférer une parole, cette parole fut : « Ma mère !... oh ! ma mère, c'en est fait, je dois mourir pour expier mon crime; ma vie est perdue; je ne ferai rien pour la racheter; mais j'ai empoisonné la tienne, voilà mon plus grand crime ! que ne puis-je le réparer !... Je ferai du moins tout ce qu'il sera en mon pouvoir, tout ce que je dois.. »

Nous étions là depuis une heure et demie.

Quelque temps après on vint nous ouvrir, la mère et le fils se séparèrent. Mes forces étaient épuisées.

Le lendemain, la mère de Meunier, accompagnée de sa sœur, Madame Barré, revint à la prison. Après avoir échangé quelques paroles affectueuses : « Tu n'as pas oublié, dit celle-ci à son neveu, ce que tu as promis à ta mère ; tu sais à quel point elle est malheureuse, combien nous souffrons tous. Tu sais aussi ce que tu peux pour adoucir notre malheur ; fais-le donc, si déjà tu ne l'as pas fait. Il n'y a personne dans la famille qui, t'ayant connu, ne dise ce que te répète si souvent ton brave oncle Blondel, qu'il est impossible que tu aies seul conçu la pensée d'un crime tel que celui que tu as commis. — Eh bien! je vous l'avouerai à toutes les deux, dit Meunier, c'est vrai; j'ai voulu, jusqu'à présent ne nuire à personne; maintenant je vais dire la vérité : Un jour, après nous être entretenus des condamnés politiques et des moyens de les délivrer, avec L... et L..., nous avons tiré au sort pour savoir qui tuerait le roi, et c'est sur moi que le sort est tombé. On m'avait plusieurs fois sommé de tenir mes engagements, mais je n'en avais pas besoin. Cette idée m'a toujours poursuivi; elle m'empêchait de dormir. Chez mon oncle, et ailleurs, je ne voulais qu'être seul; toutes mes idées étaient portées là-dessus. Je me disais : « C'est donc toi qui dois tuer le roi ! » J'y rêvais même quand je dormais. C'est de cette époque que datent mes attaques nerveuses, pendant lesquelles je perdais connaissance. On m'a rappelé depuis qu'étant endormi, j'avais fait connaître mon déplorable projet, et que je m'étais écrié : « Louis-Philippe, recommande ton âme à Dieu et règle tes comptes. C'est moi qui suis sorti de l'enfer pour t'assassiner. » Pourquoi les personnes qui m'ont entendu, pendant que mon sommeil trahissait mon secret, ne m'ont-elles pas dénoncé? Elles n'ont pas agi comme elles devaient agir. C'était bien en effet les tourments de l'enfer que ma pensée régicide me faisait souffrir; j'étais comme possédé du démon; je ne pouvais plus y tenir. Plus d'une fois, j'ai formé la résolution de m'empoisonner pour rompre mon fatal engagement. Si, encore, on avait tenu la parole qu'on m'avait donnée de me faire voyager, on m'aurait empêché de commettre mon crime Je ne souhaitais si ardemment de voyager que parce que je me sentais poursuivi par la funeste pensée que j'ai mise à exécution et que je voulais fuir.

« J'avais au commencement bien des remords, mais bientôt ce qu'on me disait... On m'avait plusieurs fois appelé capon... La lecture des mauvais journaux, comme le *Réformateur*, qui porte à la la haine du gouvernement, fortifiait en moi mes coupables résolutions. Il y avait comme quelque chose qui m'étouffait, et, pour me distraire, j'étais presque toujours en ribote. Il me fallait si peu de vin ou de liqueur pour me griser!

« Enfin, étourdi, au point où j'étais arrivé, si près du but, je ne croyais presque plus commettre un crime. Cependant, le samedi précédent, je voulais encore me suicider! Au reste, j'avais fait le sacrifice complet de ma vie. Si pour tirer sur le roi, je m'étais trouvé du côté du parapet, je me serais jeté dans la Seine pour me noyer. En me plaçant du côté de la Terrâsse, je savais que je n'avais aucun moyen de me sauver.

« Comme j'aperçus sur ce point un intervalle vide dans les rangs de la garde nationale, j'eus l'idée que quelqu'un voulait favoriser l'exécution de mon projet et qu'il était dans le complot.

« Dès le 21 j'avais fait couper mes cheveux très courts, car je craignais qu'on me saisît par là ; je suis très-sensible à la tête.

« On m'avait persuadé de démarquer mon linge, ce que je fis à l'aide d'un canif, en enlevant le morceau où était le chiffre. Il était à peu près sûr que je serais tué sur-le-champ ; il serait plus difficile de savoir qui j'étais, n'ayant rien sur moi qui pût me faire reconnaître. Personne alors ne serait compromis. Oh! que les jeunes gens sans expérience, qui pourraient se laisser entraîner, prennent exemple sur moi ; qu'ils apprennent ce que les partis politiques font de leurs instruments, après s'en être servis !

— Quel affreux mystère tu nous fais entrevoir! ta mère et moi, nous en avions un cruel pressentiment! et en rappelant nos souvenirs...

— Mon enfant, quoi qu'il advienne, dis toute la vérité, ajouta la mère en pleurant à chaudes larmes. Que ce ne soit point pour te venger, mais pour remplir un devoir de conscience. »

Meunier, cédant à une puissance que personne ne saurait méconnaître, demanda le soir même à paraître devant le président de la Cour des Pairs, et lui fit les révélations les plus explicites et les plus détaillées.

Si Meunier n'appartenait pas aux sociétés secrètes par une initiation formelle, il subissait à son insu, par une transmission habilement calculée, leur influence et leur impulsion mystérieuse. Il disait à son oncle, en ma présence, dans un langage singulièrement expressif : « On venait sans cesse me tâter le pouls pour savoir comment il battait, on s'y prenait si bien qu'on faisait de moi ce qu'on voulait. Ils *avaient ma clef*. On me disait que rien ne marchait comme il faut, qu'il fallait amener par la destruction du roi une nouvelle forme de gouvernement, et que le meilleur de tous était la république. »

M. Delangle, chargé d'office par M. le chancelier de défendre Meunier, s'inspira tout à la fois des principes d'une saine morale et de son dévouement à la tâche qui lui avait été confiée. Il ne sortit jamais du rôle de défenseur.

Il ne chercha point à justifier *le crime par le crime, à faire intervenir la démence, cette excuse banale* dont l'admission, en général, serait si dangereuse et si antisociale.

Quelques jours après eut lieu la clôture des débats. Meunier fut condamné à mort. Lorsqu'on lui eut donné lecture de son arrêt, il adressa à M. Pasquier la lettre suivante, dont il ne faut voir que la pensée intentionnelle, qui est une pensée de repentir et un hommage à la religion :

« Monsieur le président,

« Vous m'avez fait la grâce de me promettre que mon tableau du Christ serait remis à M. l'abbé Grivel [1], quel que soit le sort qui m'attende ; je n'ai pas ici la prétention de lui laisser un souvenir de ma personne ; vous m'avez, pour cela, trop appris à me connaître ; mais j'ai la conviction que ce tableau ne peut être mieux que dans les mains de

---

[1] Ce tableau avait été saisi au domicile de l'accusé, et, s'il faut en croire plusieurs versions, c'était sur l'image de ce christ qu'il avait juré d'assassiner le roi. (Ce tableau est en ma possession.)

celui qui a été pour moi le représentant de Dieu sur la terre.

« Applaudissez-vous aussi, monsieur le président, car vous m'avez inspiré l'horreur du crime et du mensonge. Et si la durée de mon existence ne doit pas me permettre de pratiquer la vertu, j'emporterai du moins avec moi le regret de l'avoir connue trop tard.

« J'ai l'honneur d'être monsieur le président,

» Votre plus respectueux et plus obéissant serviteur.

« Meunier. »

Bientôt après, Meunier se pourvut en grâce, en faisant parvenir au roi l'expression de son profond repentir. De son côté, la mère du condamné avait obtenu pour le lendemain une audience de la reine. Elle me supplia de l'accompagner. Nous étions dans la salle d'attente, tout naturellement : venant à penser à la circonstance qui m'amenait, ce jour-là, dans cette royale demeure, je me disais : « Le plus obscur des citoyens est en sûreté sur les routes, dans son domicile... Un seul homme, entouré de bataillons, de soldats, de gardes, ne peut faire un pas sans être exposé aux coups d'une arme meurtrière. Cet homme, c'est l'habitant de ce palais, c'est le roi[1]. C'est le même prince qui, lorsque le 7 août 1830, les députés vinrent lui offrir la couronne, avait intercalé dans sa réponse, ces phrases mélancoliques : « Rempli des souvenirs qui « m'avaient toujours fait désirer de n'être jamais « destiné à monter sur le trône, exempt d'ambi-« tion et habitué à la vie paisible que je menais dans « ma famille, je ne puis vous cacher tous les senti-« ments qui agitent mon cœur dans cette grande « conjoncture. »

Alors je me rappelai ces paroles d'un ancien : « *Si l'on savait ce que pèse une couronne, ne craindrait-on pas de la mettre sur sa tête ?* » et celle-ci de la Bruyère : « Un homme un peu heureux dans une condition privée devrait-il y renoncer pour une

---

[1] En sortant des ateliers des peintres chargés des travaux du Louvre, Louis-Philippe, *de sa prison*, jetait parfois des regards pleins de tristesse sur la place, et laissait échapper un soupir; il se rappelait avec regret le temps où, son parapluie sous le bras, il parcourait seul les rues de Paris, visitant les édifices en construction, et ne manquant pas de s'arrêter devant les étalages de lithographies et de gravures. On citait quelques mots de lui, en réponse à un officier de sa maison qui voulait réprimander un capitaine de la garde nationale, venu tout crotté s'asseoir à la table royale : « Ne lui faites point de reproches, ne lui en faites point; il est bien heureux de pouvoir se crotter ainsi. »

monarchie? N'est-ce pas beaucoup pour celui qui se trouve en place par droit héréditaire de supporter d'être né roi ? » Hélas ! que dirait aujourd'hui la Bruyère? Comme on n'annonçait pas encore la reine, mes réflexions suivaient le même cours, je voyais Louis-Philippe arraché à ses foyers domestiques, à lui si chers, pour lesquels il exprimait des regrets si touchants, et obligé de se renfermer dans le château des anciens rois, cette maison de passage, disait Chateaubriand, où la gloire même n'a pu rester, et qui ressemble à ces ruines où les voyageurs viennent tour à tour chercher un mauvais abri. Henri III y prit un cheval pour fuir, après la journée des premières barricades ; Louis XVI en sortit pour aller au Temple ; la Convention en fut chassée ; Napoléon en partit pour Sainte-Hélène. Les dernières barricades ont chassé Charles X des Tuileries. Que réserve l'avenir?...

Nous fûmes enfin admis en présence de Marie-Amélie, la mère du condamné à mort, en habits de deuil, vint se jeter à ses pieds. Elle balbutia quelques mots, toute tremblante et près de défaillir ; elle fut encouragée par la reine, qui, n'osant lui donner des espérances, s'efforçait de lui donner des consolations.

« Ah! madame, répondit la malheureuse femme, il n'y a pas de consolation pour une mère qui ne peut sauver son fils. Vous qui êtes aussi puissante que bonne, vous qui êtes sainte, qui êtes mère aussi, pitié pour mon fils! pitié pour moi! Obtenez grâce pour tous les deux, au nom de Dieu, au nom de vos enfants! Mon fils fut bien coupable, mais il se repent, il a horreur du crime qu'on lui a fait commettre! » La reine lui tendit une de ses mains, que cette mère inconsolable baisa vivement et arrosa de ses larmes.

Et cette reine si pieuse et si bienfaisante, qu'est-elle devenue? Ce serait bien le lieu de s'écrier ici avec Bossuet : « O princesse vous étiez bien digne d'une meilleure fortune... si les joies et les fortunes de la terre étaient quelque chose!... »

Bientôt la porte s'ouvre ; on annonce le roi... C'est lui-même qui vient dire à la mère du régicide: « Votre fils vivra ; il s'est repenti ; j'ai commué sa peine ; je n'ai pas attendu son pourvoi pour lui faire grâce. »

Puis il relève cette pauvre femme qui ne peut exprimer sa joie que par ses larmes.

L'échafaud ne se dressa donc pas de nouveau! Le 27 avril 1837, M. Frank-Carré, procureur général, s'exprimait ainsi : « Il y a peu de jours, nous avons dû provoquer contre un grand coupable la rigoureuse application des lois, et vous avez accompli le devoir que prescrivait la justice, en prononçant contre Meunier la peine des parricides. Nous venons maintenant, au nom du roi, vous présenter l'acte par lequel sa clémence conserve la vie du meurtrier qui avait menacé la sienne.

« L'énormité d'un crime avéré rendait inévitable l'arrêt que vous avez prononcé comme juges ; mais vous aviez appris les remords, vous aviez vu le repentir du condamné, et vous partagerez sans peine le sentiment de pitié généreuse dont il éprouve aujourd'hui le bienfait. »

La commutation de peine en faveur de Meunier en *considération des bons sentiments plusieurs fois exprimés par l'accusé pendant le cours de son procès*, fut bientôt suivie (le 8 mai 1838) de l'ordonnance d'amnistie, amnistie pleine et entière pour tous les délits, pour tous les crimes politiques.

Par cet acte, la liberté était rendue à trois cents condamnés politiques et les portes de la patrie se rouvraient à cent exilés.

Le roi, à onze heures et demie du soir, aussitôt que cette grande mesure fut arrêtée, fit part à sa sœur, madame Adélaïde, qui était alors à Bruxelles, de toute la joie qu'il en éprouvait, et lui écrivit une lettre pleine d'émotion. « Tout est arrangé, ma chère bonne amie, lui disait-il, et je m'empresse de te l'annoncer en descendant du conseil. J'ai signé l'ordonnance d'amnistie pleine et entière.... J'ai refusé l'amnistie tant qu'elle me paraissait une concession à la menace et qu'on pouvait y voir une faiblesse arrachée à la crainte. Je l'accorde avec bonheur quand elle est devenue mon acte spontané. »

« Rien ne me fera repentir de leur avoir fait du bien, » répétait le roi, à cette occasion, aux personnes de son intimité. Cependant ce fut presque immédiatement à la suite de l'amnistie qu'eut lieu le réveil et la réorganisation des sociétés secrètes. On découvrit bientôt le projet d'une autre machine infernale ayant pour but de renouveler l'attentat de Fieschi et de préparer une catastrophe plus affreuse peut-être. Louis Hubert, chef du complot, fut condamné à la déportation. Parmi ses complices, figurait Laure Grouvelle, qui, comme nous l'avons vu, avait voué un culte du plus exalté fanatisme à la mémoire d'Alibaud; elle fut condamnée à plusieurs années d'emprisonnement.

Nous ajouterons que l'on a remarqué que, onze ans plus tard, la liste des amnistiés donnait un chef armé à la révolte du 23 février, deux dictateurs au gouvernement républicain du 24 février, les tribuns les plus violents à l'Assemblée qui devait proscrire Louis-Philippe et sa famille.

M. Barthe, dans le rapport au roi qui précédait l'ordonnance d'amnistie, avait fait entendre ces belles paroles : « Votre Majesté a jugé que le moment était venu de donner cours aux inspirations de son âme. Elle fera descendre du haut du trône l'oubli de nos discordes civiles et le rapprochement de tous les Français... Un tel acte ne peut plus être qu'un éclatant témoignage de la puissance de l'ordre et des lois. Votre gouvernement, après avoir plus combattu et moins puni qu'aucun autre, aura tout pardonné.... »

En même temps, la croix sacrilégement arrachée du fronton du temple, et proscrite naguère comme un symbole séditieux, reparut sur la vieille église de Saint-Germain l'Auxerrois, en signe de pardon, de réconciliation et de salut, venant amnistier, elle aussi, les insensés qui, dans leur aveugle fureur, l'avaient indignement profanée.

Le roi put, pendant quelque temps, sortir et se

mêler au peuple comme aux jours de 1830. Il semblait que le cœur du prince, ému d'un sentiment patriotique et religieux, pouvait s'ent'rouvrir à un rayon d'espérance et de sécurité pour l'avenir. Mais tels ne devaient pas être à son égard les desseins impénétrables de la providence! Sa destinée devait devenir une preuve toujours subsistante de *ce malheur de régner*[1] que, dans son intuition prophétique, un roi martyr avait prédit comme devant être l'apenage de ses successeurs.

Bientôt, la peine de la déportation prononcée contre Meunier, fut commuée en celle de dix ans de bannissement. Le roi aurait voulu lui rendre entièrement la liberté; ce ne fut qu'après une longue discussion, qui eut lieu en conseil des ministres, chez lesquels il rencontra une résistance unanimement motivée qu'il finit par céder.

Il voulut toutefois pourvoir lui-même à ce que le condamné n'arrivât pas dénué de ressources à sa destination.

Après s'y être disposé depuis plusieurs jours, Meunier désira, avant de partir pour la déportation, communier de ma main.

L'instant de la séparation arrivé, il se jeta dans

[1] Testament de Louis XVI.

mes bras, en pleurant à chaudes larmes, et m'adressa des paroles pleines de sensibilité et de reconnaissance.

«Adieu, Meunier, lui dis-je en l'embrassant; soyez toujours chrétien dans vos sentiments et dans vos actions : prenez-vous cet engagement? C'est la promesse de votre propre bonheur que je vous demande.

— Je vous le promets, me répondit-il d'un ton pénétré. »

Les lettres que je reçus me prouvèrent que Meunier avait la mémoire du cœur. Je me borne à transcrire celle qu'il m'adressa en décembre 1837.

« Monsieur l'abbé,

«Enfin, voici mes malheurs à peu près terminés. Je n'ai plus qu'à suivre la route que vous m'avez tracée pour devenir honnête, et pouvoir racheter le crime que j'ai commis. Le pays où je suis paraît être très-bon pour celui qui veut travailler; l'on peut gagner sa vie tranquillement. Je ne sais si le capitaine du navire où j'étais embarqué avait reçu des ordres pour me descendre à Pentacole, mais il le fit; il me fit mettre à terre dans un pays que je ne connaissais pas. Je suis débarqué sur la grève, et on me laisse là : « Va où tu veux, tu es libre. »

Ce pays n'avait aucune ressource pour moi, éloigné de la Nouvelle-Orléans de plus de cent lieues; je m'arrêtai chez un Français. Après quelques jours de séjour chez lui, je continuai ma route pour Bâton-Rouge, où je fus reçu, à mon arrivée, par un habitant qui me donna une bonne hospitalité et m'engagea d'abord à passer la journée chez lui, et j'y suis encore, sans faire aucune dépense, et pouvant épargner le produit de mon petit travail. Dieu soit béni ! C'est là où je vous prie de me faire quelques lignes de réponse.

«Embrassez pour moi, monsieur l'abbé, mon oncle Blondel. Dites à ma bonne mère qu'elle n'aura plus à se plaindre de moi, et que je suivrai ses conseils ainsi que les vôtres. C'est le plus sûr moyen de vous témoigner ma reconnaissance. Priez toujours pour moi.

« Je suis pour la vie, etc.

« Meunier. »

J'écrivis à Meunier, comme il me le demandait, et l'engageai à persévérer dans ses bonnes résolutions. Il mourut peu de mois après, mais Dieu lui avait fait la grâce de se relever de sa déchéance par un repentir réalisé dans sa conduite.

ATTENTAT

DU 13 SEPTEMBRE 1841

CONTRE LA VIE DES PRINCES

QUÉNISSET, COLOMBIER, BRAZIER

« On m'entretenait dans les doctrines du régicide. J'étais un instrument qu'on aiguisait comme moi-même j'aiguisais ma hache. »
Paroles de Quénisset.

« Voilà ce que c'est que de s'écarter du droit chemin ; on ne s'en aperçoit que quand on est complétement égaré. »
Paroles de Colombier.

« Ces réflexions me donnent du calme, tandis que, après certaines lectures et d'autres conversations, je n'éprouvais que du dégoût pour ma profession, de l'antipathie contre mes patrons. Je sentais naître dans mon imagination les prétentions les plus extravagantes, et dans mon cœur fermentaient l'envie et la haine. »
Paroles de Brazier.

Les ducs d'Orléans et de Nemours étaient allés à la rencontre du duc d'Aumale, leur frère, qui revenait d'Afrique, à la tête du 17ᵉ régiment d'infanterie qu'il commandait.

Les trois princes entrèrent à Paris entourés d'un nombreux et brillant cortége; déjà, on était parvenu, dans la rue du Faubourg-Saint-Antoine, à la hauteur de la rue Traversière, lorsque une détonation se fit entendre. Un coup de feu venait d'être tiré sur les princes. Par un bonheur de nouveau providentiel, ils ne furent pas atteints ; si le pistolet dirigé contre eux avait eu une portée de vingt-cinq centimètres plus haut, le coup aurait frappé directement les princes ; mais il n'atteignit que le cheval du général Schneider et celui du lieutenant-colonel Levaillant.

L'assassin luttait contre un ouvrier et des agents qui s'étaient emparés de sa personne en criant : « A moi, les amis ! » Furieux, hors de lui, il exprimait le regret odieux de ne point avoir réussi. Au milieu du rassemblement des conjurés qui, en grand nombre, entouraient Quénisset (on sut, depuis, que c'était le nom du meurtrier), plus de soixante arrestations eurent lieu.

Cette catégorie de prévenus se composait en grande partie d'ouvriers : 1° Les uns avaient agi sous l'influence des passions démagogiques qui font éclore des monstruosités de tout genre dans les bas-fonds de la société, au sein de l'ivresse et de la débauche, et produisent des adeptes aveugles et impitoyables ; 2° les autres avaient cédé à d'ardentes tentations de cupidité, à l'espoir de sortir de leur condition, de s'enrichir, espoir encouragé par le spectacle de tant de fortunes subites et inattendues ; 3° plusieurs enfin avaient été séduits par des théories pompeuses, qui passionnent, à l'aide du prestige de certains mots, mais qui font mentir le langage.

C'est de cette époque surtout que date la funeste inoculation des doctrines communistes parmi les ouvriers qui, comme coup d'essai, avaient rêvé ce mouvement insurrectionnel avec autant de cruauté que d'inintelligence, en engageant l'action par le meurtre d'un des jeunes princes [1].

Seize accusés comparurent devant la cour des Pairs.

Nous ne parlerons ici que des trois principaux :

---

[1] M. le comte de Bastard, qui avait été nommé rapporteur de ce procès, auquel des révélations importantes avaient donné un intérêt particulier, dans l'analyse si remarquable de cette vaste instruction et des pièces saisies au domicile des accusés, dévoila et traça à grands traits les dangers dont l'ordre social était menacé : « par l'audace de ces hommes, étrangers pour ainsi dire au milieu de nous, en dehors de notre morale, de nos institutions, de nos mœurs et des principes sur lesquels toute société repose. » La lecture de ce rapport occupa les audiences du 15 et du 16 novembre.

Quénisset, Colombier et Brazier qui, du reste, personnifient en eux les trois classifications principales que nous venons d'indiquer.

Quénisset, scieur de long, né à Salles (Haute-Saône) âgé de vingt-sept ans, connu parmi ses camarades sous le nom de *Papart*, parce qu'étant soldat, il avait été condamné à trois ans de travaux forcés, pour crime d'insubordination et de rébellion; il était parvenu à s'évader en 1837.

On l'a dit avec raison; les ouvriers sans principes religieux, fanatisés en outre par de fausses idées politiques, ne sont plus que des machines furieuses.

Les plus ignorants sont les plus dangereux.

Quénisset était affilié à la société pratique des travailleurs égalitaires dont le but était le renversement du trône; l'établissement de la république, des ateliers nationaux; la promiscuité des biens et des femmes; enfin, la réalisation, par la force et la violence, du plus pur communisme. Doué d'une force athlétique, d'une humeur féroce, surexcité encore par des passions antisociales et par des excès de tout genre, cet homme abruti, longtemps même avant son dernier attentat, avait voulu descendre avec quarante scieurs de long, en proie à la même exaltation sauvage, sur la place de la Bastille pour la dépaver et y construire des barricades. Pour tout dire, en un mot, Quénisset était l'ami et le digne émule de cet ancien forçat dont on ne peut, sans terreur, rappeler l'affreuse conduite ; de ce Mialon, qui, à la tête des assassins du poste de la place Saint-Jean, lors de l'émeute du 12 mai 1839, s'acharnait sur les victimes qui tombaient sous les coups des insurgés, les achevait, piétinait sur leur corps en proférant d'horribles propos ; et qui, pour clore cette journée néfaste, tua froidement un maréchal-de-logis de la garde municipale.

Une terreur contagieuse s'attachait au nom de Quénisset ; un de ses complices, Boucheron, si renommé par sa puissance musculaire et par son audace, adressa au duc d'Aumale ce qu'il appelait sa confession. Dans cet écrit, il faisait connaître au prince l'influence terrifiante que Quénisset, devant lequel, disait-il, il tremblait comme une feuille, avait exercée sur lui.

C'est qu'en effet le prosélytisme de Quénisset, qui vociférait avec des poumons de Stentor, s'accomplissait ordinairement à coups de poings et de pieds, et ne reculait pas même devant l'emploi du couteau.

Durant les premiers jours de sa détention, le prisonnier se trouvait dans un trop grand état d'irritation pour être accessible aux moindres observations. S'il semblait y prêter quelque attention, c'était pour y répondre par des injures.

Lorsque, en se consumant d'elle-même dans la solitude de la prison, cette surexcitation délirante se fut un peu calmée, il nous devint possible de nous entretenir avec le détenu. Nous lui offrîmes les secours de la religion, qu'il parut d'abord accepter machinalement comme une chose d'usage plutôt que comme un acte de foi.

Cependant, la dernière étincelle n'était point tout à fait éteinte dans cette nature grossière, ignorante et pervertie. Bientôt même, avec le secours de la prière, ce suprême et tout-puissant moyen de salut, auquel nous pûmes, sans trop de peine, l'engager à recourir, un peu de lumière, de repentir, de résignation entrèrent dans son cœur.

Il fut dès lors plus facile de lui faire comprendre par degrés, les dérèglements de sa vie et l'énormité de son crime. Plus tard, enfin, cet homme dont le premier aspect nous avait inspiré un sentiment d'effroi, de répugnance et de découragement, manifesta de vifs regrets[1]. Il déplora ses antécédents « qui devaient infailliblement le conduire *où il était maintenant, en prison, et de là peut-être à l'échafaud.* » Il fit connaître avec une grande énergie d'expression, comment il avait été amené à commettre son attentat : « on n'a cessé de m'enivrer de fureur et de vin ; j'étais un instrument que l'on aiguisait, ainsi que moi-même j'aiguisais ma hache. On me nourrissait de doctrines régicides et on me pétrissait pour faire de moi un homme d'action. »

Toutefois, comme Quénisset exprimait son repentir d'une manière bruyante et qui pouvait paraître un peu affectée, nous craignîmes d'abord que, dans cette manifestation, il n'y eût de sa part quelque calcul intéressé ; aussi, sans lui montrer une défiance injurieuse et blessante, nous nous tînmes longtemps en garde contre les piéges qu'il aurait pu nous dresser.

Mais nous nous plaisons à le reconnaître : jamais

[1] C'est à son repentir et à ses aveux que Quénisset dut la commutation de la peine de mort, prononcée contre lui, en celle de la déportation.

nous ne remarquâmes rien en lui qui put nous faire suspecter la sincérité de son retour à de meilleurs sentiments. Ce ne fut pas sans être touché que nous le vîmes user des plus pressantes instances pour faire légitimer et bénir son union avec la femme qui vivait autrefois avec lui en concubinage. L'avenir de l'enfant qu'il avait eu d'elle, le préoccupait sérieusement; il s'attendrissait sur son sort et *sur la flétrissure qu'imprimerait au front du pauvre innocent son nom à lui, maudit de tous.* A côté de son crime, il voulait faire constater dans l'acte de mariage son repentir. « On m'a dit, nous écrivait-il à ce sujet, que la reine s'intéressait pour faire bénir mon mariage (ce qui était vrai), c'est-il bien possible? Elle, à qui j'avais voulu faire tant de mal et qui devrait m'avoir en horreur. Ah! il n'y a qu'une sainte qui puisse se conduire ainsi. Je voudrais pouvoir baiser ses pieds.

« J'espère donc que devant cette protection, M. le curé de Saint-Gervais qui avait de trop bonnes raisons de s'opposer à cette cérémonie à cause de l'horreur de mon crime que je déteste, maintenant, ne fera plus les mêmes difficultés. Connaissant par vous mon repentir et mes dispositions, il a permis à ma sœur de venir me voir, accompagnée de mademoiselle Duriez, sa maîtresse de pension. J'espère aussi obtenir la permission de la police qui m'est nécessaire. Avant mon départ pour la déportation, vous voudrez donc bien bénir mon mariage, et donner un père légitime à mon cher enfant.

« En ce moment, ma femme n'a pas encore fait ses Pâques, mais quoique Pâques soit passé, il est toujours temps de bien faire. Elle me charge de vous prier de l'entendre en confession. Seulement, je vous prie de lui désigner pour cela un dimanche, car les autres jours de la semaine, ma pauvre femme travaille du matin au soir. »

Nous transcrivons encore ici sa lettre d'adieu ; elle devait être pour nous comme les dernières paroles d'un mourant ; peu de temps après, nous apprîmes que Quénisset avait succombé à une fièvre pernicieuse. En relisant maintenant cette lettre, nous nous sentons ému d'un nouveau et profond sentiment de gratitude envers Dieu qui avait bien voulu accorder cette consolation à notre ministère. *Non nobis, Domine, non nobis, sed nomini tuo da gloriam.*

« Monsieur l'abbé,

« Dans ce moment, ma plume ne peut trouver de termes assez expressifs pour vous témoigner combien ma reconnaissance est grande. Je n'ai qu'une crainte, c'est de n'avoir pas assez profité de vos instructions et de vos conseils. J'ai peur qu'il n'y ait eu quelque chose de peu convenant dans mes paroles pendant nos nombreuses conversations ; j'espère que vous voudrez bien pardonner à quelqu'un d'ignorant, sans éducation comme moi, et qui avait eu de si mauvaises fréquentations.

« Je remercierai toujours Dieu de tout mon cœur d'avoir eu la bonté d'envoyer à mon secours un ministre comme vous ; mon âme était bien pervertie, et sans vous elle était perdue sans ressource. Maintenant, je crois que j'endurerai mon sort avec plus de patience. A présent que je me rappelle que Notre-Seigneur a souffert pour nous, et principalement pour les grands pécheurs comme moi, je souffrirai plus volontiers pour l'amour de lui, afin qu'il me fasse miséricorde. Oh, oui ! Notre-Seigneur a souffert, mais c'était pour nous, car il était innocent. Je vous rends grâces, ô mon Dieu, de ce grand courage que vous m'inspirez. Je souffre volontiers contre le vœu de la nature, parce que j'ai mérité de souffrir et que vous avez souffert pour moi.

« Je vous fais, M. l'abbé, une dernière prière : c'est de nous envoyer votre dernière bénédiction si vous ne pouvez venir nous voir avant notre départ, et de prier pour deux innocents, ma femme et mon enfant, et pour un grand coupable qui est moi, mais qui veut, avec l'aide de Dieu, recommencer une nouvelle vie.

« Ma femme et moi nous avons communié dimanche. »

Peut-on trouver une constatation plus consolante de l'influence régénératrice qu'exerce la religion sur les intelligences les plus grossières que Dieu, selon leur mesure, appelle à la participation de la vérité et sur les âmes les plus corrompues, qu'il veut changer avec le secours de sa grâce.

Colombier (Jean-Baptiste), né à Saint-Julien de Toursac (Cantal), âgé de quarante-neuf ans. était marchand de vin. C'était chez lui que se réunissaient un grand nombre d'ouvriers affiliés à des sociétés secrètes, et notamment à celle des *Saisons*[1], dont il faisait lui-même partie. Ces réunions étaient visitées par les chefs qui donnaient des ordres, passaient en revue, dans une arrière-salle, leurs ténébreux bataillons et les excitaient par la certitude prochaine du succès.

[1] La société des *Saisons* avait succédé à celle des *Familles*. Elle était composée de Semaines et de Mois. Six membres, sous l'ordre d'un septième, appelé Dimanche, formaient une Semaine. Quatre Semaines, commandées par un Juillet, composaient un Mois; trois Mois obéissaient à un chef de saison, nommé Printemps; quatre Saisons, à un agent révolutionnaire. C'était, comme on le voit, le calendrier appliqué aux conspirations. Voici quel en était le serment : « Au nom de la république, je jure haine éternelle à tous les rois, à toutes les aristocraties, à tous les oppresseurs de l'humanité. Je jure dévouement absolu au peuple, fraternité à tous les hommes, hors les aristocrates. Je jure de punir les traîtres; je promets de donner ma vie, de monter sur l'échafaud, si ce sacrifice est nécessaire pour amener le règne de la souveraineté du peuple et de l'égalité. Que je sois puni de la mort des lâches, que je sois percé de ce poignard, si je viole mon serment. » Un des articles du symbole de la société était celui-ci : « La royauté est exécrable; les rois sont aussi funestes pour l'espèce humaine que les tigres pour les autres animaux. On ne juge pas les rois, on les tue. » Ainsi, les plus mauvaises et les plus fangeuses passions des jours de deuil que la terreur révolutionnaire avait répandues sur le sol de la France étaient de nouveau en ébullition. Les sociétés secrètes, qui existaient sous tant de noms divers, se substituaient les unes aux autres, à mesure que l'autorité pénétrait leur mystérieuse organisation, et se transmettaient leurs doctrines dissolvantes de tout ordre social.

Les funestes impressions qu'avaient faites sur lui les paroles et les exemples de ceux qui fréquentaient sa maison, pouvaient bien n'avoir pas été étrangères à la conduite subséquente de Colombier, mais le puissant mobile, le grand ressort de son intervention anarchique, c'était l'appât du gain. Ce n'était pas la passion politique, mais l'intérêt qui le dominait. Il songeait, par-dessus tout, à gagner de l'argent. On lui avait fait espérer, de plus, une bonne place, entrevoir un avenir doré... Et, en attendant, il réchauffait le feu sacré des opinions égalitaires, en débitant à ses pratiques rassemblées autour de son comptoir, des petits verres de boissons alcooliques et des canons de vin frelaté. Il entretenait la politique par la consommation, et la consommation par la politique. *Perfidus caupo.*

Colombier s'était rendu complice d'un crime capital sans se douter le moins du monde du châtiment auquel la loi le condamnait, et s'attendait, dans le principe, tout au plus à quelque mois de prison. Il fallut en quelque sorte qu'il aperçut dans un avenir prochain, le bourreau à l'œuvre, pour être désabusé. N'y aurait-il pas quelques moyens de faire connaître la disposition des lois du pays à tant d'hommes ignorants et abusés, et de neutraliser par la crainte, l'influence que les meneurs, *ces malfaiteurs intellectuels*, exercent sur eux ?

Colombier aussi était de bonne foi quand il assurait qu'à proprement parler, il n'avait *aucune opinion; que tout ce qu'il avait pu dire et faire*, n'avait été qu'en vue d'étendre et d'accroître son genre d'industrie.

« Si je n'avais pas abondé dans le sens de ceux qui venaient chez moi, si je n'avais pas semblé parler et agir comme eux, j'aurais bientôt perdu une partie de mes chalands, et, par conséquent le profit qui m'en revenait.

— Mais, me permis-je de lui dire, si on eût voulu partager vos bénéfices, prélever une partie de vos recettes, auriez-vous continué de prêcher la doctrine de Babœuf? Un profit acquis par de semblables moyens ne devait pas vous porter bonheur, Dieu ne pouvait le bénir.

— Et de penser encore que tout cela m'a conduit en prison, ma ruiné et me mènera peut-être à l'échafaud ; jamais je n'aurais pu l'imaginer.

— Vous le comprenez maintenant; tout, dans la conduite de l'homme, s'enchaîne pour le bien comme pour le mal. Si on n'y prend garde, une première infraction à la loi du devoir en amène bientôt une autre, une faute appelle toujours une autre faute. Vous avez insensiblement rompu avec les habitudes de votre enfance, négligé vos devoirs de chrétien, vous avez fait de mauvaises connaissances, contracté de funestes liaisons. Pour devenir riche à tout prix, vous vous êtes fait conspirateur, et vous vous trouvez maintenant mêlé à des assassins, sur le point de subir vous-même la peine qui leur est infligée.

— Voilà ce que c'est de sortir du droit chemin; on ne s'en aperçoit que lorsque l'on est entièrement égaré.

— Vous vous seriez aperçu que vous faisiez fausse route, et vous seriez revenu sur vos pas, si, vous n'eussiez pas volontairement étouffé la voix de la conscience et celle de la religion pour obéir à votre passion dominante, la passion de l'argent. Ne vous y trompez pas ; les hommes recueillent toujours ce qu'ils ont semé.

— Il nous fallait si peu de chose pour vivre, à ma femme et à moi ; nous n'avons pas d'enfants ; la vie est si courte, et puis, quand on meurt, on n'emporte pas l'argent avec soi.

— Non, il n'y a que nos œuvres, bonnes ou mauvaises, qui nous accompagnent.

— Que j'aurais mieux fait de ne pas quitter nos montagnes d'Auvergne, et de cultiver le coin de terre que mon père (le bon Dieu ait son âme) m'avait laissé, et de ne jamais venir ici !... Que doit-on penser et dire de moi dans mon pays ; je l'ai déshonoré ?

— Certainement on doit s'y affliger qu'un de ses enfants soit devenu infidèle aux traditions honorables qui ont toujours distingué cette contrée... Mais votre faute est toute personnelle ; elle n'a point entaché la réputation de probité proverbiale dont jouissent vos compatriotes qui habitent Paris, exposés aux mêmes tentations auxquelles vous avez succombé, ils ont su y résister. Ils peuvent avoir des défauts, mais on n'en voit aucun qui ait eu la coupable folie d'entrer dans les conspirations et les complots politiques.

— Mais enfin, croyez-vous que je serai guillotiné ? » Et son regard avide et questionneur cherchait à découvrir dans le mien ce que je pouvais en savoir. C'est que le malheureux, pour se soustraire à l'ignominie de l'échafaud, avait conçu le projet de s'empoisonner.

A la suite d'une de nos conversations, cédant à un bon mouvement, il me fit l'aveu de son dessein, auquel il me promit de renoncer. Alors, il me montra une assez grande quantité de vert-de-gris qu'il s'était procuré en appliquant sur un sou du fromage détrempé avec de la salive. Pour que son secret ne fût pas découvert, il avait soigneusement enveloppé ce poison d'un morceau de parchemin, et il le tenait le plus souvent caché dans sa bouche, en guise de chique.

Je fus épouvanté de cette confidence. « Malheureux que vous êtes, lui dis-je, avez-vous pu ainsi mettre en oubli tous les principes de votre religion! Vous ne pensiez donc pas qu'après la mort il est une autre vie, qu'il est un juge redoutable devant lequel il faut paraître, auquel il faut répondre! Vous vouliez échapper par un suicide à la justice des hommes, qui est passagère, et votre nouveau crime vous aurait précipité en face de la justice de Dieu, qui est éternelle... Je suis touché de la confiance que vous m'avez donnée; je crois la mériter par l'intérêt bien vrai que je vous porte. J'applaudis de tout mon cœur aux bonnes résolutions que vous avez formées. Il n'est que trop vrai, votre salut temporel ne dépend plus de vous; mais, quel que soit le sort qui vous attende, hâtez-vous de faire tout ce qui est en votre pouvoir pour assurer votre salut éternel par une sincère conversion. Voilà quelle doit être en ce moment votre unique préoccupation, celle devant laquelle doivent disparaître toutes les autres. Ce sera, dans sa douleur, une grande consolation pour votre femme, d'apprendre que vous vous êtes enfin réconcilié avec Dieu, et vos compatriotes, dont vous me parliez tout à l'heure, se réjouiront, n'en doutez pas, de vous voir entrer dans ces bonnes dispositions. Votre repentir vous réhabilitera en partie à leurs yeux.

— Je m'y appliquerai de mon mieux, et ferai tous mes efforts pour cela. »

Colombier n'était point très-communicatif, mais il avait de la détermination et de la suite dans le caractère ; ses bonnes dispositions se révélèrent par des actes extérieurs de foi et de piété, sans affectation comme sans respect humain.

Ce fut à la manifestation de son repentir que Colombier dut aussi la commutation de la peine capitale, à laquelle il avait été d'abord condamné, en celle des travaux forcés à perpétuité.

Après trois ans de séjour au bagne de Brest, où sa conduite avait toujours été résignée, irréprochable, et, pour tout dire, chrétienne, je reçus de lui une lettre qui vint me confirmer tout ce que je savais déjà sur son compte.

« Monsieur l'abbé,

« Daignez accepter, comme gage de ma profonde reconnaissance, ce tableau, faible production de notre industrie. Je ne pouvais mieux le dédier qu'en vous l'adressant, monsieur, vous qui savez compatir au sort des malheureux, et qui tant de fois m'en avez donné des preuves, surtout par les touchantes consolations que vous inspira pour moi la sainteté de votre sacré ministère. Je les ai éprouvées comme j'ai suivi vos conseils, en me confiant en la divine Providence. J'y ai puisé de nouvelles forces pour supporter avec résignation et courage la terrible condamnation qui pèse sur moi. Que le bon Dieu veuille m'en tenir compte! Peut-être un jour, s'il lui plaît, je pourrai vous témoigner de vive voix tout ce que mon cœur éprouve et que ma plume ne peut décrire. En attendant ce jour, j'ai chargé mon épouse d'être l'interprète de mes sentiments auprès de vous. Daignez croire à leur sincérité; c'est le cœur d'un malheureux que vous avez consolé qui parle; que cette année soit pour vous toute de bonheur, et que je devienne moi-même toujours plus résigné à mon sort! mais tout mon courage m'abandonne quand je pense à ce que souffre ma femme. »

C'était quelques jours avant le 1er janvier que la femme Colombier, dont le chagrin, plus encore que l'âge, avait miné la santé, me remit cette lettre. Les expressions et les souhaits de bonne année qu'elle contenait m'allèrent droit au cœur et m'émurent douloureusement.

« Je souffre plus pour lui que pour moi, me dit, en élevant la voix, cette pauvre femme, qui était devenue sourde; je ne puis supporter plus longtemps cet état, si nous avons été coupables, nous avons été bien punis. Que la volonté de Dieu soit faite, mais qu'il vienne à mon aide, car je n'ai plus ni force ni courage, tout est épuisé.

— Hélas! votre mari est aussi malheureux que vous. Tout son courage l'abandonne quand il pense à ce que vous souffrez. Puisez donc à la même source, dans le sein de Dieu, les consolations dont vous avez besoin tous les deux. Que Dieu vous fasse faire ce qu'il m'inspire de vous dire, prenez courage, espérez! Voilà ce que j'écris à votre mari, et je lui donnai lecture des quelques lignes que j'adressais à Colombier : « Je vous remercie du tableau brodé que vous m'avez envoyé et des soins minutieux que vous avez mis à le confectionner. En voyant les fils d'or entremêlés dans ce travail de patience et dont ils font l'ornement, je me suis dit : c'est avec une aiguille de fer que ces filets d'or ont été introduits dans le tissu de cette broderie, puisse aussi l'aiguille de fer du malheur n'introduire dans votre âme que de bons sentiments qui vous épurent aux yeux de Dieu ! Puisse Dieu adoucir ou faire cesser votre dure captivité ! Je compatis à vos misères et à vos souffrances plus que je ne puis vous l'exprimer, je vous répète ici ce que je viens de dire à votre pauvre femme ! *prenez courage, espérez ?*

Dans le courant de la même année, Colombier et sa femme, éloignés l'un de l'autre, moururent chrétiennement.

Puisse Dieu, désarmé par la solidarité de cette double expiation, les avoir appelés à lui pour les réunir dans la même miséricorde !

Brazier était menuisier ; c'était un ouvrier laborieux, intelligent, avec des sentiments de générosité naturelle [1], pourvu de ce premier degré d'instruction qui, en l'absence de l'éducation morale et religieuse, loin d'être un avantage, est souvent un malheur. Il s'était laissé éblouir par les mots si séduisants de liberté, d'égalité, de progrès, etc., qui, pour beaucoup, n'ont aucun sens droit dans l'acception qu'on leur donne, et dont, en son particulier, le défaut d'une instruction solide ne lui avait pas permis de comprendre la véritable valeur.

Comme Brazier était ouvert et expansif, sa franchise me plut. Je le vis donc souvent. Nos entretiens n'étaient pas sans intérêt; mais ce dont je ne saurais trop remercier Dieu, ils ne furent pas sans profit pour lui.

Au début de nos entrevues, il semblait éprouver le besoin de justifier sa conduite de ce qu'elle avait eu de si criminellement répréhensible; il employa

---

[1] Il aurait pu éviter peut-être la condamnation capitale, en faisant connaître que c'était un de ses coaccusés, et non lui, qui se trouvait à côté de Quénisset, lors de l'explosion du coup de pistolet dirigé sur les princes; mais il se tut, « pour ne pas, me dit-il, faire condamner un père de famille; » cependant il avait lui-même une mère et une femme.

Brazier fut mal payé de ce généreux silence, car, après sa condamnation, celui qu'il avait sauvé chantait devant lui comme pour insulter à sa cruelle position.

tous les arguments qui, selon lui, étaient de nature à lui servir d'excuses. Je l'avais suivi sur ce terrain.

Rien de plus précis et de plus clair que les notions du *juste et du vrai* aux yeux de l'homme qui est de bonne foi et qui ne se laisse point dominer par la passion. Ces notions primitives se laissent aisément saisir par les esprits même les plus ordinaires, pourvu, nous le répétons, qu'ils soient dans leur état normal. Aussi Brazier, rendu au calme et à la réflexion, ne put-il se dissimuler tout ce qu'il y avait de coupable et d'inconséquent dans ses déplorables précédents. Lui qui était, disait-il, l'ami ardent de la liberté, avait commencé par aliéner la sienne en entrant dans certaines sociétés où, abdiquant sa personnalité, il s'était engagé à n'être plus qu'un instrument aveugle et passif des plus mauvaises inspirations; il s'était fermé tout moyen de retour [1]. Il se trouvait maintenant, sans en avoir prévu les terribles conséquences, en face de la réalité, qui était une tentative d'assassinat dont il ne pouvait décliner la complicité.

Brazier commença par convenir qu'il s'était

---

[1] D'après l'instruction, il faisait partie de la société des **Travailleurs égalitaires**. On connaît les serments irrévocables qui liaient entre eux les adeptes.

aperçu, mais trop tard, que plusieurs de ses coaccusés ne lui paraissaient pas bien aptes à jouir de la liberté qui, pour eux, n'était qu'une licence effrénée à travers un débordement de folies et de crimes. Nous ne tardâmes pas à lui faire comprendre que pour jouir d'une vraie liberté, il faut être probe, vertueux; qu'un gouvernement peut nourrir les pensées les plus libérales et les plus généreuses, mais que, pour qu'il puisse les mettre à exécution, il faut qu'il ne trouve point d'obstacles dans les perverses propensions de la multitude. Que le peuple lui-même ne peut espérer une plus grande somme de liberté qu'autant qu'il aura travaillé efficacement à extirper du milieu de lui les mauvais instincts, à peu près comme dans la culture de la terre, tant qu'on n'a pas arraché les mauvaises herbes, tout engrais, loin d'être avantageux, ne sert qu'à multiplier les plantes nuisibles, qui enlèvent à la bonne semence toute nourriture.

Bientôt les idées de Brazier sur l'égalité, mal définie et mal comprise par lui, se rectifièrent aussi. Il sentit que l'égalité ne pouvait être que la même proportion de garantie sociale assurée à tous et dévolue à chacun en particulier, en raison de sa position respective dans la société, et non une atteinte portée à la propriété, qui est un droit naturel et divin tout ensemble; qu'il n'est pas possible d'égaliser toutes les fortunes, car, prétendre établir entre les hommes l'égalité des biens et des richesses, serait aussi chimérique que de vouloir les rendre égaux en taille, en force, et faire qu'ils soient au même degré intelligents, tempérants, laborieux; et que d'ailleurs cette égalité, à peine établie, cesserait d'exister; car s'il y a des ouvriers qui ont des qualités propres à acquérir et à conserver *un avoir*, il en est d'autres qui, étant ivrognes, fainéants, dissipateurs, auraient bientôt consumé ce qui leur serait échu en partage; qu'il en serait de même quant au nivellement des positions sociales, dès qu'un rang serait abattu, d'autres rangs s'élèveraient aussitôt, et deviendraient des supériorités qui exciteraient de nouveau les jalousies et les convoitises. C'est ainsi que les nobles ont disparu devant la bourgeoisie; la bourgeoisie fait maintenant ombrage au peuple, et le peuple à son tour se fractionne en une infinité de catégories inférieures les unes aux autres, et toutes jalouses des positions qui leur sont relativement supérieures. De là des rivalités sans terme et sans mesure, jusqu'au complet bouleversement de l'ordre social.

Brazier fut naturellement amené à admirer la sagesse de Dieu, qui a divisé la société en diverses classes où l'on voit des supérieurs et des inférieurs, des riches et des pauvres, des savants et des ignorants. Si tous étaient pauvres, il n'y aurait plus de générosité et de charité possibles, deux vertus qui élèvent et embellissent la nature humaine ; si tous étaient riches, il n'y aurait plus d'activité et d'émulation, ces deux puissants mobiles des grandes choses; que l'ignorance universelle serait un grand malheur; ce serait la nuit et la mort. « Mais que, de même qu'un corps qui aurait des yeux à toutes ses parties serait un corps monstrueux, de même un État le serait si tous les sujets étaient savants. On y verrait aussi peu d'obéissance que l'orgueil et la présomption y seraient communs [1]. » Et qu'enfin, à le bien prendre, les différences de fortunes, de conditions, de talents, qui existent parmi les hommes, au lieu de les diviser, de les séparer, tendent, au contraire, à les réunir en les rendant utiles les uns aux autres, et comme indispensables

[1] Testament de Richelieu.

à leur perfectionnement et à leur bonheur. Respect donc à tous les genres de propriété!...

Le droit de propriété est non-seulement le droit de posséder et de jouir à l'exclusion de tout autre, mais de transmettre et de faire jouir. Ce n'est pas la propriété qui est un *vol*, comme on a osé le dire, mais bien l'atteinte portée à la propriété, qui est tout à la fois une violation de la loi naturelle et une infraction du précepte religieux : « Tu ne déroberas pas. »

Sous l'influence des pernicieuses doctrines dont il avait d'abord été imbu, le pauvre ouvrier avait aussi rêvé pour lui et pour les autres la réalisation immédiate de l'âge d'or, comme si la science humaine pouvait nous affranchir, *à l'heure même*, de tous les maux, nous donner tous les priviléges, tandis que la Providence nous condamne aux travaux, aux soucis, aux souffrances, aux dures nécessités de notre nature. Sans doute, de grandes améliorations sont possibles et doivent se réaliser. Mais est-ce que l'humanité voyage autrement que par étapes? Est-ce que le progrès, pour être durable, ne doit pas être graduel? Avant d'entreprendre une amélioration nouvelle, ne faut-il pas s'assurer des améliorations précédentes? Il faut l'apport du temps, l'expérience et la consécration des siècles; il est nécessaire quelquefois même de laisser reposer le sol, et d'attendre le moment de lui confier une nouvelle récolte. Dans toute hypothèse, l'exagération est un mensonge. Jamais les utopies communistes ne pourront changer les lois immuables que Dieu a imposées à l'homme, et qui font partie de son essence. Ne peut-on pas appliquer aux révolutions sanglantes, qui précipitent à travers les violences, les injustices et les crimes, les transformations sociales, ce qu'il est dit dans l'Evangile, des scandales : « Il faut qu'il y en ait, mais malheur à ceux par qui ils arrivent! » Les hommes sont des instruments de la Providence, mais ce ne sont pas des instruments passifs et involontaires; ils sont intelligents et libres; il leur reste toujours le tort de leurs crimes, et le mérite de leurs vertus. Un crime, quel qu'en soit l'auteur, le motif, le résultat, n'en est pas moins un crime, et doit être justement flétri.

La facilité avec laquelle Brazier saisissait ces raisonnements et semblait suivre toutes ces déductions, m'encourageait à continuer, et je m'appliquai à le bien pénétrer que le christianisme seul peut nous détromper de nos erreurs, et nous donner la vraie solution des problèmes qui font le tourment de l'esprit humain; que sans son intervention, le monde se consumerait lui-même dans des crises stériles, et paraîtrait condamné à n'entrevoir que comme une ombre toujours fuyante, que comme un mirage trompeur, toute perspective et toute promesse de perfectionnement et de progrès ; que, quant à la position particulière des ouvriers, la religion, loin de s'opposer à une organisation réalisable, tendant à améliorer leur sort, elle la provoque, elle veut la rendre plus facile et plus féconde ; et, qu'en attendant, elle leur inspire une conduite réglée, économe; remplit leur cœur de résignation, d'espérance, et fait de leurs privations, de leurs souffrances, des mérites et des vertus.

« Ces réflexions me donnent du calme, me disait Brazier, tandis qu'après certaines lectures et d'autres conversations, je n'éprouvais que du dégoût pour ma profession, de l'antipathie contre mes patrons. Je sentais naître dans mon imagination les prétentions les plus extravagantes, et dans mon cœur fermentaient l'envie et la haine [1].

— Que voulez-vous ? On vous parlait toujours de vos droits, jamais de vos devoirs, tandis qu'il y a

---

[1] Dans un cours public d'histoire, Lap... faisait l'apologie des procédés pratiques de Robespierre, de Coulhon, etc. Les auteurs

une corrélation essentielle, indissoluble, entre les uns et les autres. Au lieu de se laisser entraîner par le prosélytisme des sociétés secrètes qui ne peuvent que les égarer et les perdre, les ouvriers devraient être toujours et uniquement les *compagnons du devoir*. Qu'ils soient fidèles à cette ancienne et belle devise, qui, en réservant leurs droits, implique l'ensemble de leurs obligations et dont l'accomplissement est d'une si grande importance pour leur moralité ainsi que pour leur bien-être matériel.

— Oh! les ouvriers sont fort à plaindre! Ils dépendent du caprice des maîtres qui oublient bien vite qu'ils ont été ouvriers eux-mêmes; ils sont arrivés, et ils ne veulent pas que les autres arrivent. Ils devraient nous tendre la main. Il y a chez eux absence complète d'intérêt et de bienveillance. Comme il y en a beaucoup qui sont sans religion, ils n'ont nul souci de notre conduite, nous font travailler le dimanche, et nous donnent toute espèce de mauvais exemples.

— Le mal nous paraît bien plus mal chez les

de *Riche et Pauvre*, des *Compagnons du tour de France*, augmentaient l'irritation des ouvriers et déclamaient avec violence contre l'injustice et la dureté *intolérables* des maîtres.

autres. Les ouvriers, de leur côté, n'ont-ils pas aussi bien des torts? combien y en a-t-il qui, au lieu de vivre avec économie et tempérance, se livrent aux dépenses coûteuses du café, du billard, du jeu, et à d'autres dérèglements non moins nuisibles à leur santé qu'à leur aisance? Après plusieurs jours de débauche, ils rentrent chez eux dépourvus de tout, plus excédés que s'ils avaient travaillé, déchargeant leur irritation sur leurs femmes et leurs enfants qu'ils accablent de mauvais traitements. Leur inconduite leur inspire des sentiments de révolte contre la société; ils se coalisent pour abréger la durée du travail, pour obtenir une augmentation de salaire, et deviennent une proie toute préparée pour les fauteurs de désordre.

« On ne peut être en même temps l'ami des ouvriers et leur flatteur; il faut donc leur dire la vérité; ils doivent bien se convaincre qu'il ne dépend pas absolument des constitutions humaines et sociales de rendre *par leur seule vertu* les ouvriers heureux; la source de leur bonheur véritable est ailleurs. Un des moyens les plus propres à diminuer le malaise des classes ouvrières, serait de les ramener à des habitudes d'ordre, d'économie, de sobriété; mais la religion seule peut opérer cette transformation; elle seule peut inspirer aux ouvriers, comme aux maîtres, le sentiment de leurs devoirs qui sont si conformes à leurs vrais intérêts, et rétablir entre ces classes divisées l'entente et la bonne harmonie; c'est là seulement qu'il faut chercher la complète solution du problème.

— Vous avez raison; ce n'est pas dans tous les discours de ces parleurs de liberté, d'égalité, de fraternité qu'on trouve rien de semblable. Nous en avons fait une expérience qui nous coûte cher. Hélas! sans eux je ne serais pas ici; c'étaient des charlatans, et nous avons été leurs dupes. Cela me rappelle la fable de *Bertrand et Raton*, que M. Scribe a mise en scène; voyez la simplicité des pauvres ouvriers: à chaque représentation, j'en ai vu beaucoup qui allaient rire comme moi à leurs dépens et se moquer d'eux-mêmes; car Raton, c'est l'ouvrier qui est lancé dans la politique par son madré compère; il est toujours confiant, vaniteux et trompé. Toujours Raton se grillera les pattes pour tirer les marrons du feu. »

Just Brazier, ainsi que Colombier, avait été condamné à mort; mais, en considération de son repentir, il vit sa peine également commuée. Louis-Philippe usa encore de clémence; la clémence qui est le seul attribut qu'on puisse envier aux rois, n'est-elle pas aussi la plus grande compensation des douleurs de leur haute, mais malheureuse position ?

Quelques fragments de lettres que je transcris ici, feront connaître, sous d'autres rapports, les sentiments et les dispositions de Brazier :

A SA MÈRE.

« Paris, le 14 janvier 1842.

« Je te prie, ma mère, de me permettre de t'écrire, car je sens que c'est un bien triste renouvellement à ta douleur. D'après ce qui s'est passé, tu ne dois plus me regarder comme ton fils ; je suis sans doute très-coupable, mais pardonne à une grande faute que je déplore. Je me laissai entraîner dans une condamnable affaire politique, mais tu me connais incapable de commettre un crime. Parmi mes coaccusés, se trouvaient des pères de famille que je voulais sauver. Je fus accusé de faits dont j'étais innocent, bien que j'eusse pu prouver que *ces personnes* étaient sur les lieux, et près de celui qui commit l'attentat. Encore une fois, je ne veux pas m'excuser, mais je te dis cela pour que tu puisses penser à moi sans rougir. J'avais vu plusieurs fois M. l'aumônier de la Cour des Pairs, dont les observations et les conseils m'inspirèrent le repentir de ma conduite, et me firent voir les choses sous un tout autre point de vue. Je fus condamné à mort. Aussitôt que le greffier eût lu l'arrêt de ma sentence, M. l'aumônier entra dans ma chambre, et me porta des consolations. Il me parla de toi, ma mère ; je lui dis que tu n'avais plus de fils, que la mort n'était rien pour moi, mais qu'en descendant dans la tombe, il s'en ouvrait deux, parce que tu ne pourrais survivre à la mort ignominieuse de ton enfant. Il me demanda si je t'avais écrit ; je lui dis que je n'avais pas osé le faire, que tu ne voudrais peut-être pas recevoir ma lettre. Il me répondit qu'une bonne mère avait toujours un pardon pour son fils. Il m'offrit de tracer quelques mots à la suite de ma lettre, ce qui me fit un grand plaisir, mais je n'aurais pas osé le lui demander. O ma mère ! ne me refuse pas une réponse ; les reproches que tu me feras, et que je ne suis pas sans mériter, seront comme des roses que je recevrai de ta main. Ma peine est commuée ; je vais partir pour le bagne. J'attends avec impatience ta lettre, et elle ne me quittera jamais ; elle sera, avec la religion, un adoucissement à mes peines... »

« *A monsieur l'Aumônier de la Chambre des Pairs.*

« Brest, le 4 février 1842.

« Monsieur l'abbé,

« Notre départ a suivi de près la dernière entrevue que nous avons eue avec vous à la conciergerie. Nous sommes partis le dimanche, 23 janvier, à huit heures du matin. Nous avions l'espoir de rester au mont Saint-Michel, attendu que nous n'étions que quatre dans la voiture cellulaire. Arrivés au mont Saint-Michel, on fit descendre Auguste Petit et Dufour, qui étaient avec nous, et la voiture, qui portait Colombier et moi, continua sa route. Notre voyage fut bien pénible ; il dura six jours et cinq nuits, sans interruption. La dernière nuit, j'éprouvai un violent accès de fièvre. Nous avions les jambes enflées jusqu'aux genoux. Les personnes qui nous conduisaient, nous voyant dans un si triste état, eurent beaucoup d'égards pour nous, ce à quoi nous étions loin de nous attendre. Le même soir de notre arrivée au bagne, on nous remit entre les mains des *chaloupiers*, qui nous coupèrent les cheveux et rivèrent à nos pieds l'anneau que nous ne devons plus quitter et auquel s'attache la chaîne qui sert à nous accoupler. On nous fit quitter nos habits bourgeois pour nous revêtir de l'uniforme des galériens, qui consiste en un pantalon de grosse toile grise, une veste de drap rouge, une paire de souliers, un bonnet de drap vert, au lieu de drap rouge, comme étant condamnés à vie. Une plaque de fer-blanc sur laquelle est inscrit le numéro de notre entrée au bagne, fut appliquée à ce bonnet. Nous eûmes bien besoin que Dieu vînt à notre aide pour supporter avec courage et résignation un pareil traitement. Tout aussitôt, on nous conduisit dans une salle où il y avait six cents forçats. Là, nous fûmes enchaînés pour coucher sur les planches avec une seule couverture pour nous garantir du froid.

« Malgré cette affreuse position, Colombier et moi, nous nous dîmes que faudrait-il encore souffrir davantage, nous le souffririons sans nous plaindre. Et voilà le lieu où Colombier et moi nous devons finir nos jours.... Nous éprouvons bien quelques sentiments d'irritation et de ressentiment contre ceux qui nous ont fait tomber ou plutôt qui nous ont poussés dans *cet enfer*; mais vous nous avez appris que Dieu nous défend de les maudire.

« L'administration a bien voulu nous laisser enchaînés mon compagnon d'infortune et moi...

« Monsieur Grivel, comme notre dernier entretien a été de si courte durée, je n'ai pas eu le temps de vous remercier des peines que vous avez prises pour moi et pour Colombier, car que n'aurions-nous pas souffert si vous n'eussiez pas été là pour soutenir par la religion deux infortunés condamnés à mort? Que ne pouvons-nous vous en témoigner notre reconnaissance? Nous vous la montrerons du moins en étant fidèles aux bonnes résolutions que vous nous avez fait prendre. D'après les offres que vous eûtes la bonté de me faire avant de partir de Paris, permettez-moi de vous prier de me faire une petite avance d'argent, afin d'acheter un tour et des ustensiles pour pouvoir travailler à quelques petits objets qui sont le principal commerce de la maison. Le profit que nous en retirerons nous aidera à nous nourrir un peu mieux, car voici quelle est notre manière de vivre : le matin, en partant pour les travaux, on nous donne un verre de mauvais vin, et le soir, vous mangez une mauvaise soupe faite avec du bourgane, terme qu'emploient les condamnés; c'est une petite fève qu'on donne aux marins. Puis, au lieu de pain, on vous donne, d'un jour à l'autre, du vieux biscuit que rapportent les navires. Ce sont là de bien mauvais aliments; mais il en est d'autres incomparablement plus amers : ce sont les regrets, les chagrins, les humiliations ignominieuses dont est abreuvé notre cœur, et dont il se nourrit dans quel lieu et parmi quels hommes! Il n'y a que Dieu qui puisse nous donner la résignation.

Je m'empressai de répondre à Brazier :

« Je ressens profondément tout ce que vous et votre compagnon d'infortune Colombier avez à souffrir. Hélas! que n'est-il en mon pouvoir de vous soulager. Mais, quelles que soient les souffrances qui vous attendent dans le triste lieu que vous habitez, elles ne sauraient, comme vous le faites dans l'exagération de votre douleur, être comparées aux tourments de l'enfer. Vos souffrances peuvent être adoucies et abrégées. En entrant au bagne vous n'avez pas laissé *toute espérance*; votre repentir et votre bonne conduite peuvent fléchir Dieu et même les hommes.

« Jugez-vous sévèrement vous-mêmes si vous voulez que Dieu vous juge avec miséricorde ; humiliez-vous au souvenir de vos fautes, et dites-vous dans l'amertume de vos cœurs : *Ce n'est pas sans raison que nous souffrons*[1]. Attachés à la même chaîne, fortifiez-vous l'un l'autre, unissez-vous dans un même sentiment de résignation, de sacrifice, qui consiste à mettre vos larmes *en présence de Dieu*, et à endurer toutes les épreuves, toutes les humiliations auxquelles il vous soumet, avec un esprit de pénitence et d'adhésion à sa volonté suprême ; ainsi *vous posséderez vos âmes par la patience*[2]. L'exercice de cette vertu allégera vos peines. Il y a plus, vous y puiserez un trésor de grâces et de mérites.

« Persistez dans vos bonnes et courageuses résolutions, ne soyez jamais oisifs ; le travail console, le travail moralise ; employez vos petits profits à vous procurer une nourriture plus substantielle, l'Esprit saint lui-même nous exhorte *à ne pas mépriser notre chair*. Tenez-vous éloignés de tout contact pernicieux avec cette *lie humaine* dont vous êtes pour ainsi dire enveloppés, avec ces hommes

---

[1] *Genes.*, ch. XLII, v. 21.
[2] Luc, ch. XXI, v. 19.

qui, profondément corrompus, s'efforcent de corrompre les autres, conservez-vous sains d'esprit, de cœur et de corps au milieu de cette atmosphère impure. Dans ce salutaire isolement moral, vous entendrez de plus près la voix de votre conscience et la voix de Dieu. Confiez-vous en lui, *il ne permettra pas que vous soyez tentés au-dessus de vos forces*; adressez-vous à lui, il est notre père, et *un père ne donne pas des pierres à ses enfants qui lui demandent du pain* [1].

« Le digne aumônier du bagne vous remettra de ma part la petite somme qui vous est nécessaire pour vos acquisitions. »

M. l'aumônier de la marine, chargé du bagne de Brest à M. l'abbé Grivel.

« Brest, le 19 février 1842.

« Monsieur et honorable confrère,

« Je me suis acquitté de votre commission près du nommé Brazier. Il n'y a que des éloges à lui donner depuis son arrivée dans cette maison. Il a

[1] I *Corinth.*, ch. 13.

vraiment acheté un tour, trente francs, d'un de ses compagnons. Je lui en ai remis le montant de votre part. Quelque argent qu'il possédait en commun avec son camarade Colombier lui a servi à acheter des outils. Il ne lui reste plus qu'à acquérir de la marchandise. Il m'a parlé du désir qu'il avait de deux cents cocos qu'il ouvragerait... C'est une dépense de seize francs, que je prendrai sur la somme que vous m'avez envoyée.

« J'ai profité avec plaisir de la circonstance pour lui rappeler les bons avis exprimés dans votre lettre, qu'il m'avait communiquée, avis qu'il a parfaitement goûtés.

« Veuillez.... « Mussy, prêtre,
« Aumônier de la marine, chargé du bagne de Brest. »

Hélas! nous les avons vus, en grand nombre, partir pour le bagne ou pour la déportation, ces malheureux ouvriers qu'on avait séduits et égarés. Ils laissaient derrière eux des pères, des mères, des femmes, des orphelins, et, par conséquent, de longs et amers regrets. Leur vie était brisée, flétrie, vouée à la douleur sous toutes les formes.

Au milieu de ces déchirements et de ces angoisses, que seraient-ils devenus, s'ils n'avaient rencontré la pitié de Dieu?

C'étaient là les dupes, les victimes;..... mais ceux qui les avaient faites, mais les premiers auteurs de ces crimes et de ces malheurs, ils ont pu échapper à la justice humaine, jouir et s'encourager dans l'impunité!

Mais, vous êtes juste, Seigneur, et vos jugements sont équitables[1] *!*

Aussi, après avoir levé les yeux au Ciel, nous nous sommes inclinés devant la justice divine qui arrive toujours à son heure, et qui peut être *patiente parce qu'elle est éternelle!*

[1] Ps. xviii, v. 137.

ATTENTAT

DU 16 AVRIL 1846.

LECOMTE

> « L'action que j'ai commise n'était pas dans mes sentiments ; je la déplore profondément, et je m'en repens. »
> (*Lettre de Lecomte.*)

Encore une de ces affreuses entreprises contre les jours du roi, qui, si souvent déjà, étaient venues nous épouvanter ! Un nouvel attentat a eu lieu ; mais, encore cette fois, la Providence a écarté la balle du régicide d'une manière toute miraculeuse ; l'assassin connaissait parfaitement les lieux, il avait pris et calculé les mesures les plus propres à amener la réussite de son infernal projet, et de plus, c'était un des plus habiles tireurs de son temps[1].

Jamais la vie de Louis-Philippe n'avait couru un si grand danger depuis son avénement au trône ; mais ce n'était pas ainsi que ce prince devait mourir : les tentatives les mieux combinées viennent toujours échouer devant ce que Dieu s'est réservé d'accomplir lui-même.

Le 16 avril 1846, vers les cinq heures du soir, le roi revenait au palais de Fontainebleau, d'où il était sorti de midi à une heure, pour entrer dans la forêt, à dessein de se trouver à la chasse des princes.

Trois voitures, sans escorte, composaient le cortége : la première, où se trouvait le roi, était un char-à-bancs, ouvert sur les côtés, et surmonté seulement d'un léger pavillon avec franges et draperies.

Le roi, placé à droite sur la première banquette, avait à sa gauche M. de Montalivet, intendant général de la liste civile ; derrière le roi, et sur la seconde banquette, étaient assises la reine, la princesse Adélaïde et la duchesse de Nemours, ayant entre elles le jeune prince de Wurtemberg ; la ban-

[1] Ceux qui le connaissaient disaient qu'il ne manquait jamais un chevreuil à cent cinquante pas.

quette du fond était occupée par le prince de Salerne. Dans les deux autres voitures, étaient les aides de camp de service, le préfet de Seine-et-Marne, le sous-préfet de Fontainebleau, et quelques autres fonctionnaires.

Sur l'ordre du roi, le cortége qui s'était alors accru d'un certain nombre d'officiers de hussards et d'agents forestiers, quitta la route de Valvins, pour prendre, comme d'habitude la route d'Avon, pénétra dans le grand parc, et suivit l'allée de la Porte-Rouge, qui longe le mur du Petit-Parquet.

On était arrivé aux deux tiers environ de la route du parc, les voitures étaient obligées d'appuyer sur la gauche ; le chemin se trouvait embarrassé du côté droit par une certaine quantité de bois abattu, lorsque l'explosion d'une arme à feu se fit subitement entendre.

Au même instant, les premières personnes qui portèrent leurs regards dans la direction d'où était parti le coup, aperçurent un homme dont la tête était recouverte jusqu'aux yeux par la blouse dont il était revêtu, et dont le bas de la figure était caché par un mouchoir. Il était penché sur la crête du mur et armé d'un fusil qu'il tenait encore en joue. Trois ou quatre secondes après, une nouvelle détonation eut lieu ; la fumée s'était abattue jusque dans la voiture du roi ; une bourre était tombée près de la reine, qui, d'une main tremblante, ramassa ces débris fumants. Depuis, des trous de balles et de chevrotines, trouvés dans les draperies du pavillon, ainsi que sur des pièces de bois, déposées de l'autre côté de l'avenue, indiquèrent clairement que les projectiles avaient passé seulement à quelques lignes au-dessus de la tête du roi.

Ces deux coups de fusil, tirés à la distance de quelques pas, dirigés de haut en bas, de dehors en dedans de la voiture, en avaient suivi le mouvement, en s'espaçant de manière à frapper plus juste.

Le roi montra le plus grand sang-froid ; il dit au postillon qui semblait hésiter : « Allons, continuons à marcher. »

L'auteur de cet attentat, se rejetant en arrière, avait disparu immédiatement. Vivement poursuivi, il fut bientôt arrêté dans l'enceinte même du Petit-Parquet, par le lieutenant de gendarmerie de Flandre, ancien garde général des forêts de la couronne, à Fontainebleau.

Comme le lieutenant de gendarmerie s'enquérait si d'autres personnes n'avaient pas été trouvées dans le Parquet : « Je suis seul, » répondit l'homme qu'on venait d'arrêter ; et il ajouta que c'était bien lui qui avait été vu sur le mur de refend, prêt à s'élancer au dehors ; qu'une minute plus tard, il était en forêt, et le soir à Paris.

Au même officier, qui lui représentait toute l'horreur de son crime, il dit encore : « On m'a fait des injustices ; on n'a pas fait droit à mes réclamations pour ma pension de retraite ; j'ai voulu tuer le roi. Je me suis trop pressé ; c'est malheureux ; j'ai joué gros jeu, j'ai perdu la partie ; j'ai plus de cœur que ceux qui me calomnieront ! »

Dans le trajet du lieu de son arrestation à la prison, entendant prononcer le mot, « lâche! » il répliqua encore avec calme : « qu'il n'était pas aussi lâche qu'on le pensait ; » il laissa ensuite échapper ces mots : « Le roi n'est pas blessé, tant mieux pour lui ; il est plus heureux que moi. » Puis, dans la prison, en présence de plusieurs personnes, il fit entendre un langage qui exprimait le regret de ne s'être pas bien placé pour tirer, d'avoir manqué son coup et de n'avoir pas tué le roi.

Lecomte fut d'abord conduit à la Conciergerie ; bientôt après, il fut transféré à la prison du Luxembourg. C'est là qu'eut lieu notre première entrevue.

Afin de faire connaître les antécédents de l'accusé, je rapporterai ici la notice écrite tout entière de sa main, qu'il me remit quelques jours avant son exécution, avec prière de la rendre publique. Voici cette notice :

« Lecomte est né à Beaumont (Côte-d'Or). Son père était cultivateur et descendait d'une famille honnête et des plus aisées du pays. Il fut d'abord envoyé à l'école de son village; plus tard, son père le mit en pension à Sélongey, à quelques lieues de chez lui, où il resta jusqu'à l'âge de douze ans, et où il fit sa *première communion*. Son père n'était pas riche, il n'avait pas été heureux dans son labour, mais il avait plusieurs frères qui, tous avaient reçu de l'éducation, et étaient dans des positions plus ou moins élevées. Il y en avait un qui était honoré de l'estime de madame de Brienne, qui l'admettait souvent en sa compagnie, et toutes les fois que l'empereur la visitait. Il demeurait à Matheau, près de Brienne, où il avait un château et plusieurs propriétés. Ayant vu le jeune Lecomte, son neveu, à la sortie de Sélongey, il voulut se charger de son avenir, et le fit placer, à ses frais, dans un pensionnat à Saint-Jean de Losne, à six lieues de Dijon, où il resta jusqu'à l'âge de quinze ans.

« A cette époque, les armées étrangères venaient d'envahir la France; il fut donc obligé de rentrer chez son père, qui s'était retiré à Dijon, où il tenait une auberge, après avoir été obligé de vendre les immeubles qu'il possédait à Beaumont.

« A la bataille de Brienne, l'ennemi pilla, saccagea tout chez son oncle qui mourut, quelque temps après, de chagrin... Par cette mort malheureuse, Lecomte perdit d'un seul coup, son parent, son bienfaiteur et sa fortune !...

« En 1815, lorsque dans le département de la Côte-d'Or, tous les jeunes gens voulurent faire partie des bataillons de gardes nationales mobiles; que l'on formait à Dijon, pour se porter à la frontière, Lecomte, qui était un des plus jeunes, ne put être admis dans le premier bataillon, où se trouvaient tous les Dijonnais; mais, sans en prévenir ses parents, il partit avec le sixième ; il fut nommé fourrier d'emblée.

« A son retour de cette courte campagne, il trouva les Autrichiens chez son père, qui était déjà pauvre. Ne pouvant supporter tant de misères et de honte, il s'engagea de nouveau. Cette fois, comme il n'avait pas l'âge voulu par la loi, il ne put le faire qu'avec le consentement de son père qui ne le lui accorda qu'à la condition qu'il entrerait dans un des régiments de la garde, et son choix fut pour les chasseurs à cheval.

« Arrivé dans ce régiment, il resta longtemps ignoré. La vie de garnison ne convenait nullement à ses goûts éminemment militaires. Fier de caractère, ne voulant jamais rien demander pour lui, il végéta longtemps. L'espérance seule lui aida à supporter sa position de simple soldat. Enfin, un beau jour vint luire pour lui. Ce fut celui du départ de son régiment pour l'Espagne (1823). Faisant partie du premier escadron, et placé à la droite, il voulait toujours être d'avant-garde, et il se serait battu avec ceux de ses camarades qui auraient voulu lui disputer ce poste, plutôt que de le céder ; il n'aurait pas même changé sa position, à cette époque, contre une épaulette d'officier d'infanterie.

« La première fois qu'il eut le bonheur de se trouver en face de l'ennemi, il dit à ses camarades : « Aujourd'hui je gagnerai la croix où je serai tué. » Effectivement, il ne fut point tué, mais il gagna la croix[1].

[1] Lecomte fut décoré sur la place d'Andujar. Ce f t le général

« Le lendemain de cette action, son colonel lui envoya quatre pièces de vingt francs, en témoignage de sa satisfaction pour sa conduite de la veille, de ce que, ayant pris trois officiers, il ne leur avait rien enlevé !

« A Issodar, où son régiment, fort de trois escadrons seulement, mit tout le corps de Riego en déroute, il prit un colonel qui lui présenta quelques pièces d'argent. Lecomte lui demanda si c'était tout ce qu'il possédait, sur la réponse affirmative qu'il en reçut, il dit : « Eh bien gardez-les pour vous. »

« Personne n'avait un meilleur cœur que lui ; quand il ne pouvait faire tout le bien qu'il aurait voulu, il n'était pas content.

« Au siége d'Anatolico (Grèce), dans une retraite précipitée, un jeune Anglais de bonne famille, nommé Perpecon, tomba dangereusement blessé. Lecomte qui était tout le dernier, et vigoureusement poursuivi par des Albanais Turcs, voyant tomber ce brave jeune homme qui, dans cette journée, avait donné des marques d'une bravoure précoce,

---

Molitor qui lui donna la croix, le 12 juin 1828, et le 27 octobre de la même année, il fut promu au grade de brigadier.

courut à lui, le prit dans ses bras, et fut assez heureux pour le sauver de la fureur des Turcs qui n'auraient pas manqué de lui trancher la tête. »

On voit ce qu'avait été Lecomte, c'est lui qui nous l'apprend. Et cependant, cet homme d'une valeur chevaleresque, d'une grande générosité, d'une probité à l'abri de tout soupçon, toujours honorable dans sa conduite, sous l'influence d'un ressentiment qu'il attribue à un déni de justice, dont il fait remonter la cause et les suites jusqu'au roi, donne le plus flétrissant démenti à tous ses antécédents. Il descend à un lâche guet-apens, dont il s'absout pleinement lui-même.

Il prétend, par une inconcevable perversion de sens moral, qu'il lui a été permis de se venger des injustices dont il croit avoir été l'objet, en immolant le chef d'un grand État, dont la mort peut entraîner des malheurs incalculables. Surprenants mais trop réels effets d'une pensée fixe d'orgueil et de vengeance combinés, par lesquels cette nature sombre et passionnée s'était laissée envahir.

Quel sujet d'affligeantes réflexions !

Les premiers jours que je vis Lecomte, je le trouvai parfaitement calme ; il semblait n'avoir aucun souvenir de ce qui s'était passé, ni aucun souci de l'avenir. Il se préoccupait seulement d'avoir du linge propre, il demandait souvent qu'on lui fît la barbe, « ayant, disait-il, l'habitude de se raser tous les jours. »

J'obtins facilement pour lui ces deux légères faveurs à la fois. Il y fut très-sensible et se montra reconnaissant.

Ses habitudes de propreté étaient extrêmes ; il lavait et essuyait lui-même le pinceau dont on se servait pour le savonner, et souffrait avec peine que le gardien, qui le rasait, touchât à sa figure. Il s'inquiétait parfois de ce que deviendrait sa modeste garde-robe et son manteau. Il aurait voulu qu'on vendît tout cela, pour payer, disait-il, le terme échu de son loyer, afin que le suivant ne commençât pas à courir.

Il me manifestait fréquemment le désir d'avoir une cravate neuve, de couleur noire, pour paraître devant ses juges, et se plaignait, en regardant sa redingote, de n'avoir pas un habit plus décent à mettre : « Oserai-je paraître ainsi devant la Cour, me disait-il ; qu'on me tue, si l'on veut, mais qu'on ne m'humilie pas. »

Un jour, un des gardiens devant lequel Lecomte avait exprimé le désir d'avoir la cravate dont la possession était devenue sa pensée fixe, lui avait offert de lui en céder une :

« Est-elle neuve?

— Elle a été mise une ou deux fois au plus.

— Je vous remercie, je n'en veux pas. »

Je fis part à M. le chancelier de ce vœu si souvent exprimé par le prisonnier, et le jour même, M. Pasquier me fit remettre une cravate de soie noire avec prière de ne pas dire à Lecomte d'où elle venait.

Celui-ci la reçut avec un nouveau sentiment marqué de satisfaction et de gratitude.

Quant à la nourriture, il n'avait aucun mets de choix et de préférence, et acceptait tout ce qu'on lui offrait.

Ses conversations roulaient le plus souvent sur ses campagnes en Grèce ou en Morée. Il m'apprit qu'en 1827, il avait quitté la France, et que passionné pour une cause qui excitait vivement les sympathies nationales, il était entré au service des Grecs; que d'abord sous-lieutenant et officier d'ordonnance du général en chef Church, il fut nommé capitaine, le 28 février 1828. Il me donna des détails intéressants sur ses campagnes successives de Morée et de Romélie.

Plus tard, sa grande préoccupation fut de pouvoir établir de vive voix et par écrit : 1° que les injustices dont il avait été l'objet, les humiliations dont il avait été abreuvé, l'avaient conduit à cet acte de désespoir ; 2° que, malgré les recherches de la justice, on ne parviendrait jamais à découvrir que son action fût *politique* ; que, dans sa vie, il n'y avait jamais rien eu de répréhensible ; que tout, au contraire, y était honorable. « C'est la plus grande injure que l'on puisse me faire, redisait-il souvent, que de supposer que je suis vendu à un parti politique. Je me serais plutôt mis la corde au cou et jeté à l'eau, que de me rendre l'instrument d'un parti, quel qu'il fût. Est-ce que les dénis de justice, la déloyauté dont on a usé envers moi, n'étaient pas capables de me porter à ces extrémités ? J'avais épuisé tous les degrés de juridiction ; j'avais vendu tous mes habits pour vivre. J'avais eu un instant la pensée de me suicider. J'y renonçai en pensant que l'on rirait à mes dépens, qu'on serait enchanté d'être débarrassé de moi. Je fus surtout exaspéré au dernier point lorsqu'on me dit, avec dureté et dédain, que ma pétition avait été renvoyée par le roi avec une note défavorable[1]. Je décidai alors

---

[1] La supposition de Lecomte était inadmissible. Qu'on nous per-

que ma dernière pièce de cent sous devait être une cartouche. »

Et après un moment de silence, il continua, en s'animant par degrés : « Ou mes protecteurs avaient assez de crédit pour me défendre contre mes ennemis, ou ils n'en avaient pas assez. S'ils en avaient assez, pourquoi ne m'ont-ils pas défendu? Si, au contraire ; ils ne devaient pas me tromper ; ils devaient me laisser partir quand j'y étais décidé. Ils regardaient cela comme une bagatelle de m'avoir fait perdre le fruit de vingt-sept ans de services ! »

Un de ses anciens protecteurs, dont il croyait avoir à se plaindre, s'étant présenté à la prison pour le voir, Lecomte s'y refusa et lui fit remettre les lignes suivantes :

mette cependant une réflexion : Les supérieurs ne sauraient trop y prendre garde ; ils ne sauraient trop veiller sur la manière d'agir de leurs agents. Il est affligeant de le dire, mais rien n'est plus ordinaire que de faire remonter jusqu'aux chefs les torts tout personnels de leurs subordonnés. Autrefois, quand on croyait avoir à se plaindre, on disait : *Si le roi le savait ;* maintenant on a le tort de dire : *C'est le roi qui l'ordonne.* Et il n'y a pas de petit ennemi.

Nous avons eu des rapports avec plusieurs condamnés politiques qui s'étaient fait les ennemis du gouvernement, mécontents et ulcérés par la manière dont ils avaient été reçus et traités par des agents subalternes du pouvoir. La bienveillance envers les administrés est pour un fonctionnaire, quel que soit le rang qu'il occupe, la plus sûre manière de faire aimer l'autorité au service de laquelle il s'est engagé ; c'est un devoir d'honneur et de conscience pour lui.

« Quand j'ai écrit à M. de Rumigny pour lui faire part des déceptions, des injustices et des persécutions que j'ai essuyées, il n'a pas daigné me répondre. Quand je l'ai rencontré, il ne m'a pas regardé. Aujourd'hui que je suis coupable et dans les fers, je saurai supporter mes peines, et ne lui demanderai rien... Je le remercie de sa visite.

« Lecomte. »

Après m'avoir montré une copie de ce billet, il ajouta d'un air profondément triste : « Comme je vous le disais tout à l'heure, plusieurs fois j'avais voulu en finir avec la vie. La pensée du suicide ne ressemble point à celle de la vengeance. La première vient dans le calme et dans la tristesse, et ce qu'elle a d'effrayant s'apaise par degrés ; on s'y familiarise insensiblement ; la seconde naît dans l'exaspération produite par les injustices et l'ingratitude. Le désespoir et les ressentiments font naître les pensées les plus sombres et les plus sinistres ; les injustices engendrent les vengeances les plus terribles ! Et cependant personne n'a eu un meilleur cœur que moi. »

Je me montrais sobre de réflexions dans les commencements, j'assistais avec une douloureuse réserve au travail de cette âme angoissée, qui m'initiait à l'invasion et aux progrès alternatifs de deux maladies morales également dangereuses. Je me bornais à provoquer et à favoriser une salutaire réaction par des marques et des témoignages réitérés d'intérêt et de compassion.

Pendant ses épanchements intimes, Lecomte s'attendrissait; des larmes qu'il cherchait à retenir, roulaient sur ses joues; j'étais vivement impressionné en voyant les larmes inonder la figure de ce vieux soldat, bronzée au feu des batailles, sur laquelle les chagrins et les fatigues, et plus tard les remords, avaient creusé de profonds sillons. Mais au moindre bruit, Lecomte parvenait à rasseoir les muscles crispés de son visage, avalait ses larmes, si je puis parler ainsi, et un sentiment de fierté lui faisait reprendre son air mâle et assuré.

Hélas! que de tristes pensées me suggéraient la vue et la position de ce malheureux, que ses précédents d'honnête homme et de brave soldat auraient dû, ce semble, préserver d'un crime aussi détestable! Que sommes-nous donc, livrés à la faiblesse de notre cœur versatile, quand la main de Dieu, la lumière et les secours de sa grâce, se retirent de nous, et nous abandonnent aux sophismes et aux entraînements de nos passions?

Je ne voulais pas engager une polémique irritante avec le pauvre détenu, je le laissais parler longtemps et revenir sans cesse sur ce qu'il m'avait déjà répété plusieurs fois. Toujours, je l'écoutai avec attention et intérêt. Je cherchai enfin à le calmer, à lui faire comprendre avec tous les ménagements possibles, qu'il y avait eu plus que de l'injustice dans ses plaintes. « Le noble caractère de M. le comte de Montalivet, lui dis-je, m'est assez connu pour être bien sûr que son administration a dû toujours être pour vous aussi bienveillante que juste. On peut dire même que vous avez été traité avec une bienveillance toute particulière. Rappelez-vous que vous avez eu six fois de l'avancement, alors même que vous étiez toujours présenté le dernier, comme le moins ancien des concurrents. Par ces faveurs successives, on a prouvé qu'on savait apprécier vos services militaires et qu'on voulait les récompenser. Il y a plus, j'ai parcouru votre dossier administratif, et j'y ai trouvé annexées plusieurs lettres de vous, dans lesquelles vous exprimez votre *vive gratitude pour les bontés dont on vous comble*. Et c'est pour une retenue, pour une punition purement disciplinaire, modérée, qui était plutôt un avertissement qu'autre chose, provoqué par un outrage à un de vos supérieurs, que, par une démission donnée d'une manière insultante pour vos chefs, vous brisiez votre carrière personnelle. Nonobstant ce, l'administrateur de la liste civile, après vous avoir plus d'une fois accordé des secours, a fait liquider, en votre faveur, une pension de retraite. Et cela, de concert avec M. de Sahune, qui n'a opposé à vos agressives préventions que la plus admirable impartialité. » J'ajoutai que pour ce qui regardait le roi, contre lequel il s'était porté à un attentat si criminel, très-certainement il n'avait pas eu connaissance de sa pétition, et qu'à plus forte raison, il n'avait pas mis la note dont il se plaignait; qu'il suffisait d'y réfléchir de sang-froid pour en être convaincu, que les choses ne se passaient point ainsi, que j'étais allé moi-même aux renseignements, et que j'avais acquis la certitude que rien de semblable n'avait eu lieu. Votre tentative meurtrière, qui aurait pu faire une autre auguste victime, la reine, reste donc sans prétexte et sans excuse.

Faisant ensuite allusion aux beaux faits d'armes dont il m'avait entretenu : « Si vous eussiez, mon cher ami, supporté avec le même courage dont en maintes occurrences vous avez donné des preuves, les injustices prétendues qui vous ont si étrangement affecté, votre conduite eût été *sans peur et sans reproche* devant l'adversité comme devant l'ennemi. Il n'y a pas une moindre gloire à rester ferme dans la voie du devoir, au milieu des épreuves morales, que de demeurer inébranlable sur un champ de bataille au milieu des balles et des boulets. « Qu'eût été le suicide auquel vous vouliez avoir recours ? Qu'une lâche désertion du poste que Dieu vous avait confié ?

Vous avez répondu, quand on vous a demandé si vous aviez des principes religieux, que vous aviez les vôtres. M. le chancelier a eu raison de vous dire à cette occasion : « Est-ce que le premier commande-« ment de la loi divine n'est pas : *Tu ne tueras point ?* » Vainement, pour justifier votre attentat, vous avez prétendu que l'on vous avait tué vous-même plusieurs fois moralement. Ce n'est pas avec moins de justesse que M. le chancelier a ajouté « qu'avec de « pareils principes, on est exposé à commettre de « bien atroces actions ; il suffit qu'on croie avoir « à se plaindre de quelqu'un pour vouloir le tuer. »

« J'ai pour vous la plus sincère affection, mais je dois à la confiance même que vous me témoignez, de vous dire toute la vérité. Vous vous faites illusion en prétendant que les injustices dont vous auriez pu être l'objet suffisent pour justifier votre crime. Ces injustices seraient-elles aussi vraies qu'elles paraissent peu démontrées, vous n'en auriez pas moins cédé à un sentiment détestable, que la religion et la raison réprouvent. La vengeance naît de ce qu'il y a de plus humiliant en nous, de l'orgueil, de l'égoïsme, de la fureur. La vengeance produit la cruauté, l'aveugle férocité du sauvage. Que deviendrait le monde, s'il était livré aux terribles instincts de cette frénésie, et à toutes ses sanglantes représailles? Oui, il y a de l'héroïsme à prendre sur soi de pardonner. Le pardon des injures est une vertu qui dérive des plus nobles facultés de l'âme humaine. Cette vertu était faite pour vous, puisque, d'après les preuves que vous avez données en plusieurs occasions, vous avez un bon cœur, un cœur généreux. Comment donc avez-vous pu commettre une si criminelle action ? Je suis bien sûr que vous en avez maintenant du regret, convenez-en avec moi. Vous aimez à évoquer de glorieux souvenirs ; vous voulez vous réfugier dans un passé honorable ; je le comprends ; c'est pour échapper à d'autres souvenirs ! »

Des larmes brillaient dans les yeux de Lecomte.

« Ah! monsieur, si vous saviez tout ce que j'ai fait pour me soustraire à cette fatale pensée; je croyais la fuir et me fuir moi-même en sortant de ma chambre où j'étouffais. Je courais souvent toute la journée, hors de Paris, sans savoir où j'allais. Quelquefois, je parcourais les rues, les boulevards, pensant que ce mouvement me distrairait. Je regardais cette foule qui allait et venait en tous sens. Pas une figure de connaissance, pas une personne à qui je pusse m'adresser; je n'avais qu'un ami, c'était mon chien.

— Vous me déchirez l'âme en me parlant ainsi! oh! que ne me suis-je trouvé sur votre route? Vous aviez perdu de vue la religion et ses ministres. Pourquoi ne vous êtes-vous pas adressé à un prêtre? Le prêtre est comme la Providence visible de Dieu, il aurait été votre confident, votre ami, votre médecin spirituel; il vous aurait sauvé! Le genre de vie que vous meniez était bien propre à exalter outre mesure votre sensibilité naturelle; vous n'étiez retenu par aucun des liens si puissants, si doux, d'époux, de père, qui attachent l'homme à la probité, à l'honneur[1]. Vous auriez trouvé, dans

[1] Jacques Clément, Ravaillac, Damiens, Louvel, Fieschi, Alibaud, Meunier, Darmès, de même que Lecomte, étaient célibataires.

une union légitime, une barrière contre l'entraînement de la funeste passion qui vous étreignait.

— Je devais épouser une de mes parentes, mais je craignais de ne pas trouver un cœur qui répondît au mien ; cependant, le cœur que je refusai renfermait un trésor de vertu et de bonté. Je l'ai connu trop tard. Que de chagrins et de malheurs m'ont causés mon orgueil et mon ombrageuse défiance ! Mon humeur, plus encore que ma mauvaise étoile, m'a empêché d'être heureux. Naturellement triste et mélancolique, j'ai aimé à vivre seul avec mes pensées.

— La solitude est quelquefois un péril et un malheur. Nos Livres saints disent avec raison : « Malheur « à celui qui est seul. » En général, pour pouvoir demeurer dans la solitude sans danger et sans amertume, il faut y être par vocation, par dévouement et pour l'intérêt des autres. Alors on y retrouve Dieu ; il est notre soutien, car on fait sa volonté.

« Mais même dans votre position d'isolement, si vous eussiez appelé Dieu à votre secours, si vous l'eussiez prié ; si, au milieu de ces luttes désolantes auxquelles vous étiez en proie, vous vous fussiez écrié : « Mon père, pourquoi m'avez-vous abandonné ? » Le secours fut arrivé et avec lui la force suffisante pour repousser ces fatales tentations, qui ne vous laissaient un instant de sursis que pour revenir sur vous avec un plus furieux et plus irrésistible emportement; vous faisant abandonner le suicide, qui est un grand crime, pour un autre non moins condamnable : l'assouvissement de la vengeance par un meurtre. Je vous le répète ; maintenant que vous êtes de sang-froid, pouvez-vous assez déplorer de vous être laissé aller à cette frénésie de ressentiment et de haine vindicative, si odieuse et si peu motivée[1] ? Comment justifier votre retraite volontaire à propos d'une retenue de vingt francs ? et même après cet acte si irréfléchi et si regrettable, ne manquant ni d'intelligence ni de courage, et étant dans la force de l'âge, que de choses vous pouviez encore tenter ; que de moyens s'offraient à vous pour vous créer une nouvelle existence ? »

Lecomte sanglotait.

Le mouvement de profonde sensibilité auquel cédait cette âme si énergique, m'avait gagné moi-

---

[1] A la date du 20 janvier 1829, Lecomte avait adressé à Mgr le duc d'Orléans, une pétition à l'effet d'être placé comme garde à cheval des forêts de son altesse royale. Cette pièce porte une annotation marginale qui prouve avec quel bienveillant intérêt cette demande fut accueillie.

même; je me levai et engageai Lecomte de prendre l'*Imitation de Jésus-Christ* que je lui avais apportée. « Gardez ce livre à côté de vous comme un ami qui ne saurait défaillir, toujours prêt à vous dire la vérité et à vous consoler. Vous y trouverez un refuge contre votre isolement et les défaillances morales. Lisez ce livre et priez.

— Hélas! je ne sais pas prier, surtout longuement; mais il m'arrive, dans certains moments, de m'écrier : *mon Dieu, ayez pitié de moi!* Même dans les camps, j'y manquais rarement le soir et le matin, mais j'ai abandonné Dieu à certaines époques de ma vie, et il m'a abandonné!

— Dieu ne met jamais en oubli les prières que le cœur lui a adressées ; il les fait revivre pour notre salut, aux jours de sa miséricorde.

— Vous, monsieur l'abbé, priez pour moi!

— Oh! bien certainement, je prierai pour vous : mais combien vous me faites regretter de n'être pas meilleur devant Dieu! »

Lecomte fut condamné à mort et à la peine des parricides. Il s'y attendait. Le greffier en chef, M. Cauchy, se transporta immédiatement à la prison du Luxembourg pour donner au condamné lecture de son arrêt. Celui-ci écouta, m'a-t-on dit, cette lecture avec le plus grand sang-froid.

J'arrivai presque aussitôt après. Lecomte vint au-devant de moi. Je le pressai sur mon cœur. « Il faut maintenant, lui dis-je, vous occuper essentiellement de vous et de vos destinées suprêmes. »

J'ai pu, plusieurs fois, et en diverses circonstances, remarquer combien, au seuil de l'éternité, les souvenirs de l'enfance, lorsqu'elle avait été consacrée à la piété, exercent une salutaire influence sur les dispositions et les sentiments de celui qui va quitter la vie. J'eus ici le bonheur de m'en convaincre de nouveau.

Comme Alibaud, Lecomte se montra profondément ému quand je lui rappelai sa première communion, cet acte solennel et touchant. La sainte lumière de la foi, qui avait éclairé et guidé ses premiers pas, sembla se ranimer.

« J'étais heureux et innocent alors, me dit-il.

— Aujourd'hui, quoique coupable, vous pouvez, si votre repentir est sincère, retrouver tout ce que vous avez perdu. Le repentir est comme une seconde innocence, que ne peuvent admettre, il est vrai, les tribunaux humains, mais devant laquelle s'ouvre le cœur de Dieu.

« Jetez un regard impartial sur votre passé, faites

un retour consciencieux sur vous-même. Plus d'illusion possible, plus d'autre flambeau que celui de la vérité. C'est le moment de régler vos comptes, de faire taire l'amour-propre, l'orgueil de vous voir tel que vous êtes. Nous ne correspondons convenablement aux miséricordes de Dieu que lorsque nous en sommes venus là: Un mal découvert est à moitié guéri. Mais le temps est court, il faut l'employer. »

Ce jour-là même, j'avais reçu la visite d'une bonne et sainte femme, compatriote de Lecomte, qui, l'ayant connu chez un de ses oncles dans son enfance, s'intéressait vivement à son salut. Elle me présenta une formule de prière touchante à la sainte Vierge, qui était une variante du *Memorare*, et me pria de la faire lire au condamné, s'il refusait de se confesser. Elle me raconta à ce sujet l'anecdote suivante :

« Un criminel, il y a bien longtemps de cela, me dit-elle, condamné à mort, ne voulait point entendre parler de confession. On porta cette nouvelle à un saint prêtre, nommé le P. Bernard qui, sur-le-champ, accourt aux prisons. Il se fait conduire au cachot, il salue le prisonnier, il l'embrasse, il l'exhorte, et cherche à lui inspirer d'abord des sentiments de confiance, mais en vain. Il le menace ensuite de la colère de Dieu, mais rien ne fait impression sur cette âme endurcie. Le criminel ne daignait seulement pas le regarder, et paraissait sourd à tout ce qu'on lui disait. Le bon Père le prie de répéter au moins avec lui une oraison très-courte à la sainte Vierge, qu'il proteste n'avoir jamais faite sans obtenir ce qu'il demandait. Le prisonnier, par un geste de mépris, s'y refuse. L'homme de Dieu se met à genoux, et commence à prononcer pieusement et à haute voix cette prière. Il ne l'a pas achevée, qu'il voit les yeux du criminel se remplir de larmes. Il était entièrement changé. Il en sera de même pour le pauvre Lecomte. Dites-lui que le P. Bernard était son compatriote, et que c'est la vieille Marie, qui l'a soigné autrefois, qui le supplie de ne pas manquer de faire cette prière, et qu'elle l'a faite plusieurs fois elle-même à son intention. »

Je rapportai fidèlement tout cela à Lecomte qui s'en montra fort touché; il admira avec moi la sainte importunité de ce prêtre qui, armé de sa foi et de son cœur, avait triomphé de tous les obstacles; il me promit de faire ce qu'on lui demandait.

Après avoir échangé quelques paroles sur le même sujet, et avoir dit à Lecomte que le lendemain j'offrirais pour lui le saint sacrifice de la messe, sacrifice d'expiation universelle, auquel je l'engageai à s'unir d'intention, j'eus la consolation de voir le condamné remplir le devoir auquel Jésus-Christ a attaché la grâce de la réconciliation et du pardon céleste...

Lecomte avait été admirablement défendu par M. Duvergier, une des gloires les plus pures du barreau de Paris, qui avait mis non-seulement son talent, mais son cœur et son noble caractère au service de l'accusé.

Après la condamnation de son client, il s'occupa encore de lui avec la plus affectueuse sollicitude. Je conserverai toujours pour M. Duvergier un souvenir de haute estime et de vénération profonde.

Dans sa plaidoirie, M. Duvergier avait rapporté une lettre pleine de sensibilité que Lecomte adressait à sa sœur à l'occasion de la mort de leur mère et qui prouvait que le cœur de cet homme, devenu assassin, était néanmoins ouvert à toutes les émotions de la tendresse filiale. Triste et effrayant contraste que présente le cœur humain !

Je m'étais associé du fond de l'âme aux touchantes paroles prononcées dans sa péroraison par l'éminent avocat. « Je renouvelle ici ma prière auprès de la Cour, avait-il dit en finissant d'un ton profondément ému, je la supplie de ne pas oublier le repentir profond et sincère qui est dans le fond de l'âme de Lecomte.

« Soyez sûr que ce repentir il le manifesterait devant vous avec une grande énergie s'il n'était pas retenu par une mauvaise honte, il craint que si devant vous il exprimait tout ce qu'il sent, on ne l'impute qu'au désir de sauver sa vie. Il craint qu'on n'y voie pas l'expression de la vérité ; voilà le sentiment qui le retient. Restez, messieurs, sous l'influence de ces dernières paroles. Son repentir se serait manifesté devant vous comme il s'est manifesté devant moi, il vous aurait touché comme il m'a touché, moi-même, si cet homme osait, s'il pouvait s'exprimer comme il le sent. »

Je m'associais aussi aux suprêmes démarches de M. Duvergier.

Nous allâmes ensemble dans la chambre de Lecomte pour le déterminer à se pourvoir en grâce. Longtemps, tous nos efforts et toutes nos exhortations furent inutiles. M. Duvergier lui avait présenté un projet qu'il avait rédigé lui-même... Le condamné en pesa et en discuta tous les termes avec une étonnante présence d'esprit.

« Je n'écrirai pas cela, disait-il, je n'ai jamais menti. Au prix de ma vie, je ne proférerai pas un mensonge. De quoi aurai-je l'air? On pourrait croire que je n'ai été que l'instrument des passions et des vengeances d'autrui; que j'appartiens à un parti, et que je n'ai tiré sur le roi que pour quelques pièces de vingt francs. »

Nous lui fîmes comprendre que tel n'était pas non plus le sens de cette phrase que nous l'engagions à adopter : *Ce crime n'est pas l'œuvre de ma volonté;* que cette phrase exprimait simplement qu'il n'avait pas agi d'une manière libre, *moralement parlant,* c'est-à-dire qu'il avait succombé à un mouvement qui lui avait ôté la raison, qu'il n'avait plus été maître de lui, et que ces expressions étaient tout à fait en rapport avec celles de la lettre qu'il m'avait adressée [1]. Il se laissa enfin convaincre et écrivit la demande en grâce.

M. Duvergier fut bon jusqu'à la fin; il porta lui-même cette pièce à Neuilly. J'allai, de mon côté, prier

---

[1] « Tous les efforts de M. le chancelier, avait dit M. Frank-Carré dans son rapport si remarquable, n'ont jamais pu obtenir de lui (Lecomte) une parole de repentir. Il dira bien qu'il regrette qu'on l'ait forcé à de telles extrémités, mais jamais qu'il se repent de l'action qu'il a commise. »

Et voilà la lettre qu'il m'écrivit le 5 juin 1846, à laquelle je fais

Dieu pour le succès de ses généreuses démarches.

« Vous m'assurez que vous m'aimez, monsieur l'abbé, me dit Lecomte, au moment de nous séparer, laissez-moi donc mourir. Que serait maintenant ma vie? serais-je sûr, d'ailleurs, de persévérer dans mes bonnes résolutions? »

La journée s'était passée pour moi dans une grande et continuelle anxiété. Je n'étais pas cependant sans quelque espoir encore. Je comptais beaucoup sur l'intervention dévouée et l'insistance

allusion, et qui prouve le changement qui s'était opéré dans ses dispositions :

« Monsieur l'abbé,

« J'ai toujours aimé à dire la vérité, et c'est surtout à vous, qui m'avez témoigné tant d'intérêt, que j'aime à l'avouer. J'ai dans ma vie éprouvé bien des fatigues, bien des privations; mais ces peines physiques ne sont rien comparativement à *celles* morales. Le mal qu'involontairement, sans doute, on m'a fait éprouver est incroyable. Les injustices sont comme les injures : elles sont plus ou moins sensibles. Cela dépend des personnes qui les éprouvent. Nul n'a plus eu de dévouement pour le roi que moi. A une autre époque, j'aurais donné mon sang, ma vie, pour préserver la sienne. Deux fois j'ai voulu reprendre du service militaire, et deux fois j'en ai été empêché. On m'a dit : « Restez au service du roi, « servez-le comme il le mérite. » Avec ces paroles on m'aurait fait aller au bout du monde. *L'action que j'ai commise n'était pas dans mes sentiments; je la déplore et m'en repens profondément.*

« Je suis, avec un profond respect, votre dévoué serviteur,

« LECOMTE. »

chaleureuse de M. Duvergier; je comptais sur le penchant naturel du roi pour la clémence, et je me rappelais les paroles que j'avais entendues sortir de sa bouche il y avait à peine quelques jours : « *Je voudrais bien le sauver.* »

Mais, vers les sept heures du soir, on m'apporta une lettre de M. Duvergier que j'ouvris en tremblant, elle était ainsi conçue : « Tout espoir, monsieur l'abbé, est perdu : le garde des sceaux m'écrit que le roi, de l'avis unanime du conseil, a rejeté la demande en grâce. Je vous plains de toute mon âme. Ayez du courage ! Agréez mon profond dévouement.

« Duvergier. »

D'autre part, on m'apprit presqu'au même instant, que Louis-Philippe avait vivement plaidé dans son conseil la cause de son assassin ; mais, roi constitutionnel, il avait dû se soumettre à la décision unanime de ses ministres.

Bientôt, je revins près de la sœur de Lecomte, qui avait passé une partie de cette triste journée chez moi dans de mortelles angoisses.

Il me fut bien difficile de cacher mon cruel désappointement et de dissimuler mes sinistres appréhensions... J'engageai la malheureuse femme, brisée par l'anxiété, la fatigue et la douleur, à aller prendre un peu de repos, et lui donnai l'assurance que je la reverrais plus tard. Je la revis, en effet, mais dans quel lieu et dans quel moment !...

L'ordre de l'exécution, qui devait avoir lieu au point du jour, le lendemain, ne fut expédié que très-avant dans la soirée.

Je me rendis près de Lecomte entre minuit et une heure. Il s'était jeté entièrement vêtu sur son lit, et il ne dormait pas. Ma visite, à une heure si insolite, lui apprit tout... Peu après, Lecomte fut saisi de cette contraction nerveuse à la gorge et de ce hoquet convulsif qui se remarquent presque constamment chez tous les condamnés, lorsqu'ils apprennent que l'instant fatal est arrivé.

Je lui fis porter un verre d'eau qu'il accepta avec empressement et qui calma ces accidents nerveux. « Si vous saviez depuis hier soir, me dit-il ensuite, que je devais être exécuté ce matin, je vous aurais su gré de m'en avoir averti ; j'aurais voulu voir ma sœur !

— Il n'y a pas longtemps que je le sais. »

Je lui fis part alors des démarches si actives et si dévouées de M. Duvergier ; je lui exprimai son profond regret, et le mien en particulier, de ne point avoir réussi comme nous l'espérions.

« Remerciez bien cet homme généreux qui a plaidé deux fois ma cause. Merci aussi pour vous du fond du cœur, monsieur l'abbé.

— Si vous voulez voir maintenant votre sœur, je crois que nous en obtiendrons la permission.

— Oh ! qu'elle vienne ! je vous en prie, monsieur l'abbé, qu'elle vienne ! »

Je sortis pour présenter le dernier vœu de Lecomte à M. le procureur général, qui ordonna de faire partir immédiatement une voiture pour aller chercher la sœur de cet infortuné.

« Elle va venir, dis-je à Lecomte en rentrant.

— Merci ! merci ! me répondit-il, jusqu'à présent, je n'avais pas voulu voir cette pauvre sœur, pour n'être pas témoin de sa douleur ; et que sera-ce maintenant ? »

Peu de temps s'était écoulé lorsque le bruit des portes qu'on ouvrait et qu'on fermait, me fit comprendre que la malheureuse femme n'était pas loin. J'allai au-devant d'elle ; je la trouvai dans la chambre qui précédait celle d'où je sortais. Ses traits étaient bouleversés ; le cœur lui battait avec tant de force qu'elle fut obligée de s'arrêter. Elle s'appuyait sur mon bras, ses genoux tremblaient ; elle avait peine à se soutenir.

Comment décrire la scène qui eut lieu? oh! que cette entrevue fut déchirante! La vue de la camisole de force dont son frère était revêtu, fit éprouver à cette sœur désolée, un mouvement d'indicible sensation. Elle se jeta convulsivement sur lui. Elle prit sa tête entre ses mains couvrant son visage de baisers et de larmes. « Ah! mon pauvre frère, lui disait-elle avec une voix tremblante et entrecoupée par des sanglots convulsifs, dans quel lieu, dans quel état, dans quel moment faut-il que je te voie! »

Lui aussi pleurait et embrassait tendrement sa sœur. « Ils disent que j'ai des complices, s'écriat-il tout à coup avec animation. — Toi, avoir des complices, reprit-elle; oh non! Ils t'ont bien méconnu!... — Oui, bien méconnu, ajouta-t-il; on m'objecte toujours la pièce qu'on a trouvée à mon domicile[1]. Oh! si on savait tout ce qui se passait de contradictions étranges, inexprimables dans mon

---

[1] Le 17 avril, on avait saisi, au domicile de Lecomte, un assez grand nombre de pièces manuscrites, et notamment un écrit au crayon ainsi conçu : « Celui qui a commis l'action a autant de cœur que tous ceux qui pourront le calomnier. S'il a choisi cet en-

esprit, quand j'ai écrit cela ; ce que j'éprouvais de rage, de honte, de remords! d'incertitudes!... Tantôt je voulais qu'on sût bien que je n'étais l'agent que de ma propre vengeance ; d'autres fois, j'aurais désiré par orgueil qu'on attribuât mon acte à la cause la moins défavorable pour moi, à la politique si on voulait. C'était au moment de partir. J'étais fou. J'ai parlé d'*œuvre sainte*, d'*inspiration divine*; j'ai laissé ce que j'ai écrit, pêle-mêle, en désordre, comme mes idées. J'avais voulu en faire une bourre, mais je trouvai le papier trop gros, et j'en pris d'autre...

« Si j'avais écrit tout ce qui me venait à la pensée, j'aurais écrit bien d'autres choses. Je l'ai dit à M. le chancelier, je te le répète, ma sœur ; je ne suis point un Fieschi, capable de faire ce qu'il a fait. Je ne suis l'instrument de personne. Jamais je ne l'ai été dans tout le cours de ma vie pour aucune espèce de choses. Dans l'administration des forêts de la couronne, mon service était fait avec une exactitude rigoureuse. Je n'avais avec mes supérieurs et mes

droit, c'est par une inspiration divine; la consolation de son œuvre sainte le suivra dans la fosse. »

Au verso de la feuille, les mêmes pensées se trouvèrent reproduites avec quelques variantes.

subordonnés que les relations les plus strictement exigées, j'étais fier avec dureté, quelquefois avec violence. C'est le seul reproche que je doive me faire. On aurait eu raison de m'appeler pour cela aussi, *Pierre le dur*[1]. Je n'ai pu vaincre mon ressentiment ; voilà tout.

— Si les hommes ne veulent pas te croire, Dieu te connaît ; s'ils ne veulent pas te pardonner, Dieu aura pitié de toi, mon cher Pierre ; va rejoindre notre père ; je te joindrai bientôt. Tu as été coupable, mais tu te repens ; dis-le moi... j'ai besoin que tu me le dises... As-tu reçu les secours de la religion ?

— Oui ! oui ! »

« Dans plusieurs occasions, tu as dû me trouver bien injuste à ton égard, ma bonne sœur !... Il n'en était cependant rien. J'ai toujours su t'apprécier, et je t'ai toujours aimée... C'est la seule dissimulation que j'ai à me reprocher. Mes brusqueries, mes duretés apparentes n'étaient point au fond de mon cœur. Ne pouvant rien pour toi, ou peu de chose, je

---

[1] Au régiment de la garde, où il s'était signalé par plusieurs actions d'éclat, mais où il s'était fait remarquer par la brusquerie et la sauvage indépendance de son caractère, ses camarades avaient surnommé Lecomte *Pierre le dur*.

voulais me soustraire à la sensibilité qui aurait fini par me trahir et par éclater. Je feignais tout cela pour cacher mon attendrissement et la peine que j'éprouvais de ne pouvoir venir à ton secours. Tu me pardonnes. Dis-le moi aussi. »

Alors, leurs sanglots redoublèrent.

J'étais moi-même à bout de force. Il fallut cependant employer une espèce de violence charitable pour arracher ce frère aux étreintes de sa sœur.

Les moments étaient comptés !...

« Adieu donc! lui cria Lecomte. Quelle fatalité! Oh! mon sang ne devait pas rougir les planches d'un échafaud ! »

Pour la malheureuse, elle s'était affaissée sur elle-même, à demi évanouie.

Le directeur et les gardiens furent obligés de la porter, pour ainsi dire. Je l'accompagnai jusqu'à la voiture, en cherchant à adoucir l'amertume de sa douleur par les espérances de la religion, qui seule peut trouver des consolations à de pareils malheurs.

En rentrant, je vis, non sans émotion, Lecomte appliquant ses lèvres sur un papier déposé sur la table; c'était celui qui contenait la prière du P. Bernard, précieux et touchant souvenir de la vieille

Marie. Il avait alors repris toute son énergie ; il était calme. Je lui demandai s'il ne voulait pas voir M. le procureur général, que je croyais encore au greffe, assisté de l'un de ses substituts. Il me manifesta le désir d'entretenir ce magistrat.

M. le procureur général, qui était sur le point de partir, se hâta de se rendre dans la chambre où j'étais avec Lecomte. Lorsque M. Hébert entra, le condamné, qui était assis, se leva, et poussa avec ses deux mains étreintes dans la camisole de force, une chaise qu'il lui offrit avec une grave et respectueuse déférence.

On comprend combien le lieu, l'heure et les circonstances donnaient à cet entretien un caractère imposant et solennel.

« Lecomte, on m'a dit que vous vouliez me parler.

— Oui, monsieur le procureur général ; ce n'est point pour solliciter le pardon ou la clémence ; c'est pour vous ouvrir toute mon âme... Vous avez été bien sévère pour moi, parce que vous m'avez mal connu et mal jugé. L'idée du crime n'appartient qu'à moi seul ; je ne suis d'aucun parti ; je n'ai aucun complice[1]. »

[1] On a dit plus tard, mais sans en fournir les preuves, que le crime de Lecomte avait été conseillé, dirigé de loin par des

Il répéta, avec de nouveaux développements, ce qu'il avait dit aux débats devant la Cour, ce qu'il venait de dire à sa sœur : qu'il avait uniquement agi sous l'influence du ressentiment des injures et des injustices dont il croyait avoir été l'objet, et dont il avait voulu, dans l'excès de son irritation, faire remonter la responsabilité jusqu'au roi ; *qu'il s'en repentait profondément.*

A une objection faite par M. le procureur général, en termes précis, il répondit d'un ton animé, mais sans cesser d'être convenable : « Je n'ai fait qu'un voyage à Paris, cela est bien facile à vérifier ; quand je m'absentais, mon chien, que je laissais dans ma chambre, ne cessait de se plaindre et de hurler. Les autres locataires étaient donc toujours instruits de mes absences. Encore une fois, blessé dans mon honneur, dans mes intérêts, après avoir bien servi mon pays, à cette époque de la vie où d'autres n'entrevoient que le repos, je n'apercevais

---

réfugiés politiques, et que les ramifications de ce complot étaient nombreuses ; que les agents secrets employés par le gouvernement français avaient obtenu la certitude que tous les papiers et documents relatifs à cette affaire, si peu compliquée en apparence grâce aux réticences de Lecomte, étaient cachés, à Brême, dans la maison d'un professeur, sous le parquet d'un appartement habité par lui. (Voyez Beaumont de Vassy, *Histoire de mon temps.*)

devant moi que la misère et le désespoir. Mais si j'avais eu des complices, je leur aurais demandé de me soustraire à l'humiliation des secours que m'accordait le gouvernement. Ce n'est qu'à l'échéance du troisième trimestre que j'ai été touché cet argent, vaincu par le besoin. » Et avec des sanglots étouffés : « J'ai tout vendu, excepté mon manteau et ma croix!... j'aurais vendu ces deux objets si l'on m'eût offert le demi-quart de leur valeur. Mais on m'offrait trente sols de ma croix.

« Malgré tout ce qu'on pourrait dire, je m'en voudrais à la mort si j'étais l'agent d'un parti, tout en détestant mon action, je trouve un certain allégement à mes peines dans la pensée que je ne l'aurais jamais commise si on n'eût rejeté avec mépris ce que je regardais alors comme mes justes réclamations.

« Je jure, par tout ce qu'il y a de plus sacré, et sur le point de paraître devant Dieu, que je n'ai point de complices, que je n'ai fait que céder à mon aveugle ressentiment, que je déplore, je vous le répète, du fond de mon âme. »

Quelle règle aurait-on pour connaître la vérité, si le mensonge pouvait parler ainsi? Comment la sincérité serait-elle faite, si ce n'était pas là son caractère et son accent[1]? M. le procureur général fut vivement impressionné. Je l'accompagnai hors de la chambre de Lecomte. « Monsieur l'abbé, me dit-il en me quittant, cet homme m'a ému au dernier point. Attendez. »

J'attendis, en effet, dans une angoisse inexprimable; je m'agenouillai et je priai pour avoir assez de force jusqu'à cette décision suprême. Les huit ou dix minutes qui s'écoulèrent me parurent bien longues. Par des considérations dont plus que personne nous respectons les graves motifs, il fut enfin

---

[1] M. le rapporteur semblait, dès les débuts de l'affaire, avoir pénétré dans le fond de l'âme de Lecomte, et avoir ausculté, pour ainsi dire, cette nature exceptionnelle, lorsqu'il prononçait ces paroles si remarquables : « Messieurs, l'une des préoccupations les plus vives de votre commission a toujours été cette crainte que les féroces instincts de l'inculpé, que ses ressentiments furieux n'aient été découverts, exploités et dirigés par une autre pensée que la sienne et vers un but qui n'était pas le sien. C'est en ce sens, principalement, que les recherches ont été conduites; mais, cependant, elles ont dû s'arrêter quand il a paru impossible de trouver à Lecomte aucune relation qui puisse se rattacher au forfait qu'il a commis. La procédure tout entière, qui s'est étendue jusqu'à l'éclaircissement des moindres indices, le laisse, sous ce rapport, dans l'isolement, et c'est un fait bien remarquable que pendant le cours d'une instruction qui a duré plus d'un mois, le ministère public n'ait pas eu à requérir, et M. le chancelier à décerner un seul mandat d'amener.

« Ne serait-ce pas d'ailleurs une argumentation vicieuse que

arrêté que la justice humaine accomplirait son œuvre, et que le ministre de la religion achèverait la sienne.

Bientôt, je frémis au bruit répété des clefs et des verrous qui s'approche graduellement. La porte s'ouvre ; l'exécuteur et ses aides paraissent.

Lecomte jette un regard effaré sur ces nouveaux venus ; il éprouve un rapide frisson, un brusque

---

celle qui, pour expliquer un grand crime, ne consentirait à prêter à son auteur que des motifs sensés et raisonnables. C'est un des bienfaits de la Providence que l'accord constant de la raison avec notre véritable intérêt. Le crime serait donc impossible si l'homme se conduisait toujours de manière à ne jamais obscurcir ou éteindre la vive lumière de cette raison qui est en lui. Assurément, rien n'est moins fondé que le ressentiment de l'inculpé ; cependant, messieurs, ce ressentiment n'est pas feint, il n'est que trop réel, et quand vous prendrez la peine de lire avec l'attention qu'ils méritent tous les interrogatoires subis par Lecomte, vous serez certainement frappés, comme nous l'avons été nous-mêmes, de le voir acceptant toujours et partout la vérité qu'on lui montre, excepté en ce qui touche les motifs de ressentiment et de vengeance. Il a, quand il parle de ses absurdes griefs, des prétendues injures dont il aurait été la victime, un ton naturel et animé jusqu'à la passion, qui semble dénoter la conviction la plus incroyable, la foi la plus effrayante.

« Quand les recherches les plus scrupuleuses ont été faites, quand les investigations minutieuses des magistrats ont tout embrassé, tout approfondi, tout éclairé, ne vaut-il pas mieux que l'inculpé soit resté seul, sous le poids de son crime et en présence de la justice ? »

tressaillement, et se presse contre moi, comme pour échapper à cette vue et à ce contact. « Non, non, je ne devais pas mourir ainsi, c'était sur un champ de bataille. Avec quel plaisir j'aurais présenté ma poitrine aux balles de l'ennemi! Je n'ai pas peur de la mort, mais je recule devant l'infamie...»

Lorsqu'il sent la main du bourreau se poser sur son épaule, un mouvement convulsif agite tous ses membres, ses sourcils se froncent, son regard devient fixe, vertigineux, il prononce des paroles incohérentes, des phrases sans suite ; un instant, il fut fou...

Mais bientôt se remettant : « Vous voulez bien être à mes côtés pour faire ma dernière étape, » me dit-il...

Puis ont lieu les derniers préparatifs.

Lecomte frissonne de nouveau lorsqu'il sent le froid de l'acier couper ses cheveux et le col de sa chemise. Il se tourne vivement de mon côté : « Vous aussi, monsieur l'abbé, vous m'abandonnez!... »

Je me rapprochai de lui pour le rassurer. — « Non, mon ami, je ne vous abandonnerai pas, vous le savez bien.

— Pardon, me dit-il, je suis injuste. »

Qui le croirait? Lecomte manifesta, en ce moment, à plusieurs reprises et d'une manière pleine d'insistance, le désir qu'on lui fît la barbe; étrange préoccupation pour un homme qui devait aller à l'échafaud, la tête voilée! Le refus qu'il éprouva le jeta dans un état extrême d'exaltation. Il regardait autour de lui avec une expression indéfinissable. Je mis la main sur son front, sa tête était brûlante. J'essuyai son front couvert de sueur, et je l'engageai à offrir à Dieu cette dernière contrariété, qui, dans cet esprit incandescent, prenait des proportions si exagérées.

Lecomte était vêtu de la manière prescrite par l'arrêt qui l'avait condamné à la peine des parricides. En sortant de la prison pour monter dans la voiture fermée, destinée à nous transporter à la barrière Saint-Jacques, où l'échafaud était dressé, il s'aperçut seulement alors qu'on lui avait mis des entraves aux jambes, ce qui gênait sa marche : « Je marcherais plus vite, dit-il à l'exécuteur, si vous n'aviez pas mis ces cordes. »

Placé dans la voiture à côté de Lecomte, je pus m'entretenir avec lui sans interruption car il avait repris tout son calme et toute son énergie.

Nous étions déjà arrivés. « Faites, lui dis-je, à Dieu, en esprit d'expiation, le sacrifice de votre vie et de tout ce que la mort va bientôt vous ravir. »

Lecomte remua les lèvres, puis pria mentalement.

Bientôt il monte les marches de l'échafaud d'un pas assuré, et jette sur la foule qui l'entoure un long regard...

Pendant qu'on lit son arrêt, il déplore son crime à haute voix, proteste de son repentir, et répète que ce n'est pas sur *un échafaud qu'il aurait dû mourir, mais sur un champ de bataille!*

Au moment d'être livré aux mains de l'exécuteur, Lecomte se précipite pour la dernière fois entre mes bras, me dit quelques mots de reconnaissance pour moi et son défenseur, et me recommande sa malheureuse sœur. Il baise le crucifix, et demande ma bénédiction. « Entrez, lui dis-je, dans votre éternité, avec l'espoir que Dieu ne vous frappera pas couvert du sang de Jésus-Christ; dites avec foi et amour : Dieu crucifié, vous qui avez, à son dernier moment, sauvé un meurtrier repentant, inspirez-moi sa contrition, sa confiance, soyez aussi mon sauveur! »

O mon Dieu, je mets en vous toute mon espérance, je ne serai point confondu[1].

---

[1] Ps. xxx, 2.

Le bourreau remplit son office, et justice fut faite sur la terre!!!... Les dernières paroles de la prière à la sainte Vierge de la vieille Marie me revinrent sur les lèvres. « Mère de grâce, m'écriai-je, dans son terrible passage, présentez vous-même cette âme à votre fils, afin qu'il la reçoive dans son infinie miséricorde; *montrez que vous êtes sa mère.* »

Puis je dis en sanglotant un *De profundis* pour le supplicié.

Encore une fois que de réflexions doivent faire naître la vie, l'attentat et la mort de cet homme, qui ne semblait pas être né pour le crime!...

Il me restait un devoir à accomplir; c'était la promesse que j'avais faite à Lecomte au sujet de sa sœur. Je m'empressai donc de m'adresser au roi, dont les dispositions m'étaient connues, et je lui fis parvenir la lettre suivante :

« Sire,

« Les dernières paroles de Lecomte, au moment d'être frappé par le glaive de la loi humaine, ont été prononcées publiquement; elles étaient l'expression de son profond repentir!

« Lecomte m'a ensuite recommandé sa malheureuse sœur. Ministre d'un Dieu de miséricorde et de charité, j'ai accueilli la demande suprême de celui que la religion m'avait confié. J'ose m'adresser à Votre Majesté pour la supplier de vouloir bien m'aider à remplir cette pieuse promesse.

« J'ai la conviction que, loin de vous offenser, je ne fais que rendre justice aux sentiments d'inépuisable magnanimité dont votre cœur est rempli.

« Daignez donc, sire, accorder quelques secours, dans sa misère, à la sœur de celui qui a voulu être votre meurtrier, et *que vous auriez désiré sauver*. En vous vengeant ainsi, vous suivrez vos inspirations généreuses et toutes chrétiennes, et vous assurerez à la puissance royale, si cruellement éprouvée son plus légitime et son plus incontestable *droit divin*. »

Avant de l'envoyer, j'avais mis cette demande sous les yeux de M. le chancelier, qui avait approuvé ma démarche. Ce que sa lettre peut avoir de trop flatteur pour moi m'aurait empêché de la rendre publique, si elle ne prouvait pas, en même temps, combien l'accomplissement de mes fonctions m'était rendu facile par des encouragements semblables.

« Monsieur l'abbé,

« Voici la lettre que vous m'avez confiée hier; en vous la renvoyant, ce m'est une occasion naturelle de vous dire combien votre ministère, quand il est rempli ainsi que vous le faites, et dans de si douloureuses circonstances, doit paraître encore plus beau et plus saint à ceux même qui sont le plus accoutumés à le révérer.

« Veuillez recevoir, monsieur l'abbé, avec l'assurance de ma considération la plus distinguée, celle de ma plus haute estime.

« Le chancelier Pasquier. »

La réponse du roi ne se fit pas attendre :

« Monsieur l'abbé,

« La lettre que vous avez écrite au roi lui a été remise, et le roi l'a lue avec l'intérêt que devaient lui concilier son objet même et votre intervention.

« Agréez, monsieur l'abbé...

« Le baron Fain. »

En même temps, M. le duc de Cases, toujours d'une bienveillance extrême, m'apprit que le roi avait écrit à M. le comte de Montalivet ces mots : « Venez me voir ; j'ai le malheur de n'avoir pu sauver Lecomte, je veux du moins aider à vivre la sœur qu'il soutenait. » Et qu'à la suite d'un entretien avec Sa Majesté, M. de Montalivet avait fait connaître à M. Martin (du Nord), alors garde des sceaux, « qu'il tenait à sa disposition toute somme d'argent qu'il jugerait nécessaire pour subvenir aux besoins de la sœur du régicide ! »

Je fis part à la sœur de Lecomte, que je vis le lendemain, des généreuses dispositions du roi, et je lui remis la moitié du mouchoir avec lequel j'avais essuyé les larmes et les sueurs dernières de son frère.

ATTENTAT

DU 29 JUILLET 1846.

HENRI

> Le prêtre sait mieux que personne ce dont l'homme est capable, et tout ce qu'il peut souffrir ; il comprend tous les criminels penchants et toutes les angoisses du cœur humain. La religion, loin de nous dissimuler les tristes infirmités de notre nature, nous les révèle, nous les explique, afin que nous puissions mieux y compatir et y apporter la consolation et le remède.
>
> (*Entretien avec Henri.*)

Le 29 juillet 1846, vers les sept heures et demie du soir, quelques minutes après que le roi eût paru au balcon des Tuileries, deux explosions d'armes à feu se firent entendre. Elles étaient parties d'un groupe qui stationnait à environ une cinquantaine de pas de l'orchestre. Le roi désigna l'endroit d'où les coups venaient d'être tirés.

Après la seconde explosion, la reine s'était jetée dans les bras du roi et s'efforçait de l'éloigner, mais Louis-Philippe demeura calme au balcon et ordonna de continuer le concert.

Presque aussitôt des agents de police, assistés de plusieurs militaires, s'emparèrent d'un individu que tout le monde signalait comme ayant tiré sur le roi ; c'était le nommé Henri, né en Franche-Comté, âgé de cinquante et un ans, se livrant au commerce de la bijouterie et fabricant d'objets de fantaisie en acier poli.

La Chambre des pairs, formée en haute Cour de justice, fut saisie de l'instruction et de la poursuite de ce nouvel attentat.

Je ne tardai pas d'être mis en rapport avec le prévenu. Immédiatement transféré à la prison du Luxembourg il fut écroué dans la même chambre, qu'avaient occupée les régicides ses devanciers.

Je me trouvai en présence d'un homme de petite taille, à l'apparence grêle et souffreteuse, d'une physionomie douce qui semblait exclure toute énergie et toute malveillance. Sa mise avait une certaine recherche. Il était rêveur, triste oppressé ; ses yeux atones, sans regard, s'attachaient cependant quelquefois sur moi avec une expression singulière.

Évidemment, il était sous le poids d'une préoccupation douloureuse qu'il aurait voulu mais qu'il n'osait confier. Il finit par éclater en sanglots ; je lui adressai quelques paroles de consolation.

Les jours suivants, sa conversation, toujours gênée et pleine d'anxiété, n'exprimait qu'un seul sentiment, celui d'une douleur intime qui s'exhalait à tout propos, mais d'une manière contrainte et embarrassée. Il ressemblait à ces malades qui reviennent toujours sur eux-mêmes, mettant dans chacune de leurs paroles l'expression de leurs souffrances sans toutefois en faire connaître la cause ni la nature.

Malgré les témoignages réitérés du plus sincère intérêt que je lui donnais, il n'y avait pas encore épanchement de la part du prisonnier. Ses lamentations contenues se traduisaient le plus ordinairement par ces exclamations : « Oh ! que je souffre ! que je suis malheureux !

Ce fut à moi de lui dire : « C'est parce que je comprends combien vous devez être malheureux que je me suis empressé de venir pour vous consoler.

— Si vous saviez tout, monsieur l'abbé, si vous saviez tout !

— Le prêtre sait mieux que personne ce dont

l'homme est capable et tout ce qu'il peut souffrir ; il comprend tous les criminels penchants et toutes les angoisses du cœur humain. La religion, loin de nous dissimuler les tristes infirmités de notre nature, nous les révèle, nous les explique, afin que nous puissions mieux y compatir et y apporter la consolation et le remède. »

Il ne répondait pas d'une manière plus explicite à mes avances d'effusion fraternelle. Il se taisait, ou prononçait par intervalles des paroles sans suite d'un ton saccadé et fiévreux.

Je crus devoir me retirer, et je priai le directeur de la prison de dire à Henri que j'attendrais pour revenir qu'il exprimât le désir de me voir.

Le lendemain, n'ayant pas fait de visite au prisonnier, on me remit de sa part une lettre ainsi conçue :

« Monsieur l'abbé,

« J'ai appris que je vous avais causé de la peine. Je cherche dans mon souvenir et ne trouve pas comment j'ai pu faire, ou ce que j'ai eu le malheur de vous dire pour cela.

« Ce ne peut être que quelques paroles qui exprimaient mal ma pensée, alors, cela même me cause du chagrin.

« Je vous supplie, mon cher consolateur, d'avoir la bonté de venir, pour chasser de nous ce chagrin réciproque; cela allégera les douleurs de ma fatale situation, ainsi que votre pénible mission.

« J'ose espérer que vous aurez la bonté de venir, et je vous attends. »

Je m'empressai de me rendre à cette invitation, dont les expressions affectueuses m'avaient vivement touché.

« Je vous remercie, dit Henri, dès qu'il me vit entrer. Si je vous ai fait de la peine, c'est sans le vouloir, veuillez me le pardonner. J'en ai éprouvé bien davantage moi-même. Dès le premier jour vous m'avez inspiré la plus grande confiance, je veux aujourd'hui vous en donner la preuve en vous parlant avec la plus entière franchise et le plus complet abandon. Ce que j'ai à vous raconter me paraît si peu naturel, si peu raisonnable, maintenant que je suis de sang-froid, que j'ai longtemps hésité à vous le révéler. Ne me regardez pas comme un misérable assassin ; quoique bien coupable, je suis digne de quelque pitié. Laissez-moi vous faire connaître mon histoire, elle vous expliquera l'énigme de ma conduite actuelle.

« J'ai bien eu à souffrir pendant ma vie, qui a été pleine de luttes et de déceptions intérieures et extérieures. D'abord, l'inconduite de ma femme, que j'ai été obligé de quitter, m'a causé de vifs chagrins, et a été une des causes premières de mes malheurs. (Ici vint se placer la longue énumération de ses peines et de ses embarras domestiques.)

« Je crois pouvoir vous dire, sans vanité, qu'il y a deux bonnes choses en moi, à savoir que j'ai toujours été honnête homme et que j'avais une aptitude incontestable pour la partie artistique de ma profession.

« Ainsi que tous ceux qui excellent dans leur art, je me suis trouvé en butte aux attaques et à la persécution des jaloux. Je ne crains pas de vous le dire, mon existence agitée a, sous plusieurs rapports, de la ressemblance avec celle du célèbre Benvenuto Cellini, dont j'ai lu et relu l'histoire avec une admiration passionnée. »

Comme chez tous les malheureux avec lesquels mon ministère m'avait mis en rapport, je voyais déjà apparaître dans Henri les étranges prétentions de la vanité et de l'orgueil, si égoïstes, si obstinées, source de tant de coupables aberrations.

Il continua : « J'éprouvais une soif dévorante de renommée ; j'avais des visions, des éblouissements, que je regardais comme des prophéties; il me semblait que j'étais appelé à faire des chefs-d'œuvre, que j'allais à chaque instant saisir la célébrité, la gloire, la fortune ; j'ambitionnais toutes les médailles, toutes les décorations ; tout cela m'a échappé, toujours j'ai été trompé dans mes essais, dans mes tentatives, dans mes espérances.

« Je cherchais vainement à me distraire par d'autres passions. J'introduisis dans ma maison une femme... D'autres fois, je voulais être seul, et chez moi et au dehors, l'air glacial de l'isolement me faisait éprouver des frissons de terreur.

« Je tombai enfin dans une douleur profonde, et chaque jour je m'y enfonçai davantage. La présence ou le souvenir de mes enfants ne faisait qu'irriter mes chagrins ; il n'y a que Dieu qui sait tous les tourments, toutes les angoisses que j'ai soufferts...... Cependant mes affaires, mon commerce étaient paralysés; la gêne commençait à se faire sentir ; ma faillite devenait imminente et la pauvreté m'apparaissait. Je me suis adressé à Sa Majesté, à M. Rothschild, à M. Raspail, je leur faisais part des inventions qui étaient dans ma tête et que j'aurais pu réaliser si j'avais eu de l'argent. J'ai adressé de volumineux mémoires à de soi-disant philanthropes, mais leur philanthropie n'est qu'au bout de leur plume. Je méditais l'établissement d'une maison pour les invalides civils, pour les ouvriers âgés de quarante-cinq à cinquante ans qui n'avaient pas de quoi vivre. J'en étais là moi-même : c'était ma cause que je plaidais.

« On me proposait bien de redevenir ouvrier, et j'aurais pu gagner au moins dix francs par jour, mais j'aurais ressemblé à un colonel qui redeviendrait soldat, à un poëte qui, par un revers de fortune, deviendrait copiste des œuvres des autres.

En proie au découragement, au désespoir, j'invoquais la mort comme le seul soulagement à mes maux; la mort ne voulait pas de moi, et je frémissais à la pensée d'attenter moi-même à mes jours, et cependant le suicide était mon but fatal, il fallait en finir !

« Enfin, une nuit, au milieu de mes cruelles insomnies de délire, rêvant tout éveillé, j'entrevis un projet qui, je vous le répète, va vous paraître bien étrange, et avec lequel, cependant, je me familiarisais insensiblement. Il devint bientôt une idée fixe où je trouvais une espèce de plaisir mélancolique, au point que je le regardais comme en parfait rapport avec ma cruelle position, et comme seul capable de lui donner le dénoûment qu'il me semblait impossible d'ajourner plus longtemps.

« Ce projet, c'est celui que j'ai mis à exécution. Mais ceci demande une explication. Encore une fois, vous n'avez pas devant vous un conspirateur. Mes principes et mes opinions politiques sont en opposition avec l'attentat que je parais avoir commis. Je ne suis point le successeur de Fieschi, d'Alibaud et de Lecomte. Mes pistolets n'étaient chargés qu'à poudre, mais pour donner le change et pour arriver à mon but, j'ai dit qu'ils étaient chargés avec des lingots de ma fabrication. La portée de mes pistolets ne pouvait arriver jusqu'au roi, n'étant pas chargés à balle forcée. J'en étais éloigné de plus de soixante mètres; d'ailleurs, j'ai tiré les deux coups presque en même temps, un de chaque main, sans prendre la peine d'ajuster. Il n'y a donc rien de sérieux dans mon régicide. J'ai voulu faire croire à un crime sans le commettre; j'ai voulu qu'on me prît pour un assassin, qu'on me condamnât comme tel, afin d'en finir avec la vie, qui m'était insupportable et que je n'avais pas le courage de m'ôter moi-même.

« Cependant, comme je ne voulais pas qu'une réputation flétrie pesât sur ma mémoire et rejaillît sur mes enfants, j'avais pris des précautions pour qu'après ma mort mon secret fût connu et que les véritables motifs qui avaient présidé à ma détermination fussent enfin attribués à mon acte. »

Je dois l'avouer, j'éprouvai un moment de grande hésitation avant d'ajouter foi aux choses si étranges que venait de me dire l'accusé. Je ne lui dissimulai pas mes impressions à cet égard. Mais son ton, son air, sa persistance et l'uniformité de son langage ne tardèrent pas à dissiper mes doutes et me firent croire à sa sincérité.

Le souvenir de l'Anglais Hardfield, qui, dans des circonstances et par des motifs presque analogues, avait, en 1800, tiré sur le roi Georges III, un coup de pistolet chargé à poudre, me revint à l'esprit.

Sans peser son degré de culpabilité, je ne vis dans Henri qu'un malheureux auquel appartenaient tout mon intérêt et tous mes soins. Je voulus tout d'abord répandre quelque baume sur cette âme ulcérée, puis, pour ramener un peu de calme et d'ordre dans ce cerveau malade, il fallut chercher, avec ménagement à rattacher sa raison à quelque principe fixe, à l'aide duquel il pût reprendre possession de lui-même.

Je lui dis qu'il n'y avait personne auquel ne fût échu un lot de souffrances; que la vie était une œuvre laborieuse et difficile pour tous; que sans vouloir moi-même faire une enquête sur sa vie, car je devais lui laisser ce soin, je l'engageais à consulter son for intérieur et à voir si sa conduite n'était pas pour quelque chose dans les chagrins dont il se plaignait. « Descendez dans votre propre cœur, ajoutai-je, sondez-le bien, sondez-le partout, votre femme n'est peut-être pas la seule coupable; votre caractère, vos procédés, votre manière d'agir ont-ils toujours été de nature à entretenir la paix, la bonne intelligence dans votre intérieur? Les relations coupables, au point de vue de la religion et de la conscience, que vous avez eues devaient aussi devenir nuisibles à vos intérêts, car elles s'accordent rarement avec l'ordre et la gestion économique d'une maison.

« En vous abandonnant à toutes les capricieuses inspirations d'une imagination indisciplinée et aux suggestions d'une ambition impossible à satisfaire, en ne rêvant que découvertes, inventions, il vous était impossible de surveiller vos ouvriers, de vous occuper de votre commerce. Vous abandonniez vos travaux et par conséquent vos profits de tous les jours. Que pouvait-il, que devait-il advenir de tout cela? N'était-ce pas marcher à une ruine certaine?

« Quant aux chagrins et aux malheurs qui ont pu vous assaillir par des causes indépendantes de vous, vous eussiez pu en adoucir l'amertume en revenant à la religion que vous aviez négligée et abandonnée. Vous y eussiez trouvé des trésors de consolation et de force, elle vous eut inspiré l'esprit de votre position, un esprit de conduite sage, résignée, courageuse, luttant par un incessant labeur contre vos épreuves vaillamment supportées.

« Au lieu de cela, vous avez faibli devant les dures conditions de l'existence, vous avez été sans force et sans énergie morales, parce que, encore une fois, la religion qui en est le véritable principe n'avait plus d'écho dans votre esprit ni dans votre cœur.

« Et pour tout le reste de votre conduite, n'y a-t-il pas un sens profond dans ce passage de l'Apôtre où il est dit : *qu'après avoir délaissé l'espérance* et les devoirs qu'elle impose, on cherche à s'étourdir dans le *désordre et la corruption des mœurs*[1].

« Que vous dirai-je de Benvenuto Cellini, auquel il y a de votre part un peu trop de confiance à vouloir vous comparer, apprenez que le grand artiste, à travers son existence orageuse, ne perdit jamais courage; quand il avait éprouvé de grands mécomptes, de grands malheurs, commis de grandes fautes, Dieu lui restait; que même dans ses égarements il avait conservé la foi; et les promesses de la foi désaltèrent, consolent, régénèrent, elles vont jusqu'au fond du cœur pour y éteindre les passions qui le brûlent, ou du moins pour les purifier et les tourner vers le ciel.

« A moins d'une supériorité bien constatée, il y a toujours grand avantage à rester dans les voies ordinaires; le génie est chose rare, des prétentions ne donnent pas le talent, il ne faut pas prendre pour une véritable aptitude ce qui n'est peut-être qu'une inspiration de notre amour-propre. »

Arrivant à l'acte de suicide détourné auquel il avait eu la criminelle pensée d'avoir recours par un crime apparent, je ne négligeai rien pour lui faire comprendre tout ce qu'avait d'odieux et de

---

[1] Desperantes dederunt sese immunditiæ. (*Eph.* iv, 19).

coupable devant la conscience, la morale et la religion, une pareille conduite, qu'aucun sophisme ne pouvait justifier.

Je revins souvent sur le même sujet, le présentant sous une nouvelle face et lui donnant un nouveau tour, afin de bien le pénétrer que son action était un commencement de mise à exécution d'un véritable suicide; que le suicide était un crime énorme, puisque Dieu seul avait le droit de disposer de nos vies; que ce crime, terminant l'existence, est inséparablement lié avec la mort dans le péché; que c'est la damnation; que se suicider, c'est donner en même temps le coup mortel à son corps et à son âme, s'ouvrir le tombeau et l'enfer, et se dévouer par conséquent à des maux incomparablement plus grands que ceux dont on a voulu s'affranchir.

« Il n'est que trop vrai, ajoutai-je, vous avez subi l'influence de ces désolantes doctrines qui font tant de victimes parmi nous. Ces doctrines ont la prétention d'affranchir l'homme, parce qu'elles brisent tout ce qui l'attache à ses devoirs; mais, hélas! après l'avoir précipité dans le désordre et le malheur, elles ne peuvent que le pousser au désespoir et lui dire : tue-toi.

— Je suis bien forcé de le reconnaître et de l'avouer, répondit-il. J'avais cependant, dans le principe, des combats à soutenir avec ma conscience, et ce n'est qu'en rusant avec elle que je me suis laissé aller à cette malheureuse détermination.

« Vous me dessillez les yeux aujourd'hui. Néanmoins, ainsi qu'à Benvenuto Cellini, il m'arrivait aussi des éclairs de foi, et croyez-le bien, monsieur, en ce moment même, je sens qu'elle n'est pas tout à fait éteinte dans mon âme.

— Quelle joie vous me faites éprouver! La foi est la racine de toutes les vertus, elles portent sur cette racine, dont elles tirent leur vie. Tant que la foi subsiste, il y a encore de l'espoir. Quand on coupe les branches d'un arbre, cela n'empêche pas que l'arbre ne croisse et ne produise plus tard des fruits. Il ne périt infailliblement que quand il est coupé à sa racine. Il en est de même de l'âme, dont la foi est la racine, et les diverses vertus comme les branches. Si l'âme perd ces vertus, la foi qui lui reste peut les reproduire de nouveau. »

Je mis toute mon application à raviver et à entretenir ces germes précieux ; mais, *Paul et Apollo arrosent, Dieu seul donne l'accroissement*[1]?

[1] I *Corinth.*, 6.

Henri avait comparu devant la Cour des pairs. A la suite d'un des interrogatoires qu'il y avait subi, il m'écrivit les lignes suivantes, qui feront connaître l'influence salutaire du ministère du prêtre, les sentiments intimes de l'accusé, les dispositions nouvelles dans lesquelles il se trouvait, le travail de son esprit, le réveil de sa conscience :

« Monsieur l'abbé,

« J'ai subi hier un long interrogatoire public devant la Cour des pairs. Comme il a été question de vous, je veux vous répéter ici ce que j'ai dit, afin que l'on ne donne pas une fausse interprétation à mes paroles. J'ai voulu relire le procès-verbal qui rend compte de ce que j'ai dit à votre occasion, et je le copie parce qu'il est exact; on m'a assuré, du reste, qu'il serait imprimé et qu'il paraîtrait dans les journaux, étant reproduit par les sténographes.

« Le président m'a dit : Ainsi, pour échapper à
« l'action du suicide, que vous croyiez une action
« très-blâmable, vous avez imaginé une autre na-
« ture de suicide, celle de vous faire tuer par la loi.

« — C'est ce qu'en effet m'a dit M. l'abbé... En-
« fin, M. l'aumônier de la Cour m'a fait comprendre,

« et à ce moment je le vois, que cela équivaut à un
« demi-suicide.... Alors, cela m'a chagriné, et c'est
« pour cela que je vous dis maintenant : Mon âme,
« mon esprit, sont comme dans un labyrinthe, et
« que maintenant, de plusieurs parts, je suis tour-
« menté pour tâcher de me défendre, afin d'éviter
« la peine capitale. » J'ai ajouté : « Les interroga-
« toires précédents ne faisaient qu'augmenter mon
« irritation, mon obstination et mon aveuglement[1],
« tandis que depuis plusieurs jours, les visites de
« M. l'abbé me mettent comme dans un *labyrinthe*,
« je ne suis plus aussi sûr de moi. » Pour vous, mon-

[1] Sans l'intervention du prêtre, ne serait-il pas à craindre que le criminel, déjà sous l'influence d'une affection intellectuelle et morale plus ou moins morbide, ne fût bientôt atteint d'une espèce d'aliénation *sui generis*, produite par le régime de la prison, l'appareil de la justice et ses inévitables conditions, n'ayant auprès de lui ni ami, ni confident, ni régulateur. Et ici nous aimons encore à citer les paroles si vraies du docteur Fournet, qui unit à un si haut degré l'intelligence, le savoir, le cœur et l'expérience qui font le praticien consommé : « Repoussés au fond d'eux-mêmes dans la solitude dangereuse et obscure de leur intelligence troublée, ces malheureux y sont comme emprisonnés et enchaînés dans l'erreur. Aigris par les irritations du dehors, égarés par ce défaut de lumière, leur mal fait alors de rapides progrès... Tout chancelle dans l'esprit quand le cœur s'agite et s'affaisse dans la douleur ; tout s'écroule quand il se brise, excepté chez les âmes, chez les raisons qui ont leur point d'appui en haut au lieu de l'avoir en bas. »

sieur l'abbé, ce mot n'a pas besoin d'explication, car vous avez reçu mes confidences; cela veut dire qu'avant de vous entendre, je n'hésitais pas dans mon erreur, j'y donnais tête baissée. Aujourd'hui, je commence à comprendre, comme malgré moi, que je me suis trompé. Il y a chez moi combat entre les ténèbres et la lumière. C'est là mon *labyrinthe* dont votre main achèvera de me faire sortir.

« Le chancelier m'a dit : « Visité dans votre pri-
« son par un ecclésiastique estimable, qui a le triste
« devoir de porter ses consolations aux accusés, qui
« ne peut vous donner que d'excellents conseils,
« vous semblez importuné par ses soins. »

« J'ai répondu vivement à M. le chancelier :
« C'est une erreur, ce n'est pas là certainement ma
« pensée. M. l'aumônier de la Cour fait tous ses ef-
« forts pour que je veuille vivre, c'est là ce qui me
« chagrine et place mon esprit dans un labyrinthe,
« parce que ses paroles tendent à me faire revenir
« sur mes idées, dont je commence à douter, mais
« qui ne s'en vont pas sans résistance. Je ne dis pas
« qu'il me contrarie, il s'en faut beaucoup, il rem-
« plit un pénible devoir, tout ce qu'il me dit me
« touche beaucoup, beaucoup plus que les termes de
« *monstre*, de *scélérat*, qu'on a employé à mon égard.

« J'ai ajouté encore qu'en me disant des paroles sympathiques et de douceur, vous étiez parvenu à me faire comprendre combien j'étais coupable et que mon action tendait à un véritable suicide.

« Voilà ce que j'ai dit publiquement et ce que je veux vous répéter, mon cher consolateur, et ce que je sens mieux encore. J'espère que vous ne m'abandonnerez pas, et que vous viendrez me visiter encore plus souvent dans ce moment critique, où j'ai le plus besoin de votre ministère. »

La défense d'Henri fut présentée par Me Baroche, avec une haute convenance, un grand zèle et un remarquable talent.

M. le procureur général Hébert avait eu, dans son réquisitoire, des passages d'une incontestable éloquence. Nous fûmes surtout frappé, dans sa réplique, des considérations aussi justes qu'élevées auxquelles il se livra pour établir la différence qu'il y a *entre de graves et funestes erreurs de jugement et la démence, qu'on fait sans cesse intervenir pour excuser et même justifier les plus grands coupables.*

Henri fut condamné aux travaux forcés à perpétuité.

Il épancha dans mon sein toute sa douleur, qui était bien vive et bien amère.

Je ne trouvais d'abord que des paroles pour le plaindre et le consoler. Je lui fis entrevoir, dans un avenir plus ou moins éloigné, une commutation de peine, rendue plus prochaine et plus facile par son repentir et sa bonne conduite, et par les dispositions bien connues du roi à la clémence.

Je l'entretins ensuite de ses intérêts spirituels et des besoins de son âme, auxquels je l'engageais à donner une sérieuse attention. Cinquante et un ans d'une vie orageuse, qui n'était pas à l'abri des plus graves reproches, si mal employée, perdue à tous les points de vue et qui aboutissait à une si dure condamnation ; quelle leçon, quel avertissement pour lui de s'occuper enfin de la seule chose réelle, nécessaire, son salut ! N'était-il pas urgent de se hâter et de commencer cette œuvre par l'accomplissement d'un devoir qui prouverait qu'il était chrétien !

Il m'en fit la promesse, et ses actes, plus encore que ses paroles, m'émurent de joie et de confiance.

Il fut transféré le lendemain à la prison de la Roquette, où j'allai le voir. « Toute ma vie aux travaux forcés ! » me dit-il en se jetant dans mes bras hors de lui, désespéré.

« Soumettez-vous aux ordres de la Providence, répondis-je tout attendri à cet infortuné, les hommes ne sont que les exécuteurs de ses volontés. Que la grâce de Dieu, dans les jours mauvais où vous allez entrer, soit votre soutien et votre consolation, qu'elle épure votre esprit, fortifie votre raison et mette la résignation dans votre âme ; *soit que nous vivions, soit que nous mourions, nous sommes au Seigneur.....*

«Dieu s'était *retiré de vos iniquités*, votre cœur était sans courage parce qu'il était vide de sa présence ; il faisait nuit dans votre âme parce que Dieu s'était éloigné. Ne vous séparez plus de lui, dans vos nouvelles et terribles épreuves ; il les rendra expiatoires, il proportionnera son secours à vos besoins. Attendez ce secours sans vous lasser *jusqu'à la quatrième veille de la nuit.* Tout ce qui vient de la main de Dieu vient à temps ; on gagne beaucoup en attendant patiemment, quand on ne gagnerait que la patience.

— J'ai marché dans une mauvaise voie, voilà où elle m'a conduit. Mon esprit était jusque-là comme dans les limbes, et je ne me réveille qu'au fond du précipice où je suis tombé.

« Mon Dieu, mon Dieu ! que vais-je devenir ? »

Je ne pus que lui serrer la main, l'émotion me coupait la parole. Autant pour lui que pour moi,

J'abrégeais cet entretien, priant Dieu de nous venir en aide à tous les deux.

Avant de partir pour sa destination d'ignominie et de souffrance, il voulut m'adresser par écrit un dernier adieu.

« Adieu, monsieur l'abbé; que Dieu vous récompense pour tout le bien que vous m'avez fait et pour tout celui que vous avez voulu me faire! Je vous en ai dit assez pour vous démontrer que lorsque j'étais libre, mais esclave de mes passions, je n'ai pas eu le bonheur de rencontrer un pasteur, un directeur, un protecteur pour soutenir mon esprit et mon cœur égarés. Ce n'est que lorsque je suis venu volontairement dans les fers, conduit par la douleur qui troublait ma raison; ce n'est que dans les fers que j'ai eu le bonheur de rencontrer un consolateur. Ce consolateur c'est vous, monsieur l'abbé, vous à qui j'avais fait une déclaration, afin que vous ne voyiez pas en moi un scélérat. J'avais fait de même cette déclaration à mon honorable défenseur, ce qui lui a fait dire que, dans sa conviction, les armes n'étaient pas chargées. Il disait vrai, et cela me troublait davantage.

« Je réservais mon secret que j'appelais imprudemment réhabilitation, pour vous le confesser véritablement lors de votre pénible mission en m'accompagnant à ma dernière heure. En partant pour l'éternité, je vous aurais indiqué cette pièce écrite de ma main que j'avais enfouie avec soin dans ma cave, je vous l'aurais indiquée pour qu'après ma mort vous puissiez éloigner de mon nom l'infamie dont je m'étais couvert. J'étais bien sûr que vous l'auriez fait pour l'amour de Dieu, pour rendre hommage à la vérité et dans l'intérêt de mes fils qui commencent leur carrière.

« L'écrit que je voulais vous signaler à ma dernière heure est maintenant dans les mains des magistrats. Cet écrit prouve que la vie du roi n'a couru aucun danger. Tout ce que je vous ai dit à vous-même, monsieur l'abbé, s'expliquait ainsi, mais je n'étais pas dans une position à être cru.

« L'écrit, que j'ai porté trop tard à la connaissance de la justice, est en parfaite harmonie avec ce que j'ai eu l'honneur de vous dire. Tout ce que j'ai dit ensuite aux magistrats est la vérité; j'ai fait un seul mensonge dans ma vie, et c'était pour pouvoir mourir; c'est la fable des lingots. Depuis le 29 juillet, j'ai mis quinze jours avec grande répugnance pour achever cette fable.

« Adieu, monsieur l'abbé, plaignez-moi ; j'aurai

toujours présentes à la pensée les touchantes et sages réflexions que vous m'avez faites. Il me semble que les yeux de mon esprit ne sont plus les mêmes, et que je vois les choses sous un tout autre point de vue. Les hommes me punissent cruellement; ils croient devoir le faire, je ne leur en veux pas; ils ne font qu'exercer la volonté de Dieu, comme vous me l'avez dit; mais Dieu a de grandes raisons pour me punir, mes fautes l'ont mérité.

« J'accepte; je me résigne, j'espère, et je me confie en Dieu, car vous m'avez souvent répété qu'il était meilleur que les hommes, et qu'il y avait une différence entre le craindre et en avoir peur.

« Priez pour moi et ne m'oubliez pas. Encore une fois, adieu. »

A quel triste, mais aussi à quel instructif spectacle nous venons d'assister! Quelle époque que la nôtre[1]!

Henri était une de ces intelligences incomplètes qu'un orgueil effréné, joint au demi-savoir, infatue d'elles-mêmes, qui se croient méconnues, incomprises, déclassées, comme il s'en rencontre, hélas! trop souvent de nos jours. Des passions égoïstes

---

[1] On nous a assuré qu'en 1848 Henri fut rendu à la liberté avec toutes sortes d'ovations. On voulait glorifier en lui jusqu'à la misérable parodie du régicide. Puisse-t-il être demeuré étranger à cette éhontée et cynique apothéose!

s'exaspérant dans leur ardeur et leur impuissance, les désordres et les perturbations qu'elles causent, avaient surexcité son imagination, oblitéré et perverti son sens moral; il n'avait plus ni lumières ni énergie, car, comme il l'avoue lui-même, la religion n'avait point été là pour l'éclairer et le soutenir. Dégoûté de la vie, il avait rêvé cet étrange et criminel moyen de trouver la mort qu'il cherchait en se donnant quelque célébrité. « Avant d'user du dernier moyen que j'ai employé, nous disait-il, j'avais voulu me placer au premier rang d'une revue, quand le roi aurait passé, j'aurais percé d'un coup de baïonnette la cuisse de son cheval, mon procès n'aurait pas été long, on m'aurait bientôt expédié comme régicide et non comme chevalicide. »

Puisse-t-il, le malheureux, lui qui s'obstinait à se perdre, s'être retrouvé dans le sein de l'infinie miséricorde! Puisse cette miséricorde qui ne blesse que pour sauver, l'avoir délivré des embûches et des étreintes de son plus cruel ennemi... de lui-même!

« Oh! qui rendra à la génération actuelle la jeunesse de la foi, la fraîcheur de la croyance, s'écriait Ballanche, le bonheur n'est que là... Ne voyez-vous pas, au contraire, les hommes élevés dans l'absence des principes religieux, dépouillés de toute espérance, ils ont fini par vouer l'avenir au néant, ils se sont trouvés sans bouclier contre le choc des passions et sans dédommagement pour des penchants qu'ils ne pouvaient satisfaire. Une grande tristesse est accourue les saisir, ils ont été dégoûtés de la vie, sans chercher ce qui peut consoler de vivre dans des temps si difficiles. »

Au milieu de l'atmosphère orageuse et énervante où nous vivons, nous avons aussi entendu d'autres paroles philosophiques, fortes et encourageantes.

« Je voudrais, dit Augustin Thierry, que mon exemple servit à combattre cette espèce d'affaissement moral qui est la maladie de la génération nouvelle, qu'il pût ramener dans le droit chemin de la vie quelques-unes de ces âmes énervées qui ne savent où se prendre, et vont cherchant partout, sans le rencontrer, un objet de culte et de dévouement.

« Pourquoi se dire avec tant d'amertume, que, dans ce monde constitué comme il est, il n'y a pas d'air pour toutes ces poitrines, pas d'emplois pour toutes ces intelligences? »

Hélas! cet état d'énervation intellectuelle, d'affaissement moral, a souvent affligé nos regards. Plus d'une fois nous avons entendu s'exhaler ces plaintes douloureuses, mais le remède spécifique à ces amères dispositions, est-il seulement dans l'étude comme le proclame l'éloquent écrivain? N'avons-nous pas vu des hommes d'étude se déclarant vaincus par les mécomptes, les froissements, les épreuves de la vie, déchirer leurs livres, briser leur plume, pour tourner contre eux l'arme impie du suicide. Et d'ailleurs, l'étude n'est point à la disposition et à la portée de tous, elle est un privilège, tandis que le mal qui dévore la génération actuelle éclate dans toutes les classes de la société, il se révèle jusque dans les paroles et dans les actes du bijoutier Henri.

Voyez en effet ce qui se passe autour de nous; voyez toutes ces intelligences, toutes ces âmes se flétrissant comme l'arbre sous lequel reposait le prophète, parce qu'un insecte a piqué sa racine! Voyez tous ces cœurs en proie à des ambitions forcenées, à des douleurs délirantes, à des mouvements d'une brutalité aveugle, voulant unir des choses insociables, donner l'être à l'impossible, se révoltant contre *la tyrannie* des lois, contre les formes sociales; et quand cette exaltation fiévreuse s'affaisse, quand la réaction s'opère, arrivent le découragement et la défaillance. Il n'y a plus de ressources pour tant de malheureuses victimes que dans la lâcheté du suicide sous mille formes différentes, elles n'aspirent plus qu'au néant et voudraient s'y perdre pour jamais.

Selon nous, la religion qui est utile à tout et à tous, peut seule guérir ce mal contagieux, en faisant disparaître les causes qui le produisent, cet orgueil insensé, cette idolâtrie de soi-même, cette intempérance de vœux et d'aspirations d'un esprit sans foi et sans règle. La religion n'est-elle pas dépositaire des promesses de Dieu? Avec elle l'accomplissement des devoirs de notre état, de notre position, n'est jamais stérile; nous y trouvons une consolation pour toutes les souffrances, une indemnité pour tous les sacrifices.

Nous sommes heureux de le dire, et nous en avons été témoin, le besoin de la foi chrétienne, cette grande aumône du ciel, que rien ici-bas ne saurait remplacer et qui supplée à tout, ce besoin se fit sentir au cœur de l'illustre vieillard dont nous avons cité les paroles. Avant même d'arriver au terme de sa studieuse carrière, Augustin Thierry put rendre hommage à l'influence universelle et toute-puissante de la religion, il donna à tous cette fois le moins équivoque et le plus salutaire de tous les exemples : il vécut et mourut en chrétien !

LEÇONS ET ENSEIGNEMENTS[1]

Deum timete: regem honorificate.
Craignez Dieu; honorez le souverain.
(I Petr. II, 17.)

« Il suffit d'une fausse idée, pour faire d'un homme un monstre, » a dit un philosophe.

Tout ce qu'il a d'effrayant dans ces paroles d'une si énergique concision, apparaît ici dans sa terrible réalité.

On a pu s'en convaincre, c'est sous l'influence de fausses et pernicieuses doctrines qu'ont agi la plupart de ces hommes égarés et criminels, dont on vient de lire la déplorable histoire; le poison

[1] Les pages suivantes ont été écrites avant 1848.

inoculé dans leur esprit a produit les mêmes funestes effets sur ces natures différentes d'organisation et de caractère; pour tous, les conséquences semblent fatalement enchaînées à leurs principes. La clémence, pas plus que la sévérité, n'ont pu prévenir ni arrêter cette contagion parricide, cette succession de meurtrières agressions contre le souverain, chaîne sanglante, dont le premier anneau est toujours entre les mains des sophistes et le dernier dans celle des assassins.

Si nous jetons rapidement un coup d'œil rétrospectif sur les attentats de même nature, dont l'histoire nous a conservé le souvenir, nous verrons partout mêmes causes, mêmes résultats.

N'est-ce pas ainsi que le dernier prince de la branche de Valois, Henri III, périt victime de cette monstrueuse maxime, réminiscence des idées du paganisme, mise à l'ordre du jour par l'aveugle fureur des factions, qui n'ont d'autre morale que leur intérêt passionné et exclusif : *qu'il est permis et même glorieux de se défaire d'un tyran* [1]. Mais ce

---

[1] Qu'est-ce que la tyrannie? qui peut et doit la constater? Toujours les partis extrêmes s'arrogent ce droit. Sans conscience et sans morale, ils n'ont qu'un but, il faut l'atteindre. Le prince fait obstacle; *c'est un tyran;* on doit l'immoler.

qu'on ne saurait assez déplorer, c'est que cette détestable maxime trouva des partisans et des apologistes parmi quelques-uns mêmes de ceux qui auraient dû la repousser, la flétrir et la condamner avec le plus d'indignation, de mépris et de sévérité [1]. Comment expliquer cette anomalie non moins étonnante encore? C'est sous une suite de gouvernements monarchiques et catholiques que cette aberration homicide a pu se propager et se naturaliser en quelque sorte au milieu de nous. Telles devaient être, en effet, les conséquences inévitables de l'admiration insensée que, par l'étude des auteurs

---

[1] L'assassin d'Henri III avait de nombreux admirateurs; on proposait hautement de le faire béatifier. Sa mère était recommandée aux prières publiques; d'horribles fanatiques la comparaient à la Reine des anges. Mais les torts des hommes ne doivent pas être imputés à la religion. Jésus-Christ, sous Tibère, se soumit aux institutions de l'État, paya le tribut et trancha toutes les questions captieuses que lui firent ses ennemis sur les droits de l'empereur, en présentant son image gravée sur la monnaie publique : « Rendez à César ce qui est à César. »

Il n'y a pas de puissance qui ne vienne de Dieu, dit saint Paul, et le grand apôtre, fidèle à la doctrine et aux exemples du divin Maître, sous le règne de Néron, ordonne des prières pour le chef de l'empire. Saint Pierre prêche et agit de même. Pendant près de cinq siècles, les premiers chrétiens n'ont opposé que la patience, la soumission et la prière à tout ce que la cruauté la plus barbare s'étudia à inventer contre eux; ils n'ont point cherché à faire cesser cette longue et affreuse persécution par la violence et par l'assassinat.

du paganisme, *sans réserve et sans commentaire*[1], on courait risque d'inspirer à la jeunesse pour les vertus républicaines et régicides d'Athènes et de Rome.

Ajoutons en outre, que, d'origine païenne, cette funeste théorie se rattachant, par une déduction logique, à la doctrine de la souveraineté de la raison individuelle en matière de religion[2], a dû, en politique, se traduire par la souveraineté absolue du peuple en vertu de laquelle chaque particulier pouvait s'ériger en juge, et au besoin en bourreau du chef de l'État.

« Le droit des hommes contre la tyrannie est personnel, dira plus tard Saint-Just, chaque citoyen doit devenir un Brutus. » Est-il besoin de faire remarquer ce qu'un pareil principe a d'antisocial, puisque la société a surtout été établie pour échapper à l'anarchie des volontés individuelles et privées.

N'est-ce pas ainsi que le premier roi de la branche des Bourbons, Henri IV, fut dix-sept fois l'objet

---

[1] Qu'on le remarque bien ici, il ne s'agit que de certains passages des auteurs du paganisme, livrés à l'admiration des élèves, *sans réserve et sans commentaire*, nous sommes bien loin de vouloir proscrire les chefs-d'œuvre de l'antiquité profane interprétés et expliqués dans les leçons si profitables de maîtres savants et chrétiens.

[2] On sait que c'était là le grand principe des novateurs du seizième siècle.

de tentatives homicides; plusieurs des misérables qui s'étaient portés à ces entreprises criminelles les avaient payées de leur vie. Le supplice de deux d'entre eux, Pierre Barrière et Jean Chatel, avait même été précédé des plus cruels tourments; il semblait que ces rigueurs n'eussent eu d'autre résultat que d'augmenter cet aveugle vertige. Le meilleur des rois, le seul dont le peuple ait gardé le souvenir, tomba bientôt sous le poignard d'un autre monstre, qui ne voyait dans le Béarnais, même après sa conversion, qu'un *huguenot, un ennemi de l'Église et de son pays.* Tristes et déplorables effets de tous les genres de fanatisme! Après la mort de Henri IV, il se trouva encore de vieux et incorrigibles ligueurs, qui applaudirent au crime de Ravaillac.

N'est-ce pas ainsi que les forcenés auteurs de la mort de Charles Ier, roi d'Angleterre, poussèrent l'égarement jusqu'à oser se prévaloir de l'autorité des saintes Écritures pour justifier leur forfait et faire violence aux textes sacrés *pour tuer leur souverain en conscience* [1] ?

[1] Le grand Bossuet n'a jamais hésité à ranger les doctrines séditieuses et antisociales des nouveaux réformés au rang de leurs erreurs dans la foi, et d'inscrire leurs dires contraires dans cette matière, comme un article de plus au chapitre de leurs variations

Damiens ne crut-il pas faire une œuvre glorieuse et méritoire, *racheter ses péchés* en assassinant Louis XV? On demeure comme muet d'épouvante devant cet affreux travers d'esprit, qui jette les hommes hors de toutes les voies de la raison et de la conscience, et qui, par une monstrueuse association des prétendues volontés du ciel avec le plus furieux délire des passions humaines, s'imagine que Dieu est intéressé à l'accomplissement d'un crime, et qu'il le récompense.

Comme nous l'avons dit, les novateurs du seizième siècle avaient introduit l'anarchie des opinions individuelles au milieu de nous, et l'on put, dès cette époque, signaler les ravages du poison secret, qui venait, après tant d'autres, miner l'existence du corps social. Louis XIV opposa une forte digue au torrent [1], mais après sa mort ces doctrines

dans la doctrine. Et quand le fougueux Jurieu entra en lice avec lui, dans le double motif de répondre à son accablante *Histoire des variations* et de justifier la convention anglaise, meurtrière de son roi, Bossuet combattit ce démagogue, insensé précurseur des Jacobins de 93, et écho des Indépendants régicides d'Angleterre; Bossuet, dis-je, le terrassa par l'autorité de la parole de Dieu et de la tradition de l'Église encore plus que par celle de la raison et de la saine politique. (Voyez *Défense de l'ordre social*, par M. Boyer, directeur de Saint-Sulpice.)

[1] Nous sommes loin de vouloir justifier les moyens employés, nous ne faisons que constater un fait.

subversives commencèrent à se répandre de nouveau. Une régence licencieuse, la longue corruption d'un règne dont les commencements donnaient tant d'espérances, n'avaient pu que creuser un abîme. La France était inondée de libelles, de pamphlets, de gros ouvrages, où l'impiété prenait toutes les formes. Les idées d'indépendance bouleversaient toutes les têtes, d'innombrables sophistes s'étaient mis à l'œuvre, et ils finirent par amener la plus terrible des catastrophes dont l'histoire ait conservé le souvenir.

« Ils n'ont pas vu ce qu'ils ont fait, disait Condorcet, mort, en 1794, victime des doctrines qu'il avait aussi proclamées, mais ils ont fait ce que nous voyons. »

N'est-ce pas toujours ainsi, et par suite de la plus inconcevable perversion de tous les principes, que fut commis, au milieu de nous, le meurtre juridique du roi martyr? Cet attentat à la morale universelle, cette infraction aux lois divines et humaines, devraient être le plus grand sujet de deuil que la France ait connu, et devenir à perpétuité l'objet d'une unanime expiation [1].

---

[1] L'Angleterre, qui, elle aussi, doit se reprocher un régicide *légal*, a élevé une statue à Charles Ier près du lieu de son supplice où,

Cette réparation nationale serait comme une protestation toujours vivante contre les sacriléges intentions de ceux qui, en immolant Louis XVI, avaient en vue surtout de légitimer des crimes semblables et de perpétuer le droit de mort de la part du peuple sur les têtes couronnées, par l'exemple même de cette grande victime.

Est-il étonnant maintenant que la royauté, protégée par de longs siècles d'amour et de fidélité, ait cessé d'être un objet sacré pour le peuple, et que le peuple *souverain*, conséquent avec lui-même, ne voie plus dans les rois que des spoliateurs de son pouvoir, des usurpateurs de ses droits, et que, quand il lui plaît, il en fasse bonne et prompte justice ?

L'homme prodigieux qui s'efforça de détrôner l'anarchie et de rétablir l'ordre dans notre patrie, Napoléon Ier, ne pouvait manquer de devenir le point de mire des fureurs du fanatisme combiné des divers partis politiques ; fanatisme également odieux quels que soient ses motifs et ses prétextes,

---

après deux siècles, et sous une nouvelle dynastie, le peuple anglais récite encore avec recueillement les prières que le Parlement anglais de 1692 avait ordonnées, voulant, avait-il dit, que ce jour fût *saint à jamais*.

également condamnable quand il se produit par le meurtre du chef d'un gouvernement établi, quel que soit le nom que l'on donne à ce chef, quelle que soit la forme de ce gouvernement.

On le sait, plusieurs conspirations successives mirent en danger la vie du premier consul. L'entreprise régicide d'Arena, celle de Béjean, ou de la machine infernale, invention vraiment diabolique, qui fit un si grand nombre de victimes; toutes ces conspirations étaient tramées au sein des sociétés secrètes qui commencèrent à cette époque à s'organiser en France. Bientôt elles s'affilièrent avec celles d'Italie et d'Allemagne dont elles adoptèrent les différents modes d'initiation. Le plus grand mystère les enveloppait. Leurs nombreux adeptes, liés par des serments terribles, soumis à de longues épreuves, effrayantes, décisives, se cachaient sous des noms grecs et romains [1].

[1] Les épreuves étaient souvent aussi romanesques qu'effrayantes; en voilà un exemple, rapporté par Charles Nodier : « Un jour certain prétendant à l'initiation, qui avait un grade élevé dans l'armée allemande, reçoit une lettre conçue dans les termes adoptés par la société dont il voulait faire partie. On lui ordonnait de se rendre dans un lieu écarté où il devait se trouver réuni à plusieurs de ses frères. Il s'y rendit et ne vit personne. Peu de jours après l'avis se réitéra : il obéit avec exactitude et ne fut pas plus heureux dans ses recherches. Cette épreuve se renouvela quatre fois.

Soit que ce fût en eux l'esprit qui trompait le cœur, ou le cœur qui égarait l'esprit, tous ils se regardaient comme des citoyens généreux, qui devaient faire revivre les siècles héroïques de l'anti-

A la cinquième il se retirait un peu inquiet, quand des cris affreux attirent son attention. Armé de son épée, il se précipite, et reçoit le feu de trois hommes qui fuient aussitôt; mais à ses pieds gît un corps sanglant que le crépuscule éclaire de sa dernière lueur. Il lui prodigue vainement ses secours. Un détachement, attiré par les plaintes du mourant, débouche du bois et arrête l'officier que la victime, en expirant, semble désigner pour son assassin. Chargé de fers, jeté ignominieusement sur une charrette, il est condamné au dernier supplice. Son exécution aura lieu aux flambeaux, à l'heure la plus silencieuse de la nuit. Garrotté par des bourreaux hideux, il s'avance au bruit de la cloche qui le recommande aux prières des fidèles, et il parvient, de détours en détours, dans une cour immense qui offre l'aspect d'une place publique; un cercle de cavaliers en uniforme entoure l'échafaud, des hommes, des femmes sont groupés dans le lointain, quelques-uns sont assis sur les murailles; on entend de côté et d'autre une rumeur sourde d'impatience et d'horreur, et deux ou trois lumières éparses éclairent faiblement des fenêtres éloignées. Il monte à l'échafaud, écoute la lecture de sa sentence, quand un envoyé à cheval fait retentir à ses oreilles je ne sais quel bruit d'espérance qui le ranime un instant. Un édit qui vient d'émaner du gouvernement accorde la grâce à tout homme condamné pour un délit de quelque espèce qu'il soit, qui pourra donner à la justice les mots d'initiation et de reconnaissance d'une société secrète qu'on lui désigne par son nom; c'est celle dans laquelle il a été nouvellement reçu. On l'interroge, il répond négativement; on insiste, il demande la mort. Son initiation est achevée. Tout ce qui vient de se passer n'est qu'un jeu, et il n'y avait personne autour de lui qui ne fût membre de l'institution et qui n'eût sciemment coopéré à l'œuvre.

quité en se sacrifiant pour leur pays. Réunis dans la glorification de l'assassinat, ils s'imaginaient ennoblir le crime en lui donnant un motif politique. La fin justifiait les moyens : à leurs yeux, leur arme meurtrière était bénie, leur poignard homicide était entouré de lauriers. Ainsi raisonne et agit toujours la logique pratique des partis violents, faisant bon marché des principes quand ils sont un obstacle à ses projets, en changeant l'interprétation au gré de l'intérêt et de la passion qui la fascinent. C'est un égoïsme barbare, aussi aveugle qu'inconséquent, qui trouve tout bon, tout légitime, pour arriver à son but, et qui ne voit pas qu'on peut employer plus tard contre lui, les mêmes moyens et les mêmes arguments dont il a usé envers ses adversaires. Chose surprenante et bien propre à faire naître de sérieuses et inquiétantes réflexions ! Ce fut contre une gigantesque puissance, entourée de tous les prestiges de la gloire, née au milieu de victoires qui tenaient du prodige, à une époque où rien ne semblait devoir échapper à la surveillance et à la pénétration d'une police, la plus nombreuse et la plus active qui fût jamais, que se révéla, par des tentatives d'une audace inouïe, l'action de cette puissance invisible, qui, comme l'esprit satanique qui l'inspire, ne vit que dans les ténèbres et se manifeste par des actes d'une révoltante atrocité. Hélas! nous n'avons que trop appris à les connaître, nous ne saurions donc assez les redouter, ni assez chercher à les prévenir.

Sous la Restauration, on vit bientôt apparaître un séide volontaire ou délégué des doctrines anarchiques et des clubs souterrains, qui, de toutes parts et sous toutes les formes, avaient miné le sol de la légitimité. Louvel, *qui avait trempé son poignard dans les eaux froides de l'athéisme*, répondit au magistrat qui lui parlait de la justice divine : « Dieu n'est qu'un mot. »

Mis en présence de son auguste et généreuse victime, qui, pendant sa longue et cruelle agonie, n'a pas cessé de demander grâce de la vie pour son meurtrier, Louvel persiste à dire qu'il a fait *une action belle et vertueuse; qu'on ne doit voir en lui qu'un Français qui s'est sacrifié*. Peut-on concevoir une plus monstrueuse et plus sacrilège association d'idées?... Un assassin athée qui rêve les palmes du martyre!...

Mais jamais les doctrines dissolvantes de tout ordre social, jamais les provocations au régicide ne se sont répandues avec un plus furieux débordement que sous la monarchie de Juillet. L'origine même de ce gouvernement, qui a eu le malheur de s'élever à la suite des conspirations et des complots non interrompus de quinze ans et d'éclore presque au milieu des barricades, n'y a point été étrangère. Le triomphe obtenu sur un pouvoir régulier, quels que puissent être la cause réelle ou les prétextes de l'agression, ne peut jamais avoir lieu sans produire une grande perturbation dans tous les principes. Il ébranle non seulement l'autorité des lois, mais encore fait chanceler l'autorité de la morale. Il excite, il encourage à des tentatives du même genre, que le succès antérieur semble légitimer. Aussitôt les complices de la veille deviennent les ennemis du lendemain. Le partage inégal des dépouilles et du butin, fait naître une irritation profonde dans le cœur de ceux qui, frustrés dans leurs prétentions et leurs convoitises, ne se trouvent pas placés au gré de leur ambition ou suivant leur prétendu mérite et l'importance de leurs services. A leurs yeux, un gouvernement ne devient légitime, que lorsqu'ils y occupent les premières places.

Bientôt en effet une guerre à outrance recommence contre le pouvoir. Les sociétés secrètes se remettent à l'œuvre avec un redoublement de frénésie, jettent un anathème de sang à la royauté; elles descendent dans la rue; on ne compte plus les jours que par les émeutes, et on se demande avec effroi, si la société aura un lendemain.

Qu'on se rappelle les horribles scènes du mois de juin 1832 et les flots de sang qu'elles firent couler. Ceux qui en furent les coupables auteurs, placés sous la main de la justice, osent l'insulter et la braver jusque dans son sanctuaire et l'accuser d'une oppression tyrannique.

En 1833, les mêmes associations, sous le nom de *Sociétés réunies des Droits de l'homme,* font une levée générale de boucliers. Elles ramassent toutes les scories sociales; elles enrôlent toutes les haines, toutes les mauvaises passions. Tout leur est bon, tout leur sert d'instrument. Elles exploitent la cessation du travail, la stagnation du commerce et de l'industrie, la malheureuse situation des ouvriers de Lyon, et, au-dessus des trois couleurs, elles élèvent le drapeau noir de la misère. L'armée démagogique succombe encore une fois, et quand les lois du pays, férocement violées, demandent compte à ceux qui faisaient partie de ces hordes fratricides, du sang qu'ils ont versé, des victimes qu'ils ont faites, ils répondent avec une audace imperturbable qui confond toutes les idées reçues, « qu'ils étaient de simples prisonniers de guerre, que les armes sont journalières... et que ce n'étaient pas des hommes, mais des principes qu'on allait juger. »

Vers le même temps, les sociétés secrètes se subdivisèrent en sections. Leur nom, effroyablement significatif, fait assez connaître l'esprit qui les anime, le but qu'elles poursuivent : les sections des *Gracques*, des *Sans-Culottes*, des *Gueux*, la section *pour l'abolition de la propriété mal acquise*. Puis viennent les sections de *Marat*, de *Couthon*, de *Saint-Just*, de *Robespierre*. Il y a en outre des sociétés d'action pour *commencer le coup* : c'étaient les sections de la *Montagne*, composées de jeunes fanatiques, aveugles, impitoyables disciples des doctrines conventionnelles, et qui, pour assurer leur triomphe, s'étaient voués corps et âme au culte pratique du régicide.

Un Brutus de vingt ans, qui mourut en 1833, disait dans son testament : « Un républicain doit être toujours prêt à mourir pour la sainte cause de la liberté, tant qu'il reste un roi sur la terre. » Puis il lègue à l'enfant qui naîtra de sa concubine l'héritage de ses croyances morales et politiques, et enjoint à la mère d'élever *le posthume* dans la haine et l'exécration des rois. Le lieu de sépulture du jeune sauvage de la démagogie, était devenu un objet de vénération et de fréquents pèlerinages pour ses coreligionnaires politiques.

Plus tard, on en agit de même à l'égard de Pepin et de Morey : plusieurs fois on arrêta des individus au moment où ils jetaient des couronnes sur leurs tombes au cimetière du Montparnasse. Un service funèbre avait été demandé à l'Église française [1] pour le jour anniversaire de leur exécution. Les lettres de convocation étaient ainsi conçues : « Vous êtes invités à assister au service des citoyens Pepin et Morey, décapités par les thermidoriens l'an XLIV de la république. » L'oraison funèbre des deux martyrs devait représenter Pepin *rachetant* à la fin

---

[1] L'Église de Chatel n'était qu'un foyer de désordre et de corruption. Les passions démagogiques y trouvaient un centre et un aliment. Le 3 septembre, un corbillard escorté de deux à trois mille hommes, reconduisit de l'hôpital de la clinique de l'École de médecine au temple de Chatel, pour le transporter ensuite au cimetière du Montparnasse, le corps d'un ouvrier mort dans la foi de l'Église française. Cet ouvrier était un sieur Cau'et, blessé dans les affaires de juin. Le discours démagogique prononcé à cette occasion répondit aux sympathies de l'assistance, des désordres graves succédèrent à la cérémonie, et des arrestations nombreuses furent faites.

sa pusillanimité dans les débats par une mort ferme et courageuse ; mais c'était sur Morey que l'on devait appeler l'attention, il fallait le venger de l'indifférence publique. « On n'avait pas senti ce qu'il y avait de saint dans la mort de Morey ! Le peuple a vu tomber cette tête blanche sans frémir : le peuple a peut-être applaudi !... C'est ainsi que les Juifs raillèrent le Christ sur la croix [1]. »

Les exemples que nous venons de citer, et cet inqualifiable langage surtout, prouvent mieux que tous les discours jusqu'à quel point d'égarement et d'impiété peut arriver dans son paroxysme la démence politique.

Faut-il s'étonner maintenant des attentats incessants qui se sont succédé contre la vie de Louis-Philippe. Le coup de pistolet du 29 novembre 1833 devint le premier signal donné à la monomanie du régicide, ce fut comme le premier pas fait vers un avenir de criminels desseins non interrompus, jusqu'à la déplorable contrefaçon de l'assassinat passé à l'état de spéculation dans l'imagination malade et surexcitée du fantastique Henri.

Presque à chaque fois que se sont renouvelées

[1] Cette assimilation sacrilège était l'œuvre du citoyen M... D... Cet écrit fut saisi dans les papiers d'un nommé Gay.

quelques-unes de ces tentatives désespérées, on a vu sur le théâtre de l'événement un grand nombre d'hommes à figures sinistres et membres des sections secrètes, porteurs d'armes cachées. Lors de l'explosion de la machine Fieschi, leur évaluation numérique fut portée à deux mille. Ils se dispersèrent en apprenant que le roi avait échappé aux balles de l'assassin ; cent trente sections, d'environ vingt personnes chacune, avaient complété le contingent.

Certes, il y a un suprême intérêt, autant qu'un devoir sacré pour la société, non-seulement de s'élever avec la plus franche et la plus énergique indignation contre les doctrines qui produisent et alimentent une telle frénésie, mais encore de les combattre par tous les moyens qui sont en son pouvoir, ne fût-ce que pour échapper elle-même aux périls qui la menacent dans sa propre existence.

Que fait cependant cette société littéralement *assise à l'ombre de la mort?* Elle présente l'effrayant spectacle d'une nation qui conspire contre elle-même, qui vient en aide à ses plus cruels ennemis.

Nous avons voulu avoir un *forum* où devaient se

traiter les intérêts du pays en face du pays, par ses délégués et ses mandataires; mais cette tribune du bien public, d'où les passions de partis auraient dû être bannies, ne cesse d'être le foyer brûlant qui les excite et les entretient. Au lieu de faire la part des difficultés des temps et de la position, de prêter au gouvernement la force dont il a besoin pour défendre son existence en péril, elle ne cherche qu'à lui créer des difficultés, disons mieux, qu'à le rendre impossible par une opposition violente, systématique, qui n'est qu'une anarchie organisée. Déclarée inviolable parce qu'elle se proclame la représentation de l'opinion nationale, cette tribune n'est pour les partis que comme une position inexpugnable, que comme un poste avancé pour battre en brèche la royauté. Élevée d'après les théories révolutionnaires sur la souveraineté du peuple, en vertu de laquelle celui-ci peut de plein droit recourir en masse à l'insurrection, comme au plus saint des devoirs, ou individuellement au régicide, ce qui est plus expéditif, la tribune a fourni plus d'une fois un funeste aliment aux passions démagogiques.

Nous avons voulu la liberté de la presse, mais dans la presse pas plus qu'à la tribune, il ne faut point confondre l'exercice légitime d'un droit avec l'abus étrange qu'on en fait ; la tribune et la presse doivent se renfermer dans de sages limites, dans la discussion et la confection des lois; elles peuvent demander des réformes régulières, des améliorations progressives, mais jamais se permettre d'attaquer la constitution de l'État. Elles peuvent manifester avec mesure leur dissentiment consciencieux sur la marche du gouvernement, motiver leur désapprobation de ses actes, mais jamais s'écarter du respect dont elles doivent toujours donner l'exemple, pour l'autorité et la personne du souverain ; en un mot, elles ne doivent user de leur inviolabilité et de leur toute-puissance que pour le conserver et améliorer l'état social, et non pour le détruire et le renverser.

La tribune et la presse, si elles sont infidèles à cette mission, finiront par disparaître sous leurs propres excès.

C'est à peine si on pourra y croire plus tard ; tout ce que la haine a de plus violent, tout ce que l'insulte a de plus amer, tout ce que le sarcasme, l'ironie, l'épigramme politique ont de plus pénétrant a été prodigué à la royauté. On n'a pas craint d'accuser son gouvernement *personnel* d'arbitraire, de tyrannie, de mensonge, de concussion, de violation du pacte fondamental, et ces imputations sont chaque jour reproduites, amplifiées, exagérées par mille échos à la fois.

Telle est la force de cette contagion intellectuelle propagée par la tribune et par la presse, qu'elle a gagné la majorité de la nation. Tels sont l'asservissement et l'égarement de l'esprit public, que le peuple le plus spirituel du monde a fini par se persuader que toutes ses libertés sont en péril, au moment même où il est menacé de périr par les excès de la licence. Si les énormités de cette licence sont parfois déférées aux tribunaux, il se trouve toujours un avocat qui, sous prétexte de la liberté de la défense, peut être impunément factieux, et dont les amplifications oratoires sont le commentaire et l'apologie des doctrines les plus subversives. Que voulez-vous qu'il advienne de tout cela? Que peuvent produire ces incessantes et incendiaires prédications sur tant d'individus familiarisés avec la pensée du crime, sinon légitimer à leurs yeux leur sanglante folie, et les porter à formuler leur opinion à leur manière, par le régicide?

On aurait beau s'en défendre, on aurait beau

désavouer cette conséquence, il y a un lien logique, un fil conducteur entre ces attaques moralement meurtrières, sans cesse dirigées contre le chef de l'État, et le dernier excès auquel se portent les hommes de violence et de coup de main.

Il peut y avoir variété dans la manière dont le régicide a été préparé, il peut être l'acte directement émané des sociétés anarchiques, aussi bien que l'acte d'un fanatique isolé; mais, dans les deux hypothèses, les mauvaises doctrines professées à la tribune et émises dans la presse n'y sont pas étrangères.

Louvel, quand se réveillait dans son âme le cri de la conscience et de l'humanité, se demandait si ce n'était pas lui qui se faisait illusion. Meunier s'adressait à peu près la même question : « C'est peut-être moi qui me trompe. » Mais bientôt ce qu'ils lisaient, ce qu'ils entendaient, leur ôtait tout scrupule et les affermissait dans le dessein de leur froide et atroce barbarie. Il y a plus, un aspirant au régicide façonné par les sociétés secrètes, imbu de leurs principes, désigné pour en faire l'application, s'excitait à tenir son serment en se rappelant les propos plus ou moins inconsidérément provocateurs qu'il avait entendus hors du cercle même de ses relations. Un jour qu'en sa présence dans une réunion on annonçait l'attentat de Lecomte : « Encore une invention de la police, » répétèrent plusieurs voix. « Oh ! non, il a bien failli y passer, le c....., » s'écria, en se frottant les mains, un homme de quelque importance ; à quoi ajouta aussitôt un autre personnage : « Je voudrais que le b..... fût au bout de mon fusil, je ne le manquerais pas. » Nous savons, par devers nous, qu'en entendant ces mots, la résolution du jeune fanatique, prédisposé à l'assassinat, devint irrévocable.

C'est ainsi que, sans se douter de la terrible responsabilité qu'ils encourent, il se trouve des gens qui, aveuglés, dénaturés en quelque sorte par l'esprit de parti, ne craignent pas de proférer d'atroces paroles, tandis que dans tous les autres rapports de la vie ils se montrent scrupuleux observateurs des convenances. N'est-il pas bien affligeant de voir des personnes d'un mérite incontestable, d'une honorabilité au moins de convention, se complaisant, dans leurs écrits ou dans leurs conversations, à exalter les haines, à irriter les passions qui produisent le fanatisme et le poussent aux plus odieuses déterminations? Est-il pire état social que celui où des hommes qui ont la prétention d'être honnêtes et religieux, puissent agir ainsi sans se déshonorer à leurs yeux et aux yeux des autres, sans que le soulèvement de leur conscience et de la conscience publique les avertisse de leur déplorable erreur?

Nous ne voudrions blesser personne; mais, sous la garantie d'une autorité incontestable, nous ne devons pas craindre de dire à des hommes que la passion égare : « La colère de l'homme n'opère point la justice de Dieu ; *Ira enim viri justitiam Dei non operatur* [1]. Vous cessez d'être chrétien en cessant de respecter l'autorité souveraine. L'honneur qui lui est dû est inséparable de la crainte de Dieu; *Deum timete, regem honorificate* [2]. Ces combats sur la terre, dans l'intérêt prétendu du ciel, n'ont souvent de divin que leurs bannières; ils blessent toujours la vraie religion, au nom de laquelle ils sont livrés, en employant des armes qu'elle interdit. Faites un sérieux retour sur vous-même, vous n'avez sans doute pas prévu les horribles conséquences de votre conduite, mais prenez garde, il y a du régicide dans la violence de vos écrits et de vos paroles. »

Quelle que soit cependant la grandeur du mal, il n'est pas sans remède. Dieu a fait les nations gué-

---

[1] Jac., i, 20. — [2] Petr., ii, 19.

rissables. Toutefois, qu'on ne l'oublie pas, c'est au principe de la corruption qu'il faut remonter; c'est sa source qu'il faut tarir; c'est sa racine qu'il faut extirper, si l'on veut appliquer à nos maux, non des palliatifs, mais des remèdes efficaces.

Les premières conditions de l'ordre matériel sont dans l'ordre moral. Cette proposition, quoique bien souvent répétée, échappe aux lieux communs par son urgente opportunité. Il ne faut pas donner uniquement de l'importance à ce que nous pouvons appeler des causes secondaires, c'est-à-dire, à des combinaisons artificielles plus ou moins habiles du mécanisme gouvernemental ; il ne faut pas s'arrêter aux apparences et croire que, quand on a réprimé les violences de l'émeute, tout est terminé. Quelle que soit l'énergie de la répression, elle peut bien comprimer pendant plus ou moins de temps les mauvaises passions, mais elles éclatent bientôt avec plus de violence, car il est des problèmes qui ne peuvent se résoudre avec le tranchant du glaive et le pivot de la société n'est pas dans l'échafaud.

Les agitations, les périls extrêmes de notre société, viennent des fausses et perverses doctrines qui l'égarent et la jettent dans un état de délire et de convulsion. Elle ne peut retrouver la santé morale, la paix, la sécurité, qu'en revenant à ces croyances tutélaires, indépendantes de toutes les formes de gouvernement, qui éclairent et dominent les consciences, ne laissent rien au caprice et à la licence des opinions particulières et font cesser le désordre des intelligences comme la confusion des langues. Mais, pour arriver à cette heureuse rénovation, il n'y a qu'un seul moyen, il ne peut être suppléé par aucun autre : c'est le concours unanime, loyal, de tous les hommes honnêtes, sincèrement dévoués à leur pays, qui doivent faire abstraction de toute espèce de parti et d'opinion et que l'extrême et commun danger doit réunir ; c'est l'action franche, sincère, énergique de la société sur elle-même, dans l'intérêt de sa propre conservation.

Il faut donc que non-seulement nos lois, la tribune, la presse, mais encore nos mœurs, notre langage particulier, loin de pervertir ou d'ébranler la raison morale et polique du peuple, lui viennent puissamment en aide. Il faut que dans les écoles, dans les livres, dans les conversations, les jeunes générations apprennent à adopter des idées toujours conformes à l'inspiration chrétienne, principe et sanction des devoirs sociaux, et à rejeter toutes les fausses vertus qu'elle désavoue et qu'elle condamne. L'erreur, à ce sujet, ne prend que trop fréquemment une consistance funeste; elle égare, asservit la raison, et jette souvent des esprits prévenus et aveuglés dans les derniers excès.

Qu'on ne prenne pas le change : quand nous invoquons l'action de l'inspiration chrétienne, ce n'est point l'intervention politique de la religion que nous réclamons ; elle serait mille fois plus nuisible qu'utile. Ce que nous demandons, c'est son intervention morale et pratique, obligatoire pour tous.

La religion ne doit pas être regardée comme une machine gouvernementale, une superstition bonne pour le peuple; ses ministres, comme des auxiliaires salariés. Pour que la religion soit une force publique, qui agisse puissamment sur les classes populaires, il faut qu'elle soit une réalité de croyance et de pratique pour les classes élevées. On ne peut l'enchaîner à son profit; elle n'est point un masque qu'on prendrait, qu'on quitterait suivant les intérêts du moment; on ne saurait l'imposer aux autres, et s'en dispenser soi-même. Il n'est aucun ordre de citoyens qui ait le privilége de s'affranchir de la pratique de la religion;

c'est en ce sens que nous insistons sur la nécessité de l'action exemplaire que la société doit exercer sur elle-même. Ce concours religieux de tous n'est pas moins indispensable, quand il s'agit d'assurer la régénération sociale par l'éducation exclusivement chrétienne de la jeunesse, dont les destinées sont pleines d'espérances ou de menaces pour la patrie. Il ne faut pas, en effet, se le dissimuler : si l'éducation fait, améliore les mœurs publiques, les mœurs publiques, à leur tour, conservent ou pervertissent l'éducation.

Voyez ce qu'ont produit, à une époque mémorable, les efforts, le dévouement, l'habileté, les prodiges de persévérance de tant d'hommes illustres qui s'étaient consacrés à l'éducation. Les plus furieux ennemis de la religion et de l'ordre public étaient sortis de leurs écoles ; pourquoi ce résultat si déplorable, si peu prévu, si fort en contradiction avec l'enseignement donné? C'est que les élèves, en s'éloignant de leurs vertueux et savants professeurs, entrèrent dans un monde sans foi religieuse et politique, qui leur communiqua le poison qui dévorait ses entrailles.

Dans un temps plus voisin de nous, la Restauration épargna-t-elle quelque chose pour régénérer la jeunesse par une éducation religieuse et monarchique? Et pourtant ce fut cette jeunesse, à peine sortie des écoles, qui escalada le Louvre et dévasta Saint-Germain l'Auxerrois. C'est que cette jeunesse, elle aussi, n'avait pas tardé à respirer par tous les pores les influences contagieuses d'une époque livrée au vertige de l'indépendance et de l'insubordination. C'est qu'une génération nouvelle ne peut pas plus être subitement détachée de celle qui la précède qu'être sans influence sur celle qui la suit; *c'est que*, comme le dit un philosophe célèbre, *le présent est engendré du passé et gros de l'avenir.*

Sans nul doute il n'y a pas de classes si infimes, il n'y a pas d'individus si obscurs qui, pour le bien comme pour le mal, ne puissent avoir leur part d'influence et qui ne soient tenus à donner de bons exemples ; mais ici il y a devoir plus obligatoire pour les classes supérieures, parce que leur conduite produit les plus heureuses ou les plus déplorables conséquences. Il est grand temps pour elles de sortir de la sphère des passions politiques, de ses erreurs, de ses folies, pour écouter la voix de la religion, de la morale, de la raison, de la prudence, de leur intérêt véritable. Il leur importe de tenir compte de ce qui s'agite, de ce qui menace, de ce qui gronde autour d'elles, car elles peuvent en être les premières victimes. Qu'elles cessent donc de faire de l'opposition à tout propos, de s'en amuser, de jouer aux révolutions. Le peuple, lui, prend tout cela au sérieux il se lève déchaîné, furieux; brise le trône, renverse l'autel et promène son niveau égalitaire sur toutes les fortunes et sur toutes les têtes.

Si tous doivent entrer dans la croisade du bien public et général, c'est aux mandataires du pays, c'est aux hommes de cœur et d'intelligence à paraître aux premiers rangs, pour lutter franchement, énergiquement, contre ce torrent d'idées fausses, subversives, qui coulent à pleins bords au milieu de nous. Bien loin d'avilir le pouvoir, ils ne doivent rien négliger pour lui rendre cette couronne inviolable de majesté sans laquelle tout gouvernement est impossible. N'est-ce pas à l'expression unanime et puissante des respects publics, dont la royauté et le roi doivent être constamment environnés, qu'il appartient surtout de refouler et d'anéantir au fond des âmes les plus perverses la pensée même du régicide. Ceux donc à qui le ciel a départi le talent et le génie, loin d'agiter et de corrompre le peuple, doivent le moraliser, l'éclairer, et s'efforcer de chasser au son de leur harpe le démon qui le tourmente ; ils doivent lui persuader que plus il deviendra religieux, plus il pourra être libre, plus les lois pourront être douces et humaines ; mais que, s'il s'affranchit de la règle éternelle des devoirs, il deviendra esclave, car, comme on l'a si bien dit : il n'est pas de liberté possible pour les nations corrompues. Alors la noble mission de député, d'orateur, d'écrivain, sera véritablement comprise et dignement remplie ; elle s'élèvera, en quelque sorte, à la dignité d'un sacerdoce humanitaire.

D'autre part, les événements, qui sont la voix dont se sert la Providence pour parler aux souverains, ont dû leur enseigner ce que les hommes ne peuvent pas toujours leur dire : que les gouvernements doivent prendre leur point d'appui dans les intérêts généraux et non dans les intérêts d'un petit nombre de privilégiés ; que le pouvoir doit être fort, pour être respecté ; que la prudence et la sagesse n'excluent point l'énergie et la vigueur, mais que ces deux dernières qualités sont, au contraire, haute prudence, profonde sagesse ; qu'en accordant la liberté on ne doit point souffrir qu'elle dégénère en licence ; que la puissance royale a non-seulement le droit de se défendre, mais que c'est un devoir pour elle, puisqu'elle est dépositaire et gardienne des intérêts de la société et de la civilisation ; que si le pouvoir ne doit ni ne peut marcher au rebours des aspirations sociales, des besoins de l'époque, dont il faut qu'il ait l'intelligence, il ne doit jamais permettre qu'on veuille les satisfaire sans lui et autrement que d'une manière progressive, régulière et légale ; qu'il ne doit jamais se laisser imposer, arracher des concessions, mais les faire librement, à propos, pour que les révolutions ne viennent pas lui dire : Il est trop tard ; que les malheurs des princes suivent de près leurs fautes, heureux quand ils peuvent marcher dans la vérité complète en évitant à la fois ces deux écueils, l'un qui entraîne la destruction de la liberté, l'autre la destruction du pouvoir.

Alors, sous l'influence de plus en plus efficace du concours de tous, les plus grands dangers seraient conjurés, l'esprit national étoufferait l'esprit de parti, les révolutions cesseraient, parce que les droits et les devoirs également sacrés des souverains et des peuples seraient parfaitement reconnus et pratiqués. Alors aurait lieu le développement pacifique de nos institutions, qui, dans la sécurité du présent, assurerait toutes les espérances de l'avenir.

Telles sont, si nous ne nous abusons, les bases de l'édifice social, à l'abri duquel se reposera le monde, quand l'heure du repos aura sonné.

Mais Dieu seul connaît les redoutables épreuves qui, en attendant, nous sont réservées[1]; puisse-t-il les abréger! Si la société périt, ce ne sera pas pour avoir ignoré la vérité, mais pour avoir fermé les yeux à la lumière. Les avertissements ne lui ont pas manqué. Ceux que nous lui soumettons aujourd'hui ont été recueillis dans les prisons, sur l'échafaud... Ils sont écrits en lettres de sang!...

Septembre 1850.

« Ma vie, disait au commencement de son règne Louis-Philippe, est destinée à déconcerter les fac-

---

[1] Il y a toujours de la faute des hommes, a dit un grave philosophe, Baader, quand le mouvement progressif du temps se fait pour eux par des rebours et des secousses révolutionnaires et terribles. Si l'homme, destiné à continuer Dieu comme un ambassadeur continue ou représente son maître, en manquant à sa mission, force pour ainsi dire Dieu de la recommencer lui-même; c'est toujours la même loi qui s'accomplit pour l'homme; mais, au lieu de s'accomplir avec et par lui, elle s'accomplit sur et contre lui, c'est-à-dire contre sa volonté perverse : *Decreta Dei volentem ducunt, nolentem trahunt*.

tions ; la balle d'un assassin ne peut arriver jusqu'à mon cœur. »

« Je ne crains pas les assassins ; la meilleure de mes cuirasses, ce sont mes enfants. »

Qu'on nous permette ici une courte digression, qui sera en même temps un rapprochement instructif : Marc-Aurèle écrivait à Verus, qui lui avait découvert les sourdes menées d'Avidius Cassius : « J'ai reçu votre lettre pleine de défiance. Si les dieux destinent à l'empire celui contre lequel vous m'exhortez à me tenir en garde, nous ne pourrons pas nous en défaire, quand nous le voudrions, car, vous savez ce mot de notre aïeul Adrien : « Per« sonne n'a jamais tué son successeur. » Si au contraire Avidius combat l'ordre des destins, lui-même trouvera sa perte sans que notre cruauté s'en attire le reproche… Laissons donc la conduite d'Avidius et ses projets pour ce qu'ils sont. »

Cette lettre, dont nous ne reproduisons qu'un fragment, renferme de nobles et grandes idées ; c'est la plus haute expression de la philosophie païenne ; mais elle est ternie par un stoïcisme glacé et un fatalisme aveugle.

Sous l'épée de Damoclès perpétuellement suspendue sur sa tête, Louis-Philippe écrivait aux évêques de son royaume : « Un nouvel attentat vient de menacer mes jours, la Providence les a préservés ; ma reconnaissance s'est élevée vers Celui qui a couvert de sa main puissante ma vie, tout entière consacrée au bonheur de la France. J'ai la ferme confiance que cette protection m'aidera à maintenir dans ma patrie la paix et le respect de la religion, l'ordre et les lois. »

Ici se révèlent une philosophie plus haute, une pensée d'un ordre supérieur, la pensée chrétienne, la foi en la Providence, qui inspire à l'âme une confiance sans orgueil et une résignation sans faiblesse.

« Ce sont les prières, la piété et les vertus de la reine qui sauvent le roi, » disait d'autre part le souverain pontife, qui, par un bref aux évêques, du 29 novembre 1830, avait reconnu Louis-Philippe.

Il semblait, en effet, qu'il y eût une garde invisible qui détournait tous les coups dirigés contre ce prince [1]. Tous les attentats dont il a été l'objet ont échoué, non par les précautions prises pour les prévenir ou les déjouer, mais par des moyens indépendants de la prudence humaine. La police, cette contre-mine des sociétés secrètes, n'avait rien éventé, rien arrêté. Dieu tient entre ses mains

[1] Il existait une chanson populaire dont le dernier couplet,

toutes nos existences ; mais les souverains sont, en quelque sorte, ses mandataires, il les prend sous son égide tant qu'ils n'ont pas rempli la mission qu'il leur a confiée. Qui peut pénétrer ses mystérieux décrets? Toujours ils s'accomplissent, et les événements

qui n'était que la reproduction d'un mot heureux de M. Dupin aîné, finissait ainsi :

> « La morale est bien facile,
> « La voilà en quatre vers :
> « C'est que dans cet univers
> « Il faut être bien habile
> « Pour ne pas tirer sur soi
> « Quand on tire sur le roi. »

Ici se présentent tout naturellement les réflexions si judicieuses, si élevées de M. Bérenger dans son rapport fait à l'Académie des sciences morales et politiques : « Pour un Jacques Clément, un Ravaillac et un Louvel qui ont réussi, nos fastes nous présentent une longue liste de ces tueurs de rois, trompés dans le vœu de mort qui a armé leurs bras, nonobstant les chances de succès en apparence les mieux assurées. Ainsi un Fieschi, qui voit les victimes s'amonceler sous l'explosion de son infernale machine, et laisser debout, au milieu des sinistres lueurs qu'elle jette, celui-là seul contre qui elle était dirigée ; un Darmès disant : « J'avais visé « longtemps, je me croyais sûr de mon coup ; » un Lecomte, habile tireur, abrité contre un mur sur lequel était appuyé son fusil. Tel est l'aveuglement du coupable hors d'état de prévoir, quand il médite son crime, tant de causes qui en paralysent l'exécution. Cette conscience qui, au moment décisif, se trouble et se révolte ; cette main qui tremble, ce regard qui se voile, cette arme qui éclate, et, par-dessus tout, la haute et providentielle intervention dont l'homme n'a pas le secret ! »

souvent les plus imprévus viennent nous les révéler.

Nous n'avons pas à faire ici l'apologie pas plus que la critique du gouvernement de Juillet, auquel nul genre d'épreuve n'avait été épargné : les attaques de tous genres, les accidents néfastes, les événements scandaleux, et par-dessus tout l'abus qu'on fit de ses principes constitutifs pour les tourner contre lui-même. Il fallait bien qu'il eût quelque raison d'être pour résister dix-huit ans, *grande spatium ævi*, à tant de causes réunies de destruction... Il a fait des fautes... quel gouvernement n'aurait pas fait de fautes au milieu de circonstances si difficiles, si exceptionnelles? mais il a fait de belles, d'utiles choses, il a mis en relief des hommes d'un talent incontestable, d'un noble caractère, d'une conviction profonde, des hommes auxquels la postérité, qui met toujours à leur place les personnes et les choses, réserve, si nous ne nous trompons, une part de légitimes éloges. Ce qui est bon restera bon indépendamment de l'abus et du mauvais usage qu'on a pu en faire.

Une opposition systématique de dépréciation, d'abaissement, d'outrage, avait été organisée contre la royauté constitutionnelle par la plupart de ceux qui l'avaient établie; *ils voulaient lui dicter des lois,* ils ont triomphé, et leur triomphe est devenu pour eux un suicide!

Le roi, objet d'un si grand nombre de tentatives rendues impuissantes par une intervention providentielle, avait échappé aux balles et aux poignards de ses ennemis déclarés, et il se vit poussé sur le chemin de l'exil par les hommes même dont il avait été l'élu!

Et ces hommes inconséquents se sont étonnés et se sont récriés plus tard d'avoir à recueillir ce qu'ils avaient semé!

Né le 6 octobre 1775, après avoir rempli, non sans gloire, une carrière laborieuse, agitée, pleine de contrastes, après avoir subi trois exils, sept attentats, après un règne de dix-sept ans et quelques mois, Louis-Philippe, auquel on ne saurait contester une haute capacité, mourut sur la terre étrangère, le 26 août, à huit heures du matin [1].

La pieuse et courageuse compagne de ses jours de courtes joies et de longues épreuves veillait à son chevet, et il était entouré de sa famille.

[1] Si quelqu'un s'exprimait avec aigreur, devant Charles X, sur le compte de Louis-Philippe, il éprouvait une contrariété visible : « A Dieu seul, disait-il quelquefois, il appartient de prononcer sur la conscience des hommes. Qui de nous, d'ailleurs, est exempt de fautes? » (M. de Montbel.)

Ses devoirs de chrétien accomplis, il expira en prononçant de graves et édifiantes paroles, exemptes d'amertume contre les hommes aveuglés qui avaient préparé sa chute, *sans le vouloir et sans le savoir*, il n'eut pas même un mot de récrimination contre ceux qui n'avaient profité de l'amnistie *que pour en combattre et proscrire l'auteur*.

Saintement résignée, Marie-Amélie a survécu, ornant chaque jour davantage cette autre couronne que Dieu lui a destinée et que nul ne saurait désormais lui ravir.

CONCLUSION.

Novembre 1860.

Nous avons toujours pensé qu'une des premières qualités d'un ouvrage sérieux était son utilité.

C'est dans la persuasion que de cet écrit pourront sortir des leçons et des enseignements d'une application plus générale qu'on ne le supposerait tout d'abord, que nous nous sommes cru tenu de faire cette publication. Nous laisserons aux lecteurs le soin de juger si nous avons atteint le but que nous nous sommes proposé comme l'accomplissement d'un devoir.

On lit dans l'histoire qu'après la mort de leur souverain les Perses restaient plusieurs jours dans l'anarchie, afin que le spectacle des maux dont bientôt elle devenait la source leur fît mieux apprécier la nécessité de l'autorité souveraine, qui seule peut arrêter les désordres de la démagogie.

Pour nous convaincre nous-mêmes de cette nécessité, n'est-ce donc point assez de nos souvenirs? Aurions-nous besoin de nouvelles leçons? Nos terribles révolutions n'ont-elles pas brisé assez de sceptres, renversé assez de trônes, fait couler assez de sang? N'ont-elles pas assez élargi, assez peuplé les routes de l'exil? Depuis à peine un demi-siècle, ont disparu l'ancienne monarchie, la première monarchie constitutionnelle, la première république, le premier empire, puis la seconde et la troisième monarchie constitutionnelle, enfin, la seconde république. Mais, alors que tout semblait perdu, la Providence, au plus fort de nos maux, a ménagé notre salut!...

Profitant des enseignements du passé, apprécions le présent et gardons-nous de ce qui pourrait nous pousser de nouveau sur la pente des abîmes.

Quand les nations ne s'obstinent pas à périr, la Providence leur envoie presque toujours, dans les moments suprêmes, un de ces hommes qu'elle tient en réserve pour l'accomplissement de ses desseins. Elle le marque du signe du commandement, l'investit de sa force, et le fait marcher, comme à son insu, dans ses voies miséricordieuses.

Inclinons-nous devant l'empreinte du *doigt de Dieu!* Et puisque naguère encore nous avons été condamnés à voir l'esprit d'anarchie, retranché dans les sociétés secrètes comme dans un dernier asile, prodiguer l'outrage aux têtes couronnées, les mettre hors la loi, les dévouer à des passions aveugles, forcenées, et recourir contre elles à de nouveaux et sauvages moyens de destruction, protestons une fois encore et toujours, aussi bien contre ces attentats que contre toute doctrine et tout acte qui tendraient à les autoriser ou à les reproduire. Notre silence et notre inertie constitueraient une sorte de complicité, qui causerait plus de mal à notre pays que ne pourrait lui en faire toute une armée de sophistes et d'assassins. Associons-nous résolûment pour la défense d'un grand principe, qui, sans parler de sa sublime origine [1], est tout

---

[1] L'état social existe en vertu de certaines lois que l'auteur de toutes choses a rendues inhérentes à la nature de l'homme. L'inviolabilité du principe d'autorité est la sauvegarde des sociétés,

à la fois l'expression des besoins de la société, l'élément de sa vie, et la sauvegarde de ses plus chers intérêts, du principe d'autorité, en un mot, rendu désormais sacré par le respect de tous dans l'intérêt de tous. Hors de là, sur quoi et avec quoi pourrait-on construire, quand aurait disparu l'un des plus solides fondements de l'édifice social ? On ne bâtit pas avec des cendres !....

Novembre 1861.

Semblable au fléau que l'Asie a vomi sur l'Europe, le régicide voudrait-il donc successivement s'acclimater dans tous les États du monde civilisé ?

A ceux qui pourraient taxer cette crainte d'exagération, nous nous contenterons de présenter le tableau suivant :

Louis XVI, frappé par la hache révolutionnaire (1793).

Louis XVII.... qui nous dira sa fin ?

Louis XVIII, blessé à Dilligen (1795).

On nous accordera du moins que, dans ce sens, les droits du souverain viennent de Dieu, comme tous les droits, toutes les lois justes et vraies.

Toutefois, on ne doit point l'oublier, si Dieu, dans l'intérêt même des peuples, consacre l'usage légitime de l'autorité ; il en condamne et en punit l'abus.

CONCLUSION.

Napoléon Ier : Attentat d'Aréna (1800); de la machine infernale (1804); de George Cadoudal (1804); du baron Lassalha (1815).

Paul Ier, empereur de Russie, étranglé dans son palais (1803).

Le sultan Sélim, étranglé (1808).

Louis-Philippe : Attentat dit de Bergeron (1832); de Fieschi (1835); d'Alibaud (1836); de Meunier (1836); de Darmès (1840); de Lecomte (1845); de Henri (1846).

La reine d'Angleterre (1849).

Le prince de Prusse (même année).

Le roi de Naples (1849 et 1856).

Le roi de Prusse (1850 et 1861).

La reine des Pays-Bas (1850).

La reine d'Espagne (1852).

L'empereur d'Autriche (1853).

Napoléon III : complots de l'Opéra-Comique et Hippodrome (1852); attentat de Pianori (1855); attentat d'Orsini (1858).

La reine et le roi des Grecs (1861).

Fasse le ciel que l'avenir n'ait plus rien à ajouter à ce martyrologe des rois! A peine un long cours de siècles présenterait-il un si sombre tableau!

Autrefois le régicide n'apparaissait que de loin

en loin, en laissant après lui de longues traces de douleur et d'épouvante. De nos jours le nombre et la fréquence de pareils crimes, au lieu d'en augmenter l'horreur, ne font, ce semble, que l'atténuer?

Qu'on y prenne garde, il s'agit de la sécurité et du salut de tous !

La religion, heureusement, a consacré dans la conscience des peuples l'inviolabilité de la personne des souverains ; mais ne pourrait-on pas dire, aujourd'hui surtout, que, *si ce principe n'existait pas, il faudrait l'inventer?* L'état progressif de la société, ses besoins, les dangers qui la menacent, n'exigeraient-ils pas seuls qu'on en fît un dogme social ?

Soyons tous de notre temps, soyons tous Français, soyons chrétiens, ne reculons-pas jusqu'en plein paganisme ; abjurons-en les maximes et les exemples[1]. Car si, *comme l'élève du Centaure, nous étions nourris de la moelle des bêtes sauvages, faudrait-il s'étonner que nous en eussions la férocité*[2] ?

[1] Dans le paganisme même, quelques rares génies avaient compris, au point de vue de l'intérêt social, que l'abus même du pouvoir est moins à redouter que les maux nés de l'anarchie. « Aiebat (Marcellus Eprius) se meminisse temporum quibus natus sit, quam civitatis formam patres avique instituerint, ulteriora mirari, præsentia sequi, bonos imperatores voto expetere, qualescumque tolerare. » (*Tac.*, l. IV, ch. VIII.)

[2] Nodier.

RÉPONSE

A QUELQUES OBSERVATIONS[1]

Dans le temps, nous avons entendu blâmer la mesure qui soumettait les attentats contre la personne du roi à un tribunal exceptionnel.

Tous en effet et successivement furent déférés à la cour des pairs; mais *ce grand jury national tenu en réserve par la charte pour les crimes les plus graves* n'était-il pas devenu nécessaire afin de mieux assurer la haute impartialité de la justice [2]?

Que se passait-il, en effet, à cette époque? S'il

---

[1] Nous ne faisons ici que développer ce que nous avons dit à ce sujet dans notre introduction, et ce qui, du reste, a dû se trouver démontré dans le cours de ces récits historiques.

[2] On se rappelle le courage impassible de la cour des pairs dans une circonstance des plus critiques. La première magistrature du

faut en croire certains récits, dans le sanctuaire même des lois, le régicide *et le triangle d'acier* furent impunément célébrés.

Un homme traduit en justice pour avoir écrit au-dessous de l'image de la guillotine :

> Philippe portera sa tête
> Sur ton autel, ô liberté !

fut renvoyé absous.

Nous croyons donc que la cour des pairs rendit, dans ces circonstances exceptionnelles, de très-grands services au pays, et qu'elle sut comprendre et remplir les devoirs de sa haute et indépendante juridiction.

Mais venons à ce qui nous est personnel.

PREMIÈRE OBSERVATION.

On nous dit : *Ne vaudrait-il pas mieux ne pas parler de tous ces crimes et au lieu de les exhumer les laisser dans l'oubli ?*

Si ces crimes, déjà inscrits et glorifiés dans le martyrologe de la démagogie, pouvaient en effet

pays répondit par l'arrêt d'une justice sévère et humaine tout à la fois aux clameurs et aux injonctions d'une multitude égarée, et les ministres de Charles X furent sauvés.

être rejetés dans l'oubli; si les causes de ce mal contagieux n'étaient pas toujours subsistantes, pouvant à chaque instant nous en faire appréhender le retour, tout ce qu'on pourrait dire de mieux sur cette affligeante matière ne vaudrait pas le silence.

Malheureusement il n'en est pas ainsi [1]. Qui oserait affirmer que les périls n'ont plus rien de sérieux quand la contagion n'a point cessé d'infecter l'air que nous respirons? Le poison ne fait-il pas toujours des victimes? Nous avons voulu signaler cette plaie sociale, plus ou moins déguisée, mais dont on ne saurait assez tôt, assez attentivement sonder la profondeur, assez interroger les causes, et chercher le remède.

Le mal ne se guérit pas en un jour, et ici on le fortifierait en le dissimulant. Ne repoussons pas dans l'ombre l'aspect du danger, ce serait faiblesse plutôt que prudence; c'est dans sa source même qu'il faut avoir le courage de le regarder en face et de l'aborder. Le désordre est dans les intelligences, dans les idées dans les doctrines, c'est là qu'il faut le combattre.

On a puni les attentats. Ne conviendrait-il pas

[1] Ce passage porte l'empreinte du temps où il fut écrit.

aussi de chercher les moyens de les prévenir? On ne date ces événements néfastes que du jour où ils s'accomplissent, ils remontent bien plus haut.

Ce n'est pas dans la classe ordinaire des malfaiteurs que se rencontrent les régicides. Des motifs tout différents font agir les uns et les autres.

Il faut bien le reconnaître, le régicide suppose une aberration intellectuelle. Cette aberration est produite et entretenue dans l'homme qui se rend coupable de ce crime, par tout ce qui lui vient de l'école à laquelle il appartient, par tout ce qu'il voit, par tout ce qu'il entend, par l'air vicié au milieu duquel il vit. Comme ordinairement il est plus ou moins *lettré*, la perversion de ses idées est aussi le fruit de son demi-savoir; Jean Chatel avait fait quelque étude; Ravaillac était maître d'école; Jacques Clément, jacobin; Damiens, du fond de sa prison, dictait des leçons de gouvernement à Louis XV; Louvel s'arma de son poignard en vertu de raisonnements athées et démagogiques; la vie de Louis-Philippe ne fut-elle pas aussi tant de fois mise en péril par la logique révolutionnaire?

On ne saurait se le dissimuler, tous les crimes dont il a été question dans ces études ont eu pour point de départ les théories anarchiques érigées en doctrine morale et politique, voilà ce qui a produit cette succession effrayante d'hommes vivant d'une vie à part, en dehors de la morale, des institutions, des mœurs, des principes sur lesquels toute société repose.

L'expérience du passé, qui nous a coûté si cher, à quoi servirait-elle?

Mais seraient-ce des lois de rigueur que nous invoquerions pour réprimer ces désordres! Loin de nous de pareilles pensées. Les lois, les supplices, sont impuissants contre un mal qui a sa source au-dessus d'eux.

Où donc est le remède? Nous le répétons, dans le concours de tous. Ce n'est pas une œuvre isolée dont l'autorité seule ait le devoir. Tous nous devons y travailler, quels que soient notre état, notre position, notre influence; tous nous avons peut-être des reproches à nous faire, des torts à réparer. N'ajoutons pas à nos erreurs et à nos fautes passées l'oubli des plus frappantes leçons [1]. Ce n'est qu'à

---

[1] Défions-nous de la légèreté et de l'inconséquence de notre caractère; dès le moyen âge un grand pape disait : « Les Français sont un peuple admirable, il semble qu'ils aient le privilége de dire et de faire des sottises du matin au soir, et que Dieu les répare pendant la nuit. » Aujourd'hui plus que jamais nous aurions besoin de cette même sollicitude de la Providence.

20.

l'aide d'un prosélytisme unanime et incessant que le bien peut vaincre le mal ; c'est par là seulement que le corps social, débarrassé des éléments de dissolution et de mort qui compromettent de plus en plus son existence, sera rappelé à cet état normal et sain que la maladie a si profondément altéré.

La raison, au milieu de nous, est pleine de puissance. Ayons foi dans les bonnes maximes, et ne cessons pas de les répandre.

Ne perdons pas de vue qu'autrefois comme aujourd'hui, il y a eu des époques diverses où les plus simples vérités furent obscurcies, où toutes les idées de morale et de justice furent complétement interverties, et que cependant l'erreur ne prescrivit jamais contre la vérité.

Nous espérons donc, et fasse Dieu que nos espérances se réalisent dans un avenir prochain ! que cette frénésie transitoire de notre époque ne tardera pas à disparaître pour jamais; que les saines doctrines reparaîtront bientôt brillantes d'un nouvel éclat; que les outrages qu'elles ont reçus seront expiés par des regrets unanimes, par une conviction plus éclairée, par un triomphe plus populaire.

DEUXIÈME OBSERVATION.

Vous ne rendez pas ces criminels assez odieux.

Cette méthode ne serait ni philosophique ni chrétienne. Nous le répéterons, c'est ici un livre de bonne foi où la vérité n'est sacrifiée à aucun calcul, à aucune arrière-pensée, à aucun parti. Un prêtre ne doit être que du parti de Dieu, qui est toujours celui de la vérité.

Nous avons dépeint ces hommes tels qu'ils nous ont apparu; s'ils ne sont pas en tous points odieux, si nous avons constaté quelques bonnes qualités qui se trouvaient en eux, nous le devions, ne fût-ce que pour inspirer plus d'horreur pour ces doctrines décevantes qui les ont perdus.

Hélas! pour qui s'est trouvé de bonne heure initié aux tristes mystères du cœur humain, ces humiliantes anomalies de notre nature peuvent bien l'affliger, mais ne sauraient le surprendre.

Nous pouvons ajouter à tout ce qui a été consigné dans cet ouvrage un nouvel exemple puisé dans nos souvenirs.

Nous avons connu dans notre jeunesse un homme

qui était doué de toutes les qualités sociales : bon époux, bon père, ami toujours officieux et dévoué, les pauvres vantaient sa générosité, ses concitoyens rendaient hommage à son désintéressement et à sa bienveillance.

Livré plus tard aux idées révolutionnaires, lancé au milieu de l'horrible tourmente, cet homme doux dans son intérieur, affable dans ses rapports d'homme à homme, devint dans sa carrière publique un monstre de froide cruauté, qui put, non-seulement sans remords, mais avec ostentation, tracer les lignes suivantes :

« Depuis longtemps la ville de Bédouin avait manifesté sa haine contre la Révolution; cinq commissions successives y avaient été envoyées pour punir les crimes de ces scélérats; mais le germe aristocratique y a toujours fécondé et produit de nouveaux forfaits.

« Dans une nuit fort obscure un arbre de la liberté fut coupé, je ne sais par qui. J'avais pris un arrêté qui obligeait les habitants de déclarer les coupables. Plongés dans le sommeil, ils ne les avaient point vus et ne pouvaient les indiquer. J'ai fait enchaîner prêtres, nobles, parents d'émigrés, autorités constituées, ne voyant plus dans cette commune qu'une bande d'ennemis. J'ai investi le tribunal criminel du pouvoir révolutionnaire pour faire tomber de suite les têtes des plus coupables, et j'ai ordonné qu'une fois ces exécutions faites les flammes fissent disparaître jusqu'au nom de Bédouin : cinq cents maisons qui composaient cette ville ont été réduites en cendre. Les champs ont été condamnés à la stérilité; les habitants, qui y étaient assez aisés, ont été condamnés, les uns à la mort, les autres au cachot ou à la plus affreuse misère.

« Les nombreuses manufactures de soie de cette commune ont été brûlées; les farines et les bâtiments nationaux ont eu la priorité pour la destruction; j'ai fait apporter les poudres pour faire sauter une église neuve qui avait coûté deux cent mille francs. Une jeune fille âgée de dix-huit ans est venue me demander la grâce de son père; dès que j'ai su qu'elle était de Bédouin, je l'ai envoyée à l'échafaud avec son père.

« A Orange, j'ai fait guillotiner un vieillard de quatre-vingt-sept ans, tombé en enfance depuis six ans; j'ai fait aussi guillotiner des enfants de dix à quatorze ans; j'ai entassé cinq cents cadavres dans une seule fosse, et j'en ai fait creuser six autres destinées à recevoir douze mille victimes. J'ai fait venir quatre milliers de chaux pour les consumer[1]. »

Toutes les passions ont leur danger, et peuvent jeter l'homme dans une ivresse furieuse, mais aucune n'exerce sur son sens moral d'aussi terribles ravages que les passions politiques, aucune ne ménage au pharisaïsme philosophique d'aussi cruels démentis. Connaît-on sa faiblesse avant d'avoir été tenté? C'est bien ici le lieu de faire entendre ce cri d'éveil : « Que celui qui est debout craigne de tomber. » C'est bien alors que la fuite des occasions est la condition essentielle du salut. Ne nous plaçons pas sur cette pente qui entraîne presque irrésistiblement ceux qui y mettent le pied, ne nous rassurons pas sur nos bonnes qualités, c'est là que serait le grand péril, tant d'autres avant nous ont éprouvé de si déplorables mécomptes, *qui in se confidebant tanquam justi!*

Lorsqu'en pleurant Élisée disait à Hazaël : « Je vois combien de maux vous ferez à la patrie, vous réduirez en cendres ses villes fortes, vous ferez passer au fil de l'épée ses défenseurs, vous écraserez ses enfants contre la pierre, vous les égorgerez

---

[1] Lettre de Maignet du 17 mai 1794; autre lettre de Goupillau du 4 mai 1793.

jusque dans le sein de leur mère; » Hazaël éprouva un sentiment d'horreur et s'écria : « Qui suis-je donc pour commettre tant de forfaits? » Bientôt cependant lui-même il se chargea d'accomplir la funeste prédiction.

Écoutons le langage de la religion confirmé par l'expérience : « Vous naissez tous avec les mêmes faiblesses, et, quoique dans des degrés différents, avec le même penchant au mal, et à tout mal. Si vous côtoyez le même abîme, vous pouvez être enveloppé des mêmes ténèbres, éprouver le même vertige, faire les mêmes chutes. Il en est des infirmités de l'âme comme de celles du corps, il n'est pas de maladie dont chaque homme ne puisse être atteint, ni de faute dans laquelle il ne puisse tomber.

L'homme est libre, il est vrai; avec la grâce de Dieu qui ne lui manque pas, il peut résister à la tentation, échapper au mal; mais, bien loin de s'enorgueillir de sa propre justice, il doit, avec la plus profonde humilité, s'en reconnaître redevable à la bonté divine.

Il doit se défier de sa faiblesse, veiller et prier. L'homme peut bien se perdre lui-même, il ne peut se sauver sans Dieu.

TROISIÈME OBSERVATION.

On nous dit que nous éprouvons pour ces grands criminels un intérêt trop affectueux.

Faisons bien connaître ce que nous éprouvons. Avons-nous besoin de dire que les crimes de ces hommes nous inspirent autant d'aversion et d'horreur qu'ils créent de dangers, que la perversité morale de leur acte ne saurait être équivoque; qu'on ne saurait assez réprouver tous ces sophismes tendant à confondre l'égarement volontaire d'une intelligence dépravée, avec le délire innocent d'un esprit invinciblement dominé par une maladie mentale? Un pareil système ne ferait-il pas, en effet, trouver la justification des actions les plus coupables dans leur immoralité même, et n'exposerait-il pas la société aux plus mortelles atteintes?

Ajoutons que, loin d'élever le moindre doute sur la légalité des peines qui leur ont été infligées, nous reconnaissons avec un illustre publiciste (M. Guizot), « que le chef d'un gouvernement a le droit, c'est même son devoir, d'user, pour sa conservation, des lois instituées pour maintenir dans sa personne l'ordre public. » Les condamnés politiques dont il est ici question ne sont donc point, aux yeux du ministre de la religion, *des victimes* de la loi; elle les a frappés justement, mais des victimes de leurs propres erreurs, des victimes des funestes doctrines dont on leur a inoculé le poison. *Ils ont sucé*, comme disent nos saints livres, *la tête de l'aspic, et ils meurent par le venin de la vipère.* (Job., xx.) Mais bientôt, pénétré de l'esprit de notre consolante législation, nous aimons à nous rappeler que nous ne devons pas être seulement des criminalistes, mais des ministres de cette miséricorde qui doit avoir autant d'espèces de compassion et de pitié qu'il y a d'espèces de misères.

Obéissant à l'autorité de la justice humaine et n'ayant aucun droit sur les corps, nous réclamons les âmes : *Da mihi animas, cætera tolle tibi.*

Nous voyons dans ces âmes celui qui les a créées, celui qui les a rachetées; ces âmes, quoique bien criminelles, doivent nous paraître sans prix, puisqu'elles peuvent encore se convertir; et que ne peuvent-elles pas devenir par la conversion!

N'y a-t-il pas dans le ciel grande joie pour un pécheur converti? Il nous est bien doux de nous laisser conduire par l'esprit de notre divin Maître, qui ne craignit pas de montrer qu'il préférait la brebis égarée aux quatre vingt-dix-neuf brebis fidèles restées dans le bercail, lui qui, comme le plus tendre des pères, accueillit dans ses bras, pressa sur son cœur l'enfant prodigue.

Et nous aussi nous sommes des pères. On nous en donne le nom, nous en tenons la place, nous en avons les sentiments. Pourquoi ne le dirions-nous pas, nous aimons, oui, nous aimons ces frères en Jésus-Christ, de toute la puissance de notre âme, par cela même qu'ils sont coupables, et que personne plus ne les aime. Nous les aimons parce que l'amour seul peut opérer de merveilleuses choses : *Amor magna operatur*.

Qu'on nous permette donc de les aimer pour que nous puissions mieux les relever, les encourager, les consoler et les conduire par le repentir sous l'action divine au grand but de leurs destinées immortelles !

Voilà les droits que nous avons voulu faire valoir ! Notre cœur, notre ministère, nous les donnent, ces droits ; qui pourrait nous les disputer ?

QUATRIÈME OBSERVATION.

On nous dit : *Leur conversion religieuse est-elle assez éclatante. N'a-t-elle pas quelque chose d'équivoque?*

« Hélas! je dois l'avouer, écrivait Raymond Brucker, qui en avait fait l'expérience, on ne passe pas impunément par les sept cercles de Dante et les convertis comme saint Paul ne le sont guère que par le moyen de la foudre.

« Il reste toujours au fond de l'esprit quelques-uns de ces fantômes que l'on a rencontrés dans cette immense et terrible spirale de retour qui, lorsque la liberté n'est pas rebelle, la conduit, Dieu nous aidant, aux régions franches du rafraîchissement, de la lumière et de la paix... Dieu seul tient la clef de ce mystère de puissance. »

Leur conversion n'est pas assez éclatante, et par cela même elle aurait quelque chose d'équivoque?

N'est-ce pas au distributeur suprême qu'il appartient de régler la mesure de ses bénédictions?

Ignorez-vous qu'il peut se trouver des douleurs

et des regrets sincères qui ne produiraient point d'effets extérieurs éclatants, de même que des effets sensibles ne seraient pas toujours des marques d'un repentir véritable. Avez-vous une juste et exacte perception des faveurs spirituelles plus ou moins abondantes dont ces condamnés à mort ont pu être les objets, des fruits merveilleux mais cachés que la grâce peut avoir produits en eux?

Et pour ce qu'il est permis d'apprécier, n'ont-ils pas donné des preuves extérieures de repentir? Avons-nous été obligé de tenir dans l'ombre et comme derrière l'échafaud le signe sacré de la Rédemption? N'ont-ils pas appliqué leurs lèvres sur les pieds, les mains, les plaies du Sauveur? N'ont-ils pas prononcé d'édifiantes paroles, n'en ont-ils pas rétracté d'autres? N'ont-ils pas été attentifs et dociles à la voix du prêtre? N'ont-ils pas accepté son ministère?

Mais était-ce assez pour la politique! Voilà, en effet, pour certains hommes, le seul point de vue qu'ils envisagent, la seule chose qui importe à leurs yeux!

Pour nous, ne sortant pas de nos fonctions toutes spirituelles, nous nous sommes efforcé d'inspirer à ces grands coupables le sincère regret et le désaveu public de leur crime, un acquiescement d'esprit et de cœur sans réserve et sans partage à tout ce que la religion prescrit, à tout ce qu'elle condamne. Nous nous sommes efforcé de les détacher de leurs opinions politiques, en tant que ces opinions étaient attentatoires à la morale, à la société et en opposition avec l'esprit et les maximes du christianisme.

Que pouvions-nous, que devions-nous faire de plus? Quand notre divin Maître nous a dit : *Rassemblez les aveugles, les boiteux, introduisez-les ici,* n'était-ce pas parce qu'il voulait et que seul il pouvait les guérir?

O mon Dieu, dont la clémence est le plus cher des attributs, qui êtes toujours prêt à pardonner au pécheur repentant, pourrions-nous nous montrer difficile quand vous êtes favorable, avare quand vous êtes prodigue? Comme Simon, ne devons-nous pas, sur votre parole, jeter nos filets avec confiance, et, quand nous aurions travaillé toute la nuit sans succès, votre intervention ne peut-elle pas rendre la dernière heure féconde? ne pouvez-vous pas faire, du dernier jour du condamné, de l'instant même de son supplice, le jour et l'instant de votre miséricorde?

Daignez, Seigneur, avoir une souveraine indulgence pour tout ce qui nous a manqué dans l'accomplissement de notre mission, détournez les yeux de nos propres misères, ne voyez que la sincérité et la droiture de nos intentions; nous remettons tout entre vos mains pour qu'il nous soit permis de nous recueillir dans la consolation de nos souvenirs et de nos espérances.

FIN DE LA PRISON DU LUXEMBOURG.

TABLE

Introduction. 1
Attentat du 28 juillet 1835. — Fieschi, Morey, Pépin, Boireau. 1
Attentat du 25 juin 1836. — Alibaud. 87
Attentat du 27 décembre 1836. — Meunier. 149
Attentat du 13 septembre 1841 contre la vie des princes. — Quénisset, Colombier, Brazier. 185
Attentat du 16 avril 1846. — Lecomte. 227
Attentat du 29 juillet 1846. — Henri. 277
Leçons et enseignements. 305
Conclusion. 343
Réponse à quelques observations. 349

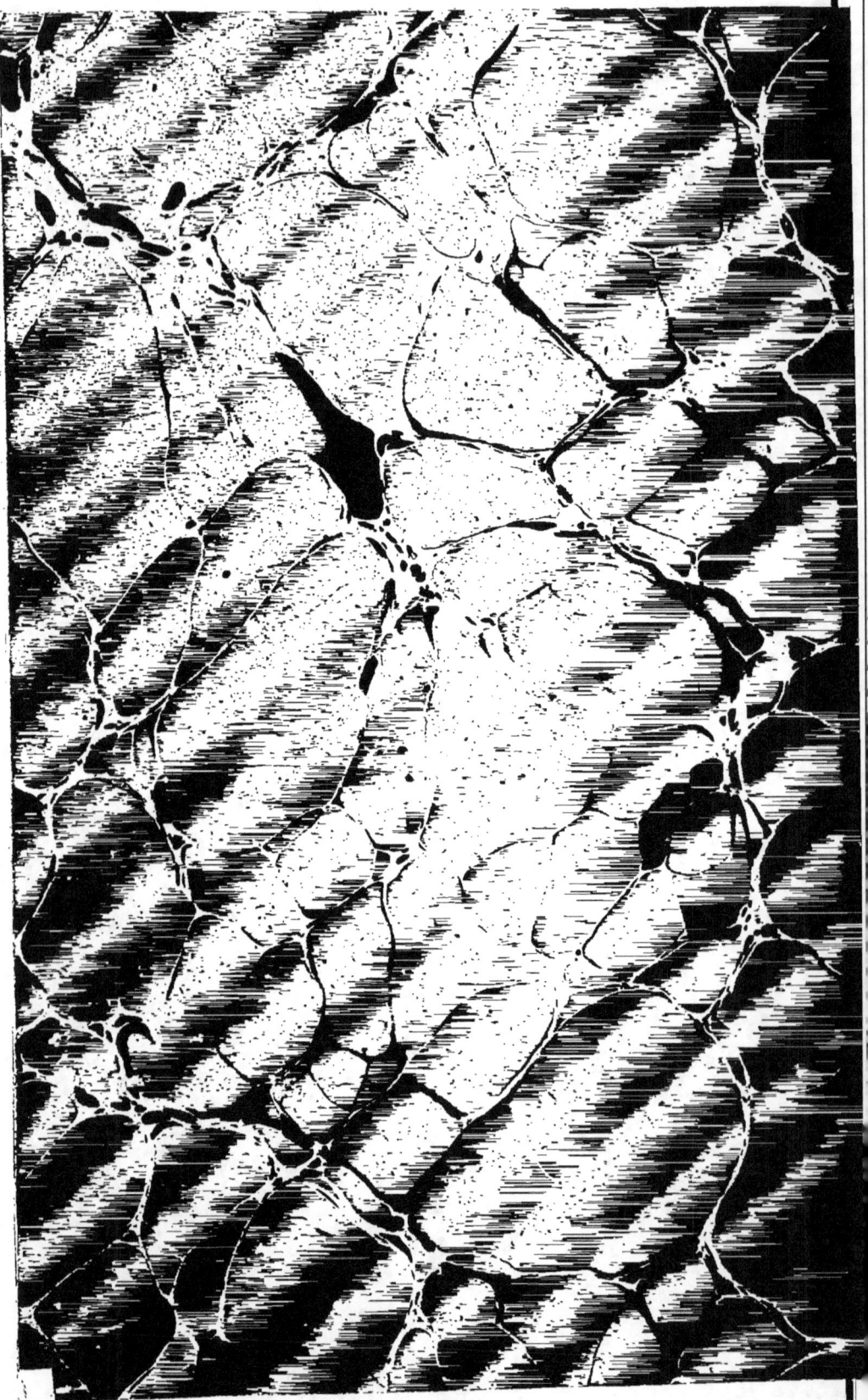

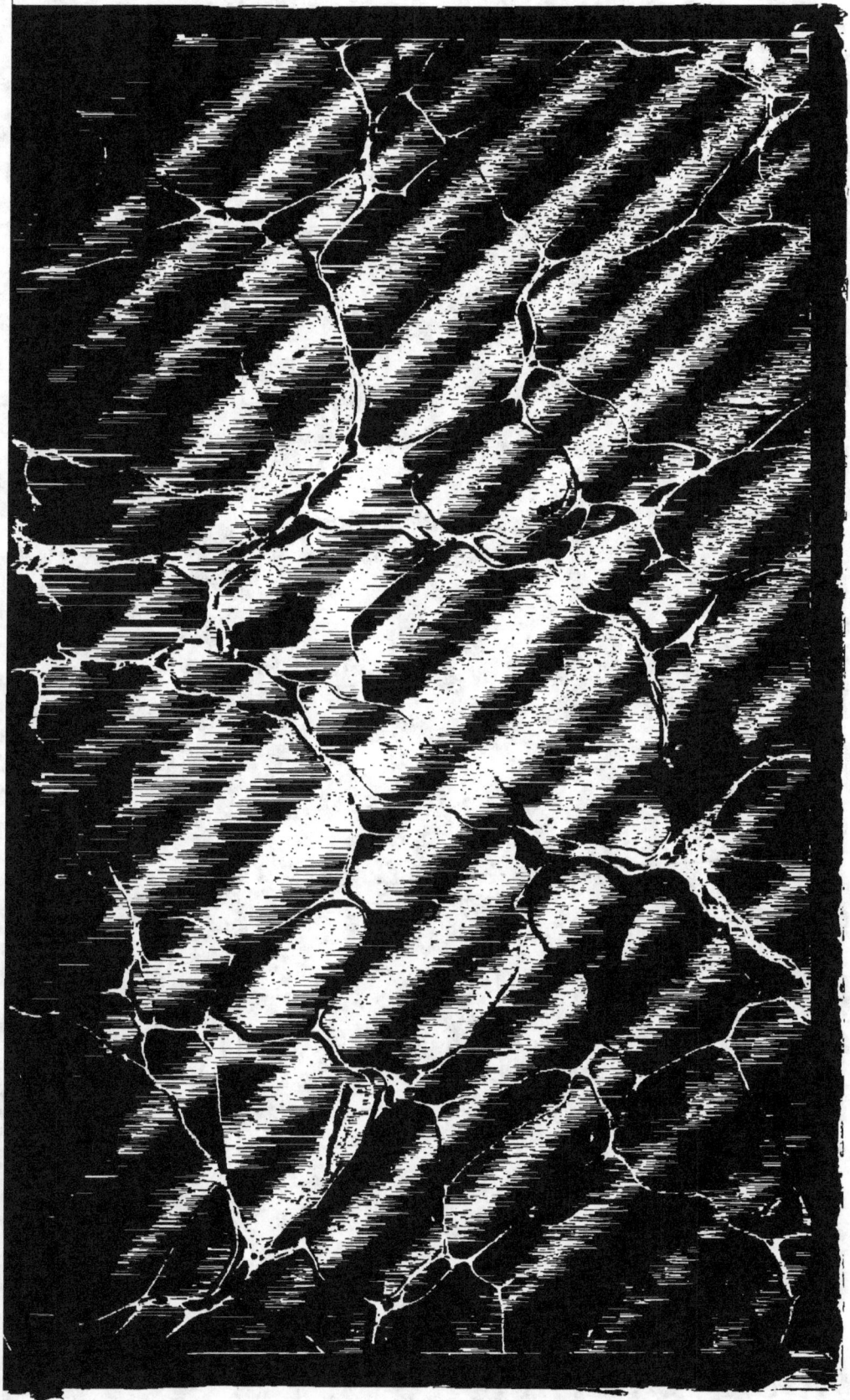

www.ingramcontent.com/pod-product-compliance
Lightning Source LLC
Chambersburg PA
CBHW071908230426
43671CB00010B/1521